自由兄弟 編著

知青潮

〈中〉

海南生產建設兵團的血淚見證

目次

第五章　鐵血青春與熱風冷雨鑄就的畫卷

第一節　難以釋懷的熱帶雨林和膠林情結

不知怎麼，從海南回來之後，許多年過去，自由兄弟都時常會在夜晚被同一個離奇古怪、玄妙莫測的夢魘驚醒。我又夢見自己在海南島遮天蔽日的熱帶雨林中轉悠，那是好大的一片原始熱帶雨林喲。森林中光線昏暗，陰森潮濕，面對湧來的蚊蟲蛭蛇的叮咬，我竟有些茫然不知所措，不時還會聽到使人毛骨聳然的鳥獸怪聲和嚎叫。整個熱帶雨林處處都罩著遠古神秘、令人著迷而又恐懼的面紗……

森林中，比比皆是有著奇異板狀根的巨樹，甚至要十幾個人才能合圍過來，而且植物的種類極其豐富，以至於人們不能夠在一個地方找到兩株相同的樹木。林內藤蘿交織纏雜，使人難以通行，有的大藤甚至長達數百米，如電纜般通向密林深處。許多老樹的棵狀氣生根從半空驟然垂下，彷彿從天而降。有些植物不是由地上長出，而是生在空中不同高度的樹椏和枝幹上，構成令人眩目的空中花園。到處可見許多樹木的老莖幹上不可思議地開出豔麗奇特的花朵，或是掛滿纍纍果實。有些植物的葉子大得足以容納數人在下面避雨，有的葉子一觸碰就會運動，還有些植物具有草樣的形態但身材如樹。真是千奇百怪，應有盡有。

然而，轉眼之間，這些熱帶雨林都在利斧、砍刀、長鋸之下轟然毀滅，變成了熊熊大火，之後又幻化成一行行壯觀的環山行。而這些環山行又在不經意間長滿了萋萋的荒草，變成了熱帶雨林一塊難看的疤痕……

我知道，我之所以許多年總在夜晚重複著同一個夢魘，就是因為我又內疚地想起了當年在兵團時對熱帶雨林殘酷的砍伐。尤其是在聽說許多被砍伐的山林之地又重新丟荒之後，我的這種難以釋懷的熱帶雨林情結和負罪感越加強烈……

是的，打從我到海南第一眼看到熱帶雨林的那天起，我就如同遇上了一個美麗可愛的少女，一見鍾情地被它的萬般美景所著迷，並傾倒終生。如果能讓我選擇，我寧願刀耕火種、返璞歸真，也不願讓這可惡的「流淚樹」——為種植橡膠或其他開發，去傷害這亙古生息、豐富多彩的熱帶雨林。因為那是絕對得不償失的愚蠢舉動！許多年過去，不管以什麼冠冕堂皇的理由解釋，在我的心裏都不能原諒所有對熱帶雨林進行殘酷砍伐的人，包括決策者和我自己！

據我所知，熱帶雨林是世界上物種最豐富，結構最複雜，植物生活類型最多樣，生態現象最特殊，也是目前人類最陌生和對它的毀壞速度最快的植物群落，它蘊藏著無窮多樣的遺傳基因。人們現在所依賴和利用的僅僅是極少極少數的雨林物種及其遺傳基因產物，現代科學技術發展目前遠遠沒有發掘其應有的資源價值和對人類環境保護的重大價值。

幾百萬年來，由於熱帶雨林未受到第四紀冰川的影響，它已成為許多古老物種和珍稀瀕危物種的避難所。而海南的熱帶雨林物種極為豐富，僅已知的種子植物就有四千二百種以上（也有說是四千六百多種），占全國種子植物總數的六分之一，可以說是名副其實的植物王國。

相比之下，整個英國不列顛群島僅有植物一千三百八十種；而整個北歐和前蘇聯西部僅有五十個原產樹種。依賴熱帶以外森林的研究而得出的一些經典或叫傳統的生物學規律和概念，顯然難以直接套用來解釋熱帶雨林。

因為其中有很多不可思議的現象，如每平方公里內即生長著成千上百種類的原始植物，甚至植物同一個所屬就有數以百計的種生長在一起，這是很難用達爾文的「自然選擇」理論來解釋的科學之謎，而且至今仍沒有人能夠破解。因此，有人預測，隨著科學的發展，通過科學家耐心細緻地對熱帶雨林進行深入研究，原有的生物學觀念將會有重大突破或改變。而熱帶雨林今後的綜合利用價值遠非如今的區區單純橡膠或簡單的經濟作物可比……

但是，熱帶雨林的植物通常分佈的範圍比較狹小，有的種類僅是某個群落或某個局部生長環境所特有。在我國更是少得可憐，只有海南島（僅存一千八百萬畝）和雲南西雙版納（僅存二千四百萬畝）有成片分佈，還有廣西、廣東、臺灣（非典型的熱帶雨林）有星狀分佈，全部相加，都不到國土地面積的千分之六。

熱帶雨林不像溫帶地區的植物分佈範圍那麼廣大，熱帶森林如果面積減少，無疑就會造成大量的植物種類滅絕。而熱帶雨林的減少也將導致雨林動物的減少和滅絕。因為雨林植物為動物提供賴以生存的食物，動物又反過來幫助植物傳粉和傳播種子，它們彼此之間已形成了十分複雜的依存關係。有一個粗略的規律：保持一個動物種在短時期存在需要保留有五十個成年個體；保持一個動物種長期存在需要保留有五百個個體。

據說，在海南熱帶雨林裏，要保持頭盔犀鳥這個物種，那麼就需要有一百平方公里以上的雨林；要保持黑冠長臂猿這個物種，需要一百九十平方公里以上的雨林，要保持獼猴這個物種則需要有九十平方公里的雨林。如果熱帶雨林受到破壞，不僅僅只是導致環境惡化和水土流失，更主要的是大量動物、植物種的滅絕。這是一個不可寬恕的錯誤！

儘管熱帶雨林的環境效益是可以由各種各樣的人工植被（人工林、種植園等）和次生林植被所緩解和部分替代的，但形成一個物種需要上萬年，甚至幾百萬年的時間，大量的動、植物種滅絕卻是人類不可補救的。而人類自身也是一個動物種，與其他生物種有著極其密切複雜的依存關係。熱帶雨林的消失，使物種之間平衡關係被打破，完全可能毀滅人類自己。

所以說，熱帶雨林無疑是我們這個星球的精華和最最珍貴的財富，對它的保護，也是決定人類和我們這顆星球存亡的最偉大工程。因為越來越多的發現揭示人類最先起源於熱帶雨林，而且也是熱帶雨林養育了人類。即使在今天，人類種族的繁衍生息仍然依賴於熱帶雨林，我們不可能設想沒有亞馬遜河熱帶雨林「綠肺」的地球。人類離不開熱帶雨林，人們需要利用熱帶雨林，但是應該是在熱帶雨林的承受力內進行開發，只有這樣，熱帶雨林才可以不斷更新和永續利用。

在德國，如今的人們正在為自己的前輩所幹的愚蠢事情補課。當年人們為了支撐木材加工業，將巴伐利亞大片的原始森林砍去，種上整齊劃一的速生林，可是如今科學發達了，所需要綜合利用的資源卻沒有了，連科研都失去了對象，不得不又讓一些人工林再恢復原生狀態。可那是一個多麼漫長的等待過程喲！

其實，我們應該盡可能用合成橡膠代替天然橡膠，而合成橡膠原料除了石油，還可以使用煤炭，中國並不缺煤呀！再說即使要種橡膠，當局也不該砍伐熱帶雨林，而應該利用其他山地、丘陵。尤其是前一段時間，因為國際橡膠價格短暫下跌，有的農場又將付出如此沉重代價種上的已經長大了的「兵團橡膠樹」又砍了去，再種上別的經濟作物，更是令人心痛憤怒……

曾有人說，那些被砍伐後丟荒了的的熱帶雨林可以快速自行恢復，與原始的沒有兩樣。對於這種淺薄牽強的說法真不知道怎麼解釋？唉，長話短說，打個比方吧！有人將你一個具有上千年歷史的瓷器打碎了，然後賠給你一隻現代仿製品，你肯定不會答應，因為兩者的價值和內涵根本沒有可比性……

據查，中國原有熱帶森林的總面積為三十四萬平方公里。是亞太地區生物資源最豐富的國家之一，全國植物約三萬種，其中森林植物約一萬五千種，鳥類記載曾超過一千三百種，哺乳動物從四百五十種左右到超過五百種，有些資料顯示中國的哺乳動物超過印尼。其中又以雲南省的生物多樣性最高，鳥類約八百種，哺乳動物等也都超過全國的半數。

而現在，中國僅有熱帶雨林面積七千一百五十平方公里；熱帶季雨林面積為一萬七千零五十平方公里；在亞太地區只排在第十三位，僅是越南（現有熱帶雨林面積：三萬七千一百七十平方公里）的五分之一；老撾（現有熱帶雨林面積：九萬七千八百九十平方公里）的十四分之一；只是稍比小小島國斐濟（現有熱帶雨林面積：六千六百一十平方公里）多一點點，實在可憐可悲喲！如果再不採取嚴格保護措施，原來亞太地區熱帶雨林面積最大的國家，將面臨沒有熱帶雨林悲劇。而一個沒有熱帶雨林的國家，在今後持續發展上將遇到許多障礙和難題，我們不難想像，到時子孫後代會怎麼唾罵我們這些瘋狂愚昧的祖先……

而造成這一後果的最大原因，就是為了種植橡膠。在解放後的幾十年間，特別是兵團大墾荒時期，海南的熱帶林慘遭嚴重砍伐破壞，全島的熱帶雨林覆蓋率由解放初期的千分之二百五十七下降到千分之九十七，而西雙版納的熱帶雨林覆蓋率，也由解放初的百分之六十，降到百分之三十。更讓人心痛的是，曾聽說一些當年墾荒的林地又被「丟荒棄苗」。也許正是這樣一種擔憂和內疚的情感，二〇〇三年九月六日，自由兄弟利用工休假期，帶上女兒和友人，驅車千里，一路從南寧直奔湛江。

在湛江過了一夜之後，次日就迫不及待地冒雨返回到離別了有三十年之久的牙叉農場。傍晚，正當我向路人打聽場部招待所在何處時，冥冥之中似有神助，我巧遇當年迎接我們知青的軍人徐正松參謀，這是我在場部唯一認識的熟人。雖然他早已轉業退休，但依然十分熱情。他先是領我們在新築的農場招待所住下，又交代餐廳為我們準備晚飯。次日上午，因為道路泥濘，農場又特意安排了一部吉普車，在我四十九歲的生日，將我送到魂牽夢縈的連隊。

然而，我卻再也找不到半點昔日連隊的痕跡。茅草房沒有了，那條小溪也改變了流向，隊裏兩排水泥磚房的宿舍，也築在小溪對面的山坡，娛樂活動室頂還有接收電視的「鍋蓋」。在一個二層樓高的膠池之中，我看到隊裏的農工正將剛剛收回來的乳白色的膠水倒入池中。可惜我一個人也不認識。連徐參謀叫來的那個有些靦腆的三十多歲隊長，也是後來從農村招來的，根本不知道多少我們當時墾荒的情景。只是敬佩地告訴我們，如今這些已經開割了的鬱鬱蔥蔥膠林，絕大部分都是當年兵團戰士種下的膠樹。

由此，我心中那種對「丟荒缺苗」的擔憂突然感到釋然，畢竟我們的血汗沒有白流，那些被砍伐的雨林也還沒有白費。在我的執意要求下，我們一行人在隊長的帶領下，來到了當年我放砲時因瘧疾突然暈倒的山坡上。只見滿山的橡膠樹已經有鐵桶般粗，我情不自禁地抱住一棵膠樹百感交集地晃動著，禁不住熱淚盈眶，全然不顧女兒和下屬莫名其妙地看著我的失態舉動。

在十連，自由兄弟又見到了兩個與我一起從九連調來的兩位黎族大哥，他們都已經蒼老得厲害。言語中，大家依然充滿著對兵團歲月的懷念。然而，我卻因無法打聽到班長符黨照和劉文光等人的準確下落，心情悵然若失。晚上，農場領導的盛情款待讓我喝了很多的酒，又喝了許多的咖啡，結果竟一夜難眠……

第二天，車出白沙，在邦溪小憩之後，沿西線高速到大田後，我突然狠下心來，要藉此機會，將海南好好地遊上一遍。我請友人將車拐進通往樂東的支線，沿大廣壩水庫一路遠眺尖峰嶺自然保護區，欣賞毛公山景觀，之後到三亞遊玩一番，又折回通什。在通什又沿南聖鎮沙路想到五指山去，結果走了五六十公里，道路被洪水沖壞，只好返回，經保亭，過陵水，到屯昌，再下瓊海。

就這樣，幾天的時間裏，我們都是在島上的熱帶雨林中轉來轉去，連隨行友人都有些不耐煩起來，大喊上當，女兒更氣惱地罵我是在「發癲夢遊」。其實，他們哪裏知道我心中的情感。我確實是想全景式地看一看海南的熱帶雨林風光和自然地貌概況，只是委屈他們少玩了一些名氣很響但卻名實不相副的景點。

然而，令人遺憾的是，除了尖峰嶺和五指山還保留著比較完整的熱帶雨林景象之外，其他地方，與我們初到海南之時相比，現今的熱帶雨林已從一千八百多萬畝減少為不足九百萬畝，很多地方甚至變成為小塊片段或將消失。特別是近十多年的開發移民狂潮，到海南各縣市以及熱帶雨林地區的人口也明顯劇增，人們對熱帶雨林開發砍伐更為瘋狂。沿公路兩側山嶺，大片的熱帶雨林正受到蠶食，轉變為低產值的農糧地、種植園和城鎮。

即便是在鸚哥嶺、俄鬃嶺、猴彌嶺、吊羅山、雅加大嶺等山脈核心地帶，隨著縱橫交錯的道路的開通，大量移民在那裏定居、繁衍，幾十年前還能看到的無邊無際的熱帶雨林，現在也被蠶食得不成樣子了。而且看趨勢，這一破壞速度仍有增無減，若再不加緊有效地保護，海南熱帶雨林這塊祖先留下的瑰寶，也許在我們還沒有充分解開熱帶雨林之謎時，它很可能即由於人類自己的破壞而永久地從祖國的版圖上消失了。

值得慶幸的是，海南島現仍有熱帶雨林八百九十八萬畝，其中尖峰嶺地區目前尚保存了中國整片面積最大的熱帶原始森林，其植被的完整性和生物物種的多樣性位居全國前列，不亞於亞馬遜河、剛果河及東南亞熱帶雨林。公園森林覆蓋率達百分之九十以上，古木參天，藤蔓盤延，溪水潺潺，雲霧繚繞，融大山、大海、大森林於一體。山高林密，周圍寂然無聲。尤其是海拔六百米的天池，四周天然森林環抱，鳥語花香，年平均氣溫也在二十度左右，盛夏涼風習習，空氣清新，空氣中負離子含量極高，是避暑度假勝地。

如今，保護海南熱帶雨林已引起了各級政府和全國人民的關注，目前全省已經建立起了二十多個與熱帶雨林和季雨林動植物相關的自然保護區和國家森林公園。生態旅遊也逐漸在自然保護區裏開展起來，以喚起人們對生物多樣性保護的興趣和意識。還成立了專門研究機構，科學家們正在努力探索合理保護和開發利用熱帶雨林的新路子。

不過，那幾天，給我感到最為壯觀的仍是置身於疾馳的車中，看到道路兩旁千株攢動、萬棵搖曳的膠林碧波。據說，海南現有的橡膠林面積已接近熱帶雨林，達到七百多萬畝。看著膠樹挨肩接踵、胼手胝足，毫無畏葸、毫無躊躇地向前伸展流動，縱橫交錯織成的迤邐綠流，在南國廣袤的大地別具一格地傾瀉著青春的活力，我的心常常會隨著時間的跨度而產生不同的愉悅。

晨光閃射之際，看著它們晃動著纖細柔和的枝葉和著車輪輕快的演奏，竟會湧起一陣欣然興奮的衝動；秋日酷熱的正午，看著它們撐起一把把綠傘，遮蓋一路溶溶的綠蔭，又會啟迪一種自我犧牲的崇高；落日餘暉之下，看著它們搖曳影影綽綽的倩影，伴著隱隱約約的山禽晚唱，又會產生一種繾綣入懷的思念……

最莫名其妙的是，在這變幻萬端的意象之中，我卻總感到有無數的兵團戰士正在導引著這一望無涯的嫩綠。他們時而立於萬壑迴旋的山嶺，時而立於一馬平川的河谷。而這眼前的膠林，正是他們的鐵血青春與熱風冷雨鑄就的綠色畫卷。這其中，我彷彿能隨時呼喚出熟悉戰友和場友的身影……

是啊！常人哪能理解這其中的情感，這「墾荒植樹」四字，說來簡單，真正做起來卻是十分複雜，十分艱辛，尤其是種植這十分嬌氣的橡膠樹。首先得將山上原有林木草叢盡行伐除，術語稱之「砍岜」（在這之前，連隊領導或技術人員還得根據山勢走向大致留出防風林帶，稱之為「定位」）；待砍伐的林木草叢乾燥後，酌情先得清出十至三十米寬的防火地帶，再順風一路點火焚燒，謂之「燒岜」；燒完後還得按環山行開挖走向，將山地殘餘枯樹長藤清出一條兩米寬的通道，稱之為「清岜」。

之後，大概沿著清出的通道先進行環山行開挖，環山行的寬度一般在一點三至一點五米左右，並且要求向內傾斜十五度；再才是「挖穴」。穴距間隔三點五米左右，每個穴要求八十公分乘八十公分，深也為八十公分，底部則要求六十公分乘六十公分。最後才到「植樹」，植樹之前先要填回三十到四十公分厚的地表自然有機肥的鬆土，然後再放下一些草木灰和磷肥，再用地表自然有機肥的鬆土四周小心翼翼地圍填踩實，之後，還得從小溪水溝挑水澆灌，待其發出新芽方才鬆一口氣。

但隨之而來的是用砍刀對付環山行之間瘋長的雜草，稱之為「控萌」。之後，還得給環山行除草和給樹苗周圍鬆土，並在樹苗兩側挖上〇點四米左右的長坑，將雜草家肥埋入其間，稱之為「漚青」；當樹苗抽出新枝新葉，長得有手指般粗時，還得一株株剪去旁邊叉口多餘的枝條，稱之為「剪枝」。最為緊張的是，當颱風來臨之前，大家就得砍來木棍、樹杈，將一些迎風山坡或容易折斷的小樹綁在釘入地上的木棍上，有的還用樹杈斜撐在環山行上。遇上「寒流」來臨之際，白天忙著砍柴割草，半夜就得忙著點燃堆堆溝火，用漫天濃煙驅散霜凍……總之，要伺候一棵膠樹從幼苗長大到開割，你要想收得到多少膠水，就得流下多少汗水……

第二節　記憶猶新的山林砍伐「大會戰」

前不久，自由兄弟在知青網上看到了一張老照片，作者**拓荒牛**是這樣註解的：

二〇〇七年三月十八日當年的粵海農墾（兵團）知青一千五百人，從廣州、汕頭、湛江、香港等四面八方匯集到白雲區石馬鎮桃花公園，打響了公益植樹的「大會戰」。知青們的熱情勞動場面不禁使我恍如回到了四十年前第一次參加的大開荒會戰。

那是一九六七年的春天，我們八位剛到海南東太農場還不到半年的廣州知青就開上了大開荒的戰場，那時的艱苦只提地理位置就讓我們的後代感慨汗顏，我們的連隊叫「利臘溝」，開荒的山頭雖然距離連隊僅是二百多米，但已是荒野林莽、山豬出沒的地方（照片遠處山頭是後來兵團二師二團武裝值班連的駐地及開荒的山頭）。

照片上充滿了那個時代鮮明的色彩：中間插著一面青年突擊隊的旗幟，「為革命開荒！為革命種膠！」的大標語高高懸掛在工地之上。當時還有一個普遍的現象就是「毛主席的書不離手，革命工作四方走」。「天天讀」也被搬上了山頭、搬下田頭，大家在工間小憩時也要掏出紅寶書背讀。用「下定決心，不怕犧牲，排除萬難，去爭取勝利！」的《毛主席語錄》來鼓舞士氣。照片就是在那一瞬間拍攝的，最前面的兩位是軍工，緊接著就是一群朝氣蓬勃的廣州知青。

當時中國自詡是世界革命的中心，阿爾巴尼亞是我國「海內存知己，天涯若比鄰」的最親密戰友。拍攝這張照片的記者老王後來對我說：「這張照片已送到阿爾巴尼亞，在介紹中國農業學大寨的展覽會上展出。當時送展的還有一張知青在紅星嶺開荒的合照，照片拍得很有活力，黑白層次分明。不知那位東太的知青是否還保存著？」我想，這兩張照片可能是知識青年衝出亞洲，讓第三世界人民瞭解中國知青運動的初次交流。

那年的「大開荒」，還記起有個小插曲，就是才滿十五歲的女知青小英揮動「岜刀」斬竹時，不慎被鋒利的山竹回彈劃破了手背，頓時皮破血流，花都軍工衛生員立即做了縫針小手術，但這小姑娘未等拆線即又重返了開荒第一線，被稱讚為「輕傷不下火線！」的榜樣。如今她的手背可能還留有那大開荒紀念的傷疤。那真是一段無法忘卻的艱苦拚搏歲月……

是啊！看著這張黑白的老照片，自由兄弟心想，許多海南兵團的老知青，肯定也會記憶猶新地想起自己當年所經歷的墾荒「大會戰」。那確實是我們子女後人乃至常人，現在無法想像的艱苦卓絕的轟轟烈烈場面，也無法理解其中的風餐露宿、吃苦耐勞的精神，遠比如今人們的公益植樹造林工作條件要艱苦十倍百倍，其勞動強度也要辛苦十倍百倍。所謂當時兵團的「墾荒大會戰」，主要就是集中全團幾個相近的連隊，甚至所有連隊的青壯年勞力到某個連隊「領地」去進行「砍岜」或是「挖穴」。

而這種「會戰」，一般都安排在海南的「旱季」，即當年的十月至次年的三月，但有時也安排在「雨季」。每當「大會戰」時，往往一個連隊集中了幾百號，甚至上千號人，原來連隊的茅草房有限，大多數青年男女只有住在山野臨時用桁木、竹席搭建的簡易工棚，伙房、洗澡和方便等設施，都是用竹席臨時圍起來的，根本沒有多少防風防雨作用，更不用講防護蚊子毒蟲叮咬了。連隊的伙食則是各不相同，比平時相對好些，至少大米飯可以放開吃飽。而且團部每隔二三天還會統一採購一些豬肉、牛肉和蔬菜等分給各連隊，以改善大家的伙食。

儘管生活條件十分艱苦甚至惡劣，但每天早上，廣播喇叭一響，各連隊的知青都呼拉拉地在老軍工、老農工的帶領下，扛著紅旗、爭先恐後地奔向各自的「墾荒陣地」。有備而來的連隊，也會在工地上打出橫幅標語，沒條件的則是靠隨身所帶的「紅寶書」來鼓舞士氣。往往是大家砍上一段山林，就有「火線宣傳員」領頭，唸上一段「最高指示」第一句，然後眾人一邊揮動砍刀，一邊齊聲朗誦。

有時會戰指揮部的廣播喇叭還會隨時宣讀一段各連隊通訊報導員採寫的好人好事。這時，宣傳鼓動員就會領著呼喊「向某某某同志學習！」的口號，在眾人「向某某某同志致敬」的附和聲中，工地常常會掀起一個你追我趕的小高潮。記得自由兄弟那時是副班長，自然常常要充當這宣傳鼓動員的小角色。現在想來也真有些「吃虧」，全班同志都表揚學習到了，唯獨不好意思表揚自己，還常常喊得喉嚨嘶啞失聲……

喊歸喊，叫歸叫！可這砍伐雨林卻是一個要費力費心的工作。自由兄弟這裏就詳細講講海南的「砍岜」。所謂「砍岜」，就是要將山上原有的林木草叢盡行伐除。在一般的大陸山區，這「砍岜」並不困難，只要逢草砍草、逢樹砍樹即可。然而，在海南熱帶雨林進行「砍岜」卻複雜困難得多，必須按照三個以上的步驟，使用不同的砍伐工具才能夠完成。這主要還是原始熱帶雨林的特性所決定。

我記得，我們這批知青到連隊後，大概搞了一個多月的苗圃整理育種之後，指導員和那個長得矮胖胖的副連長先將我們帶到了對鵝嶺的山坡上，進行了一個星期的砍伐茅草地和次生林的實習後，才將我們帶進了嶺南的山坳間進行原始熱帶雨林的砍伐。這是我第一次深入熱帶雨林之中，至今回想起來仍有一種新穎神奇的感覺。

前面說過，熱帶雨林是這個世界上種類最為豐富的植物群落。但你只要仔細觀察，就會發現它的樹木，也像人類社會一樣，各種大小皆俱，高矮搭配，層次分明，一般是由三到四個樹層構成。第一樹層高度一般都在三十米以上，它們的樹冠高高舉出，成為凌駕於下面林冠層之上的聳出巨樹；第二樹層是由二十至三十米高的大樹構成，它們的樹冠鬱閉，是構成森林天蓬的主要層；第三樹層高十至二十米，由中小喬木構成，樹木密度特別大；在五至十米高度一般還有一個小樹層。小樹木層之下則是一至五米高的幼樹灌木層，熱帶雨林中的灌木在形態上與小樹幾乎分不清楚，難怪有人稱它們為侏儒樹。在幼樹冠木層之下為通常疏密不等的草本層。

進入熱帶雨林，首先映入眼底的是在陰暗潮濕的熱帶雨林下，不時可見到一些沒有葉子而形態奇異的花朵驟然由土中冒出，有的小如綠豆（無葉蘭），有的碩大無比，直徑可達到一米。這些花朵是寄生在其他植物根上，平常看不見，只是開花時才冒出土壤的植物，叫根寄生植物。這些花果形態怪異，有的似花非花，有的花果一體，無法區分。世界上最大的花（大花草）、最小的花、最怪的花、最美的花都藏匿於雨林之中。

在枯枝倒木或蓬鬆的腐殖物上，還有一類沒有葉綠素的小型植物，它們的形態各異，色彩斑駁，靠分解枯落物腐植質獲取養分維生，屬於真菌一類植物。我們經常採摘的磨菇、草菇和木耳等便是此類植物。它們沒有碩大的身軀和健壯的枝葉，但在森林更新和養分循環中缺它們不可。

在熱帶雨林林下層長著許多灌木和草本植物，它們的葉子普遍具有尾狀尖端，叫滴水葉尖。典型的如菩提樹的葉子，它的彎曲尾狀的葉尖長達數釐米。熱帶雨林的內部非常潮濕，空氣中的水汽和隨時發生的降雨常在葉片的表面結成一層水膜。滴水葉尖能使葉片表面的水膜集聚成為水滴流淌掉，使葉面很快變乾，這樣即有利於葉片的蒸騰作用，又避免一些微小附生植物（苔蘚、藻類）在葉片表面生長而防礙其光合作用。

而這些草本植物中許多都具有巨大的葉子，如芭蕉、海芋、箭根薯等植物的葉子，它們大得足以容納數人在下面避雨。巨大的葉子能捕捉到更多的光線，一般認為這是熱帶雨林林下草本植物適應弱光的結果。有些雨林下的草本植物，葉子並非全為綠色，而是雜以黃、白、紅等各色的花斑紋，這稱為花葉現象。花葉現象的成因目前還不十分清楚。熱帶花葉植物很早就被人們用作花卉素材，在很多溫室裏都能見到。

除了地上生長的樹木灌草外，還有各種不同的樹枝幹和藤蘿上掛滿了形形色色的小型植物，琳琅滿目，猶如一個空中花園。這些懸掛的植物被稱為附生植物層片。熱帶雨林生境優越，植物種對生存空間的竟爭異常激烈。由於林下光線幽暗，很多小型植物都難以獲得足夠的光線而不得不向其他空間擴展。熱帶雨林的多層次結構，加上林內空氣潮濕，在各種樹椏枝幹以及樹皮裂隙處經常能聚集枯落物而形成少許土壤，為一些種子提供了溫床。很多小型植物在這些位置得以立足、發展，成為附生植物。熱帶雨林越潮濕，附生植物的種類和數量就越多。那些躲過了厚厚樹層而滲漏進來的光線也常常逃不脫附生植物的捕捉，以至於林下十分陰暗，能到達地面的光線所剩無幾。

於是，在熱帶雨林之中，我們時常還可以看到許多奇異有趣的現象。一種是樹上長樹，如一棵樹上，從枝葉上任何細心的人都能分辨是兩種不同植物，但它們的莖幹則彼此纏雜融合在一起，或者一種植物的莖幹套包住另一種植物的莖幹。人們把包纏者稱絞殺植物，而把被包纏者叫寄主植物。被纏繞包在內部的樹木最終將枯死，而包它的植物則將逐漸地發展成大樹。

絞殺植物大都是一些被叫做榕樹的植物，其果實是動物的主食之一，它們的種子很微小。當動物把榕樹的種子攜帶到樹木的枝椏或樹皮裂隙上後，這些種子便會萌發。幼小的榕樹能產生不定根，情形就像附生植物一樣。隨著榕樹的不斷長大，其不定根逐漸將寄主樹木包住，借助寄主樹來支撐自己軀體。當這些榕樹逐漸長成為大樹時，它們的根和莖已整個地包住寄主樹，寄主樹最終由於太負重和營養虧缺而枯死，而這些絞殺榕樹最後也變成為獨立的大樹。

在一些熱帶雨林樹木的樹幹上還生長著很多美麗的花朵。其實，那並非寄生植物新種，而是那株樹木莖幹上自身開出的花朵。這個現象後來被稱做老莖生花。老莖生花是熱帶雨林樹木的一個特殊現象。從進化觀點看，花是植物適應昆蟲和動物傳粉者的一種器官，花在植物體上產生的位置是最能引誘和方便昆蟲或動物為其傳粉的位置。熱帶雨林中，昆蟲和其他動物傳粉者主要在林冠下一定高度範圍活動，而成年樹木的枝葉卻往往高不可及，老莖上生花無疑最能顯露自己，也使得昆蟲及其他動物傳粉者最易觸及。除老莖生花外，有些樹木則是老枝生花，甚至有的樹木，如棕櫚類植物，不僅花從莖上長出，而且還形成一個巨大下垂花序，叫鞭花。枝花和鞭花也同樣是樹木對昆蟲傳粉的一種特殊適應。

由於熱帶雨林環境十分潮濕，一些樹木還能從莖幹或枝節上長出不定根或氣生根，從空氣中吸收水氣。隨著樹木的生長，這些不定根也逐漸長大，下垂，當觸及土壤時，它們繼續增粗增大，就變成為支柱根，兼有吸收和支撐樹木軀體的雙重功能。所謂獨樹成林就是樹木的大量支柱根所構成的一種景觀。在潮濕林地，特別是沼澤雨林，這些支柱根更為發達，成為熱帶雨林中常見的奇觀。

而我們「砍芭」所要做的第一道工序就是要先用長柄砍刀，將這些熱帶雨林下的灌木和草本植物附生植物全部砍斷砍倒，以便於燒芭時能付之一炬。之後的第二道工序是砍斷四處下垂的樹木氣生根或支柱根。當這些處於林中第四層的灌木和地上的草本植物及支柱根都清除乾淨之後，我們才能對第二層樹木也就是樹冠鬱閉、構成森林天蓬的主要層大樹，以及第三層密度特別大的中、小喬木進行砍伐。

而此時，在熱帶雨林中，你常常會看到一種成片的樹木都被砍斷卻不會倒下的奇怪有趣現象。原來是有許多靠纏繞或攀援其他樹木，借助其他樹木來支撐自己的軀體的植物——藤本植物，將它們拉扯在一起了。由於熱帶雨林中大型藤本植物十分豐富，它們時而臥地而行，時而纏繞穿梭懸掛於大樹上，在林下只能見其藤莖，卻難見其枝葉。藤本植物的枝葉一般伸張於林冠之上，填充林冠空隙，有些地方藤本植物甚至多得行人難以穿過，當樹木被砍斷時常常被大藤子掛住，懸掉於空中而不能倒落。所以這時要使整片樹林倒下就顯得非常困難，也非常危險。

開始，在砍伐大會戰中，我們對於這種藤纏樹、樹纏藤的特性瞭解不夠，往往都是一字形排開，從下往上砍。結果有時下面砍斷的樹，卻被上面的樹藤纏住，很難倒得下來，這時候人站在下面作業自然十分危險。後來，我們摸清了規律，採取先撕開一個口子，呈三角形狀梯次往上砍，工作面擴大了，又互相可以照應提醒，相對較安全。

自然，在前面一馬當先開口子的都是經驗豐富的黎族漢子或老軍工們。女知青們一般是從事林中的第一道工序，即砍光林中第四層的小樹、灌木層和草本植物，再由男知青們砍伐最為密集的第二、三層大中樹木。最後，則是藝高膽大的老軍工或黎族大哥來砍倒那些有粗藤牽掛著連片樹木無法倒下的危險大樹。之後，隨著斧起刀落，整片山林都發出吱吱咯咯樹木即將倒下的聲音，緊接著，是樹木連排波浪般地向前湧動後轟然倒地的響聲，那情景，真是壯觀極了！

當成片林木都倒地之後，人們還常常可以看到，有些巨大的喬木依然高聳挺立。其實，這並不是我們的疏忽，而是有意識地留在最後砍伐。以免它倒向的不確實性發生傷人事故。因為熱帶雨林的喬木在形態上十分獨特，它們長得高大細瘦，樹皮色淺，薄而光滑，在接近樹木頂部才有分枝，構成半球形或矩圓形的樹冠。它們的樹皮色淺，在很多情況下是因為有一層藻類植物或地依植物附生在上面；樹皮薄而光滑一方面是它不需要對抗低溫和乾旱，另一方面是使附生植物不易在它上面生長；而身材細瘦和高的樹冠分枝是對熱帶雨林樹木密度大和對光線競爭的一種適應。

這些熱帶雨林中的巨樹，通常在樹幹的基部延伸出一些翼狀結構，形如板牆，稱為板根。有的板根竟達十多米高，向外延伸十多米寬，形成巨大的側翼，甚為壯觀，如果去除樹冠，極像一枚矗立的導彈。這些板根是喬木的側根外向異常次生所形成，是高大喬木的一種附加的支撐結構。板根通常輻射生出，以三至五條為多，並以最為負重的一側最發達，在土壤淺薄的地方板根更易形成。板根是熱帶雨林喬木最突出的一個特徵，由於板根的存在，以至於十幾個人才能夠合圍過來這些巨樹，從而也使得伐倒這些熱帶雨林巨樹格外困難。這時，你非得用「大板刀」不可。

知青**黎服兵**在**〈海南兵團十八般兵器之三：砍山刀〉**中，對其砍伐「板根樹」的威力有著生動的描述：

> ……砍山刀和砍芭刀仍有不同，刀柄粗而短，刀身厚而重，刀頭是平的，沒有彎鉤，沒有刀尖，專門用以砍大樹硬木，故此刀要好鋼，刃要鋒利，重量要足，一刀揮出，巨大慣性裹著利刃「喀嚓」一聲入木三寸。海南伐木也用二人拉的長鋸，但是海南的奇木甚多，長鋸不足以對付。
>
> 有一種「板根樹」，樹幹一米以下如幾塊豎立的門板，板邊至樹心幾近一米，五六塊板根從樹心長出，再長的鋸子也夠不上。這種樹長在颱風肆虐的地方，板跟穩如泰山，不怕暴力狂撼，參天入地如巨人一般。此時砍山刀派上用場，三四個人輪流揮刀而上，不能齊上，怕傷著自己人。大汗淋漓砍上一天，總能將巨樹放倒。此樹倒下時，震地撼天，滿山寂然，百獸喪膽，倒下時壓倒一山青綠，好不威風！

不過，黎服兵上面所講的則是砍岜時的最後「壓軸」節目，而在這之前所說削斷牽扯大樹上的山藤野蔓的部分則才是高難度的「驚險表演」。對此，知青**黎服兵**還有一段刻骨銘心體會：

……這時，往往是最勇敢的漢子出來，攀上鄰近的大樹，用快刀削斷牽扯樹身的山藤野蔓，主動破壞平衡。有經驗的幾刀就可以打破困局，但出手的漢子要冒很大風險，樹倒的方向已不可預測，在樹上無處躲閃，一旦被樹冠掃中，傷亡就難以避免。

湖北漢子副連長老廖多次幹過這險活。我見過他被樹梢掃落樹下，見過樹幹砸中他腳面痛得他齜牙裂嘴。他回去塗點藥，第二天又帶我們進山了。英勇的老廖是我到農場後第一個佩服的漢子，五年前回場，見他已癱瘓在床，無法動彈了。想來是青年時受傷過多過重落下的病根。

我在砍岜時也學過老廖想逞英雄，但道行不夠，徒添笑料，還差點陪上一隻眼睛。那是在十三連，一次砍岜中遇上一處特別茂密的山林，大樹間長滿藤竹。這是一種很特別的竹子，一點竹子的本性沒有，長得曲裏拐彎，遮天蔽日，攀著大樹就往高處長。藤竹也有一種好處，不少竹節間貯有清水，在山中口渴了，削斷一端，便會滲出，解渴消暑。

那次砍岜時，我們急於建功，沒有按砍岜規則——先清除灌木、野藤、亂竹——行動，而是先把一面山坡的主要大樹砍倒。雖然危險，進度卻快。這面山坡除了大樹，長的都是藤竹，大樹一倒，把滿坡的藤竹壓成一窩窩的滾地龍。樹倒了，在六月驕陽下，十天半月就乾透可以燒岜了，但壓倒的藤竹連著土地還青翠欲滴，盤纏糾結，王連長絕不會驗收。我們只好丟下砍山刀，拔出「護腚刀」，去削斷樹下的萬千根竹子。我們手裏都是好刀，削鐵如泥是大話，削竹如泥絕不吹牛。就是因為刀快，險些釀出大禍！

那些藤竹長勢極旺，被數百上千斤的大樹一壓，一支支如欲射大雕的彎弓。我們初到海南不識厲害，活該我倒楣，我的快刀碰上竹林的快箭。一刀劈下，斷竹如箭矢般彈起，刀未收回，竹箭已嗖地彈起直奔面門！眨眼工夫，尖利的竹尖在兩眼間一劃而過，血光乍迸，兩眼迷離不能視物。我慘叫一聲，滿地去找眼球。

幸好衛生員小齊（一個海南妹，名字已忘）隨隊帶著藥箱，趕過來用藥棉堵住傷口。我睜開被血糊住的兩眼，還好，竹尖劃過兩眼間的額頭，劃開寸多長的口子，好像二郎神一樣添了第三隻眼。摸回連隊，小齊沒有麻藥，我硬充英雄，在不打麻藥的情況下縫了三針，眼睛沒傷到覺得挺幸運的，也就不大在乎疼痛。

當時有點傻，四肢沒事，眼睛安全，頭上頂著隻「白眼睛」第二天繼續去砍竹子。不過有了血的教訓，大家的動作謹慎多了，一手握竹子一手揮刀，當然再沒有那麼瀟灑的動作，但眼睛要緊，臉蛋要緊……

在砍伐這種山藤野蔓纏繞樹的成片雨林時，還有一種極其危險的狀況，首先要根據地形、樹形和周邊林木情況決定最為關急煞鍵的一棵大樹倒向，電影上常見的「順山倒」和「靠山倒」喊得氣壯山河，其實是生命攸關的事。我們剛開始跟經驗豐富的老軍工上山伐木，一般都輪不上擔當這最後的終結角色，主要是擔心我們不能全身而退。因為此時由於成片砍倒的樹林巨大的重力作用，只要刀斧或鋸齒逼近樹心的時候，一聲霹靂，好端端一株大樹就會從中裂開，一邊從地上直翹半空，一邊轟然倒下。此時，砍伐者一定要眼明手快腳靈，稍不注意，就會被翹起的半邊樹幹打傷致殘……

正如黎服兵所說，自由兄弟剛開始砍岜時，遇到這等重任，只是聽從吩咐跑到安全地帶，遠遠地觀看這一精彩刺激的表演。後來也慢慢地摸出了門道，事先選好退路，然後揮動板刀或長斧，去感受一下這繃如弓弦的刺激。並且，有時我們還會利用巨樹的重力和慣性來壓倒一片藤蔓牽扯、遲遲不倒的樹木。然後再用砍刀斬斷纏繞林木的山藤野蔓。而這些藤蔓，有些竟是上好的雞血藤、過山龍等珍貴藥材，還有一些是用來編製椅桌的紅藤、白藤之類。可惜我們都將它們付之於大火之中，現在想來實在心痛。

類似黎服兵砍岜受傷的經歷，幾乎每個海南兵團的知青都經歷過。知青亞東說：

有次在連隊正忙，忽見好友湯某中途呼吃呼吃跑回宿舍來了。急問他何故，他說要換褲子，接著把腿一叉，只見挺堅固的褲襠上穿了一個大洞。原來是他砍倒的一棵樹壓彎了一片毛竹，那竹子韌性好，壓成弓形也不肯折斷。當湯君走過去揮刀削斷之際，斷竹竟像箭一般射穿了湯君的褲襠！好在那時的年輕人都愛穿大褲襠的褲子，就這樣居然沒傷著他。現在想起還替湯君捏著把冷汗，要是那時將男人的「命根」給整斷了，可咋辦呢？哦，忘說了，後來老天讓他也是生了個生龍活虎的兒子……

對於那些砍伐巨樹的危險，在知青**陳經緯〈憶戰友篇之一〉**中也有描述：「有一次，全連把整個山上所有的樹砍光，就只剩山頂上一株雙人合抱的參天大樹，傍著一塊巨岩，筆直筆直的。我們研究了半天都無從下手。直到第二天我們砍了半天後，斷了大半的樹幹前後左右搖晃時，才突然明白風向不定，根本沒法判斷大樹倒下的最準確位置。搞不好的話，我們其中的一個會有被壓成肉餅的危險。不知怡康是否看出我眼中的恐懼，他要我在他砍下最後那幾斧前躲到巨岩後去。果然，就在我剛才站立的位置，大樹轟然倒下！……」

雖然，砍伐雨林的工作有許多意料不到的危險，但與「挖穴」等其他工作相比，我和許多知青還是喜歡在森林中砍伐。因為不用曬太陽，而且無法確定指標任務，可以相對自由一些，偷懶當「南郭先生」。更為主要一點是，進入熱帶雨林之中，你總會有一種愉悅神秘的感覺。

不論什麼時侯，你從山上俯看周圍的熱帶雨林，都會發現在茫茫綠海中點綴著一撮撮紅色在陽光下閃爍，那並不是花朵，而是紅色的樹葉。此時，片片紅色映襯在綠海之中非常醒目。因為在季節性的熱帶雨林中的很多樹種，新葉長出時是紅色而垂下的，幾天或幾週後才逐漸變綠和變得堅挺。而溫帶的樹木則不同，例如著名的楓葉和黃櫨，是在秋季葉片衰老快脫落時才變為紅色。前者象徵新生，後者意味衰老。

運氣好的時候，我們還可以在砍岜時遇到很多竹筍、木耳和蘑菇，甚至可以吃到許多酸甜可口的野生荔枝、龍眼、芒果和油甘果。每當這時，我們總會找出種種理由不願意砍伐這些果樹。記得有一次，我們在山坳處遇上了一棵果實纍纍的野生黃皮果樹，大家在飽餐一頓之後，誰也不忍心去砍倒它，副連長走來問明原委後，責怪我們心慈手軟，輪起斧頭就要砍去。幾個女知青全都眼淚汪汪地哀求道：「連長，你就留下它吧！以後我們來護林割膠還可以解解嘴饞……」在一片哀求聲中，這棵黃皮樹最終得以保留。

我們最怕的是綿綿細雨的天氣砍岜，因為這時，山區的氣溫突然下降許多，人在露天作業都會有幾分寒意，有時手腳都會發麻。為了保證安全，連隊領導就會安排我們去砍長滿芭茅和灌木草叢的山地。這芭茅和灌木叢比人還高，特別是芭茅茂盛得密不透風，上面長著很多細毛細刺，粘到人的身上又癢又辣。而雨天，細長的葉片又沾滿了水珠，穿上厚重的雨衣又沒辦法幹活，大家都是冒著冷雨砍岜，但只要揮刀，芭茅或灌木就會灑你一身水珠，沒過多久，全身上下就濕得沒有一根乾紗。

我依稀記得，有一次全連合圍砍伐一片芭茅灌木山地，我陡然間看到幾個知青姐姐濕得全身衣服都粘在身上，活脫脫都像出浴的美女，其中兩個穿著白色透明的襯衣，連高聳的乳房和雪白的腰身，在晨光下都看得清清楚楚，簡直美妙極了！也迷人極了！這是正處於少年向青年過渡的我，第一次這麼近距離地欣賞婀娜多姿的女性胴體，也是第一次從心裏湧現出對女性胴體嚮往的衝動。

在這之前，一個偶然的機會，我曾到一個知青哥哥的房間討煙抽時，見那知青哥哥將一個知青姐姐壓在床上親吻，當時我還責怪那位哥哥為什麼要欺負人家姐姐？如今，在這晨光閃射的砍岜之中，我竟無師自通地領會了女性美妙胴體對男人的誘惑。好在心猿意馬之際，我連連默唸了幾段「最高指示」，又狠鬥了資產階級思想「一閃念」，才將心中的性騷動驅散了去……

唉，想來真是可憐了那些知青姐妹，全身在冷雨中濕淋淋地要苦捱一天，有時收工晚點連熱水都沒有，只能在小溪澗隨便洗洗就算了事。而海南的雨季又特別漫長，幾乎有半年之久，而那時我們連方便的草紙都難買，真不知那些遇上特別生理期的姐妹，是怎麼熬過那痛苦又難於啟齒的幾天「例假」。印象中，在我當副班長的一年多時間，她們幾乎沒有休息過。如今看到滿眼的「舒適」廣告和對女工的保護，我的心在內疚之餘，更是多了幾分敬意和祝願。

在砍伐熱帶雨林之時，還有一種潛在的危險，就是會莫名其妙地遇上毒樹毒草，讓人全身腫痛奇癢。知青**風雲**在**〈破除迷信〉**中講述過一則讓人啼笑皆非的故事：

> 在海南兵團時，我們受命開進深山向荒山要膠園。這天來到儋州的一座杳無人煙的原始深林，其中長著許多奇形怪狀的樹木，不時還有各種野獸出沒，所以只能用大會戰的辦法墾荒。
>
> 大家在「與天鬥其樂無窮，與地鬥其樂無窮」的口號激勵下，砍伐到了山頂。忽然，一位男知青發現山頭的南邊還留下一棵枯竭了的大樹沒被砍伐掉，孤零零地屹立在那裏，影響了整個山頭的墾荒推進。他拿起砍刀就走向那樹要揮刀砍去，農場的老工人連忙拉住他，不許他走近那棵枯樹。原來那是老工人們故意避開的毒樹。老工人告訴他那是一棵老漆樹，毒性很大，漆毒隨風而過便可使人中毒過敏。
>
> 誰知，那男知青看大家說得玄乎其玄，根本聽不進去，說那簡直是迷信！他昂首闊步走近老漆樹，看見樹幹已被雷電擊倒，樹身上出現了一個深深的大窟窿，洞裏裝滿了已經不知是積聚了多少年月的積水。雨水泡著漆木已變成黃澄澄的液體！為了讓大家破除迷信，男知青邊用手兜起樹內的積水洗手、洗臉，邊笑著對大家說：「好清涼！誰也來試試？」
>
> 之後，當晚，那男知青就高燒不止，腦袋腫得比水桶還大，連眼睛也睜不開了。這下可把我們全嚇壞了，大家四處求醫尋藥，連場部醫院對這中漆毒的病也沒轍，給他打的抗過敏針液根本不管用。人們當時真擔心他救不活了，最後還是老工人一連幾天在當地尋找了不少偏方才把他給治好了。如今，三十多年過去了，每當知青聚會，大夥提起此事還爆笑不已地直喊他「傻牛」！

其實，這都是年輕不知天高地厚所承載的寶貴教訓。而這些教訓，在海南兵團知青的晚年閒聊之時，都幻化成了熱帶雨林遇險的動人故事，每一個人都可以講上幾天幾夜……

第三節　難以想像「建新點」的艱苦情景

在海南兵團期間，最為艱苦的莫過於創建新場新點工作。其中風餐露宿的生產生活情景是常人一般難以想像的。自由兄弟用不著花費腦子去描述關於其中的細節，只須將幾位海南兵團知青在網上的帖子稍加整理一下，就可見一斑。***Zyz***：

……一九七一年夏，「有幸」從中建場抽調到瓊中太平建新場。記得到太平的第一天，汽車在泥濘的道路上吃力地爬行，把我們送到了臨時棲息地——農場籌建組搭的兩間草房，房子建在清澈見底的小河邊。河對岸有一個小黎村，穿過村子再往山裏走就是我們將要建新隊的地點。

當天晚上，風雨交加，海南特有的颱風來了！我們躲在房子裏，只聽到屋外狂吼的大風，夾雜著一陣陣雨點敲打著泥牆和茅草房頂。來海南也幾年了，大家也習慣了，並不恐慌，有的蒙頭大睡，有的聚攏聊天，有的伴燈夜讀……老天爺就以這樣的方式迎接我們來到太平，為我們建新隊來了個不大不小的考驗！

一夜無言，第二天颱風已過，天空放晴，推門外望，只見一片狼藉，本來清澈見底緩緩而流的小河已是濁浪翻滾，岸上到處是被風颳倒的殘枝落葉以及從房頂吹下的茅草……由於來的時候下雨，大家只帶了簡單的行李對付一晚，其他衣物箱子等還放在臨時場部。等我們到場部一看，也是水澤一片，所有箱子及大米等都泡在泥水中，有的被水沖到老遠，好不容易把大件行李從泥水中撈起扛回駐地，將已被水浸到變形的皮箱等打開，只見裏面的衣物等全濕透了。我們也只好拿出來一件件地晾在草地、小樹上，霎時，到處都是五顏六色煞是好看，襯映著四周狼藉的駐地，就像是一幅不太雅觀的油畫。當時還作了一首小詩：

夜雨翻江潮
狂風勁呼嘯
孤燈伴長夜
一夜夢不成
風打雨窗愁
屋漏浸枕被
劫後放眼處
無窮濁浪急
殘枝落葉飄
待紅日高照
收拾再重整。

同時被抽出建新場的知青**青春兔**回帖道：

應該是一九七一年的五月份吧？Zyz所說的場景，我想是我們六師九團抽調到十八團的全體人員永遠都不會忘記的。記得第二天早上我們還在睡夢中，就有場部的人拿著砍刀一路劈開颱倒的樹木，來到我們的臨時駐地，知道我們全部人員安然無恙，才放下心來告訴我們臨時場部被淹了。當我們趕到臨時場部的時候，所有人的行李都浸泡在水中，裏邊所有的衣服統統都印上了黃泥水的標記。直到我回城後那個皮箱還一直跟著我，裏邊還有一道明顯的浮水印……

Zyz感歎道：

是啊！颱風暴雨並沒嚇倒我們，一切從零開始，開路、平地、蓋草房、挖井……雖然很長一段時間沒有電，得各人自備小煤油燈，每當夜幕降臨，四周一片漆黑，只有在草房透風的牆或窗隙、門縫之中偶爾透出一絲昏暗的光亮。但是，就是在這樣的條件下，知青們仍然堅持學習，依然談笑風生，讓人感到這荒蕪的山溝有青春的氣息在湧動。為此，偶曾有感而發：深秋夜寒露重／荒山鳥蟲齊鳴／披衣仰望北斗／草廬秉燭夜讀。

知青**徐霓**在**〈深山建廁人〉**中也真實地記述了他們新建連隊的情景：

一九六九年冬，我們和成千上萬的知青一樣，懷揣著紅彤彤的語錄書，帶著十分簡陋的行李，飄洋過海來到了海南兵團農場，開始了嶄新的知青生活。

這是一個新建不久的山區連隊，那裏只有一幢孤零零的瓦房和幾排低矮潮濕的茅草房，它擁有著一個既響亮又好聽的名字：叫「紅英隊大山班」。記得當初到團部迎接我們的汕頭知青曾自豪地對我們說：「光聽這名字就知道有多氣派了！就到我們大山班來吧！」結果大家就稀裏糊塗地來了。後來我們才知道，被冠以「大山班」殊榮的知青點當時全團僅有兩處，那是全團生活條件最差的山區連隊。

我們的「大山班」臥虎藏龍般地窩在深山裏，周圍群山聳立，古樹參天。與外界接通的是一條崎嶇不平、中間凹進許多溝溝壑壑的羊腸小徑，那是古老笨重的牛車留下的車轍。每當暴雨滂沱山洪暴發，這裏便成了一座交通癱瘓的孤島。其他的生活困難大家還可以想辦法去應對克服，可最讓知青們頭疼和難堪的是沖涼和如廁的人生大事了。

當時，在荒草萋萋的空地上挖了一口兩米見方的清澈大水井，連隊一百來人的生活用水全靠著它。水井左側搭建了兩間簡易茅屋，各自安上兩片看得見人的木板就算是大家的沖涼房了。男知青還沒什麼，大大咧咧地在井臺上提著水將自己從頭到腳淋個痛快，然後便可以到沖涼房裏換了衣褲瀟灑地離去。可女知青可就遭罪了，大家得學會在眾目睽睽之下毫無遮攔地洗去一身的臭汗。由於沖涼房面積狹窄，幾平方米的沖涼房裏擠滿了等待洗澡的人。往往是你的衣服還沒完全脫下，下一個人就迫不及待地在旁邊等著。後來大家也都見怪不怪了。為了「搶時間、爭速度」，有時候乾脆幾個人都擠在一平方多米的沖涼房裏打水戰，倒也有趣得很。

至於廁所就更為簡陋了，只是在離營地不遠的地方挖了一個大土坑，上面蓋了一間用泥巴牆分開的男女茅廁。兩邊分別搭上如廁的蹲板，這邊一有什麼動靜那邊全都聽得一清二楚。為了避免雙方的尷尬，許多姑娘寧願憋在又髒又臭的茅廁裏，等到隔壁的男生走了才敢出來。最怕的是遇上大雨天了，到處都是漫溢出來的糞便和蠢蠢欲動的蛆蟲，大家上廁所都要穿著水鞋，忍受著噁心和嘔吐。許多人因為忍受不了這些又臭又髒的情景，只好鑽進亂草中或苗圃地裏自我解決。因此，大家都期盼著連隊能早日建起新的廁所，以便給大家提供一個潔淨衛生的環境。

翌年春天，在連隊團支部的帶頭發動下，全連戰士大搞基本建設改善生活環境。大家發揚了苦幹加巧幹的革命精神，利用工餘時間到山上撿柴火燒石灰，到田間打土坯壘土磚，到河邊挑泥沙，如火似荼地蓋起了漂亮的新瓦房和廁所。最讓大家高興的是那高高屹立在連隊大門邊的嶄新男女有別的廁所和沖涼房了。負責基建的知青精心地在牆上抹了一遍又一遍的白灰，把廁所裝扮得比自己的宿舍還要漂亮。竣工之時，能工巧匠的知青趙宏庚抑制不住內心的喜悅在牆上寫下了「大便不忘建廁人」的告示，沒想到被哪個淘氣包在後面續寫了「小便不忘趙宏庚」的字句，結果在連隊一時傳為佳話。

在新建的連隊，每當颱風暴雨沖毀簡便的道路和橋樑之際，汽車開不進來，還常常面臨著「斷炊」的處境。遇上這種情況，連隊人員就得冒著生命危險跋山涉水出外運糧自救。對此，知青**徐霓**在**〈擔架運糧的故事〉**中也有生動的回憶：

> ……那年秋天，一場罕見的強颱風肆虐了海南，整個海島災情嚴重。我們知青所在的儋縣也是災情嚴重的重災區。連隊裏的茅舍倒塌、瓦房掀頂、膠林被毀、防護林折腰，到處是一片狼藉慘不忍睹。颱風雖過，暴雨依然，為了儘快恢復生產，知青們都頂風冒雨奮戰在抗災第一線。
>
> 連日不停傾瀉的暴雨，引發了特大的山洪。洶湧咆哮的洪峰，使往日圍繞在連隊周邊的清澈山溪，變成了濁浪翻滾、聲勢駭人的怒江。滔滔不絕的洪水席捲著粗壯的木樁、石塊呼嘯而下，將連隊通往外界的唯一道路淹沒。就在此時，炊事員匆匆地向我報告說，食堂只剩下最後一餐米糧了。聽了炊事員的報告，我心裏有些氣惱地答：「眼下道路被淹，運糧的汽車開不進來，你說什麼都是白搭。都怪糧食科的人，領糧單開了好幾天也不派車送，才造成了今天這種局面。」
>
> 話雖這麼說，可眼看隊裏的四百餘人口即將斷炊，而洪水一時半會兒又消退不了，我這管後勤的司務長心裏比誰都急。此事刻不容緩，我心急如焚地找到連長拿主意。連長拍著我的肩膀說：「別犯愁！咱們三個臭皮匠，能頂上一個諸葛亮。再找大家想想辦法去。」很快，連裏的智多星們都集中到一起，大家七嘴八舌地拿出了不少好主意。先是發動大家把自家的存糧都捐了出來，然後再找人上毗鄰的番開村求援。
>
> 番開村離我們連隊只有幾十米的坡路，大家的山林都連接在一起，平時農工與村民的交情也都不錯。往常連裏放電影，大家會自覺地給村民「騰」個好位子。而村民如果有什麼新鮮的蔬菜，也會往連隊裏送。若要向他們借米應該沒什麼問題。可令人頭疼的是怎樣才能把大米運送過來？退伍老兵老鄭提議說，用擔架抬大米過河，並可以多找些人在激流中護航，確保萬無一失。知青小葉也說，多找幾個報廢的汽車

輪胎，與擔架捆綁在一起增加浮力。在激流中可以漂著走，在陸地上可以抬著走。這主意相當不錯，馬上就被採納了……

於是，連長帶著我來到了洪水湍急的河邊，拉開嗓子喊來了李村長，向他們求援。雨幕中的村莊頓時熱鬧起來。鄉親們冒著大雨把大米往隊裏送，有的趕緊開機碾米。一番忙碌之後，一千多斤用油氈布包裹著嚴嚴實實的糧包火速送到了河邊。這回就看我們的勇士們大顯身手了。只見老鄭不慌不忙地將捆綁著粗繩的石頭準確地投向對岸。兩頭分別牢牢地固定在樹幹上，嘿！儼然是一條安全通道。

接著，連隊其他的搶險隊員腰紮著粗繩紛紛下了水，其中四個身材高大的壯漢抬著沉甸甸的擔架小心翼翼地往這邊走，其他的人都在兩旁護航。忽然一個濁浪打來，護航的小張手一鬆，被洪水沖得好遠，頓時，運糧的佇列亂了套。好在有了身上的救命繩，這才有驚無險。就這樣，在兩岸群眾的助威吶喊中，五包凝結著濃濃鄉情的大米全部順利地抵岸了。我無比激動地撫摸著這些還帶著機器餘溫的大米，不禁為這次成功的運糧行動流下欣慰的喜淚……

廣州知青**袁家寧**在**〈小路〉**和**〈奇遇〉**文章中也回憶了新建連隊的艱苦創業歷程（自由兄弟閱後特意對原文做了一些節選和拼接）：

……一九七〇年五月九日，連長周定瑞根據兵團黨委的部署，從六連選帶了一個班的人，這些人裏面除了老勞模鄭慶保之外，其餘全部都是在一九六六年、六八年、六九年到海南的廣州知青，他們挑著簡單的行李上山，找了一塊靠近河溝邊的低窪地，然後把地上的芒草、雜草、小樹砍了下來，用樹枝和大芒草搭了一個小窩棚，晚上，這十三個人不分男女，擠在一起，在原始森林裏面度過了漫漫長夜。聞名兵團的樣板連就是在這樣的環境下建立起來的……

昔日這裏荒涼至極，沒有公路，沒有房屋，沒有水井，人煙罕至，只有重疊的山巒和潺潺的溪水把它緊緊環抱，還有不時出沒的毒蛇、野豬、黑熊、梅花鹿、猴子之類的野獸、動物和你作伴。記得在一九七一年的夏天，連隊附近苗村的五六個村民抬著被他們在山上捕殺到的一隻有一百多公斤重的黑熊，經過我們連隊抬去高峰公社賣給國家收購，全連的幹部戰士見了都大吃一驚，每天晚上大家都能聽到令人害怕的黑熊吼叫聲。有時候頑皮的猴子們也會到炊事班的伙房裏偷吃剩飯或其他食品……

而野豬肉的味道，我們初次在樣板連得到了嘗試，猴子、梅花鹿被煎熬成膏的原始製作方法也被我們同時見證了。碩大的蚊子和牛蠅更是第一次看見，因為牠們實在大得恐怖。星空下，成群結隊的螢火蟲和恐怖的蚊子就會在頭上和四周嗡嗡地叫著、飛舞著，趕都趕不走，身體上經常被蚊子叮得小包挨著大包，「瘧疾病」可說是當地的「特產」。

由於沒有公路，全連幹部戰士日常的生活用品和糧食，都是靠大家沿著一條只容得下雙腳的羊腸小徑，用肩膀挑上山去的。記得我第一次挑米上山的時候，是用我們平時洗澡的水桶裝滿了大米，由於山路太陡，我的個子又小，吊水桶的繩子又太長，結果還沒走幾步，扁擔前面的那桶米就撞在了一塊石頭上，桶裏的大米撒了一地，我自己不但摔倒了，腳也被石頭和水桶碰傷了，眼淚嘩嘩地流了下來……

跟在我後面的連長周定瑞和其他人馬上放下肩上的擔子，過來幫助我把米捧起來，放到他們挑的水桶裏邊去，讓我少挑一點，還安慰我，叫我小心一點，慢慢走。在連長和其他人的幫助下，我雖然是最後一個，但是也堅持把小半桶米安全地挑回了炊事班。在晚上的連隊大會上，指導員陳載明不但沒有批評我，還表揚了我不怕艱苦，腳受傷仍然堅持不下火線的精神。那年的我才十五歲，艱苦的磨練就是在這時候開始。在這條小小的、陡峭的、狹窄的羊腸小路上，留下了他們每一位知青的青春腳印，也留下了他們永遠的、無怨無悔的記憶。

隨著連隊人員編制的增加，團部找了一些外包工隊，幫助搭建了五棟茅草房屋，我們才有了棲身之所。當時唯一可供飲用的水就是從大山澗往下長流不息的溪水。連隊旁邊的那條小溪約有三四米寬，溪水很淺，清澈見底。每天中午和晚上下班後，大家都提著水桶到那裏去洗澡，洗衣服，這時候寂靜的小溪頓時就會熱鬧起來。猴子也會加盟進來一起湊熱鬧，牠會悄悄地把你洗乾淨了放在水桶裏的衣服掏出來，然後丟到水溝對面的小樹林子裏去。在你大吃一驚，接著驚慌失措，繼而哇哇大叫的時候，猴子卻手搭涼棚、眉飛色舞地跟著發出陣陣怪叫聲，幾乎再次把你嚇暈過去。日復一日，年復一年，這條小溪在艱難困苦的日子裏，給我們帶來了不少的歡樂。

但是，一九七一年五月二十九日的一次強颱風中，連續下了幾天幾夜的大暴雨後，引致了山洪暴發。連長周定瑞、指導員陳載明、副連長楊有才、司務長蘇帝祥、文書麥路，他們二十四小時輪流值班，組織搶險。深夜時分，烏雲翻滾，狂風暴雨傾瀉襲來，首先是建在河溝旁的那幾棟茅草屋的屋頂被一陣猛烈的颱風掀翻，接著洪水就像猛獸一樣撲了過來。用來圍攏屋子的竹笪瞬間被洪水沖開，齊腰深的洪水一下子就湧進了屋子，鋪蓋和衣櫃、皮箱在水面上漂浮了起來，鞋子已不見了蹤影。在所有茅草房就快被洪水沖坍塌的一瞬間，連隊幹部吹響了緊急撤離的哨子。聽到哨聲，全連幹部戰士馬上從漂浮的鋪板上爬起來，冒著狂風暴雨迅速在不斷上漲的洪水之中往屋子外面撤退。

連長、指導員他們身上穿著雨衣，手裏提著馬燈，站在洪水中間，一邊吹哨子一邊大聲動員說：「現在情況很危險，房子快要坍塌了，黨員、團員們，考驗我們的時候到了，大家先把小孩和老人馬上轉移到山上去，其他的到倉庫、伙房去把糧食和化肥搶救出來，也抬到山上去集中，大家一定要發揚一不怕苦、二不怕死的革命精神，互相幫助，趕快撤離到安全地帶！」在連長和指導員的鎮定指揮下，大家馬上互相攙扶著，扶老攜幼紛紛往山頂上撤退。

身為教師又是團員的我，離開屋子後正要往山頂上撤退的時候，漆黑間突然聽到連長周定瑞大聲疾呼：「鄭慶保家裏還有人，屋子要坍塌了，快去幫助他們撤出來！」於是我馬上和大家一起冒著生命危險，掉頭在房子的坍塌聲中，衝進了老勞模鄭慶保的屋子，揹起他那年僅四歲的小兒子鄭在軍，牽著他的第四個只有六歲的兒子鄭在民，急忙離開已開始坍塌的房屋，在齊腰深的洪水中向山上走去。

一九六九年的廣州知青、共青團員、六班副班長何耀林憑著良好的水性，在洪水中多次往返救人，由於天空一片漆黑，他當時救起了誰、有多少人，到後來連他自己也說不清楚了。

一九六六年到海南的廣州知青、連隊的上士黎棟樑、麥永章，去搶救圈在豬圈裏的豬崽和伙房糧食的時候，黎棟樑瞬間被湍急的洪水捲走，幸好他的水性好，在被洪水捲走了幾十米時，被一棵倒下的大樹擋住了，於是他緊緊地抱住樹的枝幹，避過了洪峰才爬上岸；麥永章在緊緊抓住一頭豬的尾巴時，就被洪水困住了，只好把豬崽放了，緊緊地抱住還矗立在水中的籃球架，不讓洪水把自己沖走。

一九六八年到海南的廣州知青鍾永洋，因為個子小，當聽到哨聲響起，從床鋪爬起來時，洪水已經漲到了脖子，身體在水中漂了起來，在被捲入洪水的一剎那間，當時也不知道是誰馬上把他一把拽了過去，拖到了山邊，經歷了死裏逃生的一幕……

老工人李金英聽到哨聲響，馬上揹起年僅一歲的小兒子李偉明，牽著年邁的婆婆，在齊腰深的洪水中向山上走去，再回頭去找只有四歲的大兒子李向明時，卻沒了其蹤影。後來才被告知他已經被一九七〇年到海南的湛江知青江亞恒從快要坍塌的房子裏抱了出來，安置在山上的一棵小樹下，捂著腦袋蹲在大風雨裏「哇哇」地哭著，「爸爸」、「媽媽」的喊著尋找父母親。

一九七〇年到海南的湛江知青、共青團員、二班副班長陳日瓊，聽到連長、指導員在洪水中的動員令時，冒著隨時都有被洪水沖走的危險，馬上蹚過越來越往上漲的洪水，向放著化肥等物資的倉庫走過去，組織全班戰士把部分化肥及時、安全地搬運到山上去……

靠近河溝旁邊的伙房、會議室（同時又是學校的教室）、連隊辦公室和幹部宿舍，在猛獸般的洪水沖激之下全部坍塌了，連隊的房屋頓時失去了一大半，餘下的已經東歪西倒，情形危險萬分；拴在小溪邊的幾頭大水牛和豬圈裏面的好幾頭小豬崽連豬圈一起，在洪水中消失得無影無蹤；伙房的飯鍋、瓢、碗、糧食等物品也在洪水中消失了……

在連長和指導員的鎮定指揮下，全連幹部戰士團結互助，黨、團員發揮先鋒模範作用，在強大的自然災害面前，雖然我們的生命財產受到了嚴重的威脅，國家的利益受到了重大的損失，但我們全連幹部戰士都安全脫險，連夜撤離到了六連。第二天，三師的師長和我們團的團長帶著各部門的幹部冒著大風雨，爬山涉水，來到了樣板連，指揮救災搶險工作。受災後的樣板連，到處一片狼藉，慘不忍睹，讓人心生恐懼……

直到現在，每當我們知青聚會，回憶起這次遭遇時，大家都說：「這是一件令我們終身難忘、驚心動魄、死裏逃生、驚險不再的事情。」但也正是這些經歷，使我們的人生觀、價值觀得到了昇華，同時也鑄造了我們的團隊精神，使我們懂得了如何處事為人。現在，那條曾經給我們帶來生命威脅的小溪邊，已經變成了一個水庫，它就是「紅峰水庫」。

這種新建連隊的墾荒，時常還會發生一些風趣幽默的故事。有位網名**Zhuoming**的知青的回憶道：

……我們三排這支二十來號年輕力壯的隊伍作為尖兵，先行開進了海南瓊海縣與萬寧縣接壤的一片三不管的地段，這是人煙罕見的山溝溝，新墾區位於農場的最邊緣，卻有一個響亮的名字，叫「紅岩隊」。由於沒有房子，我們的第一天就在山谷小溪旁砍倒一片灌木林子，清理平整出一塊空地安營紮寨。一夜風餐露宿，次日早起，發現自己的鋪蓋上血跡斑斑，細看之下，發現偷襲者正是令人討厭的山螞蝗……

但是我們不愧為突擊尖兵，進入山溝的第三天，就憑雙手，從備料到搭建，搭起來一座兩百多平方米的大草棚。棚子內兩排大平鋪，百多號人將要在這裏一個挨一個地度過春夏秋冬呢。在大棚後還有一個較小的棚子，是連隊的食堂；大棚前整出一片平地，算是操場；操場與小溪之間還打了一口水井……每天早上五點鐘起床步操，然後是政治學習，緊跟著就是繁重的開荒「砍岜」，直至日落而歸。每天都是這樣周而復始的。這山溝溝裏，除了我們這幾十號人外，難得見著新面孔。

在這段枯燥無味的日子裏，我們這群少年小伙子聚集一起，經過短暫的認識和適應後，很快變成融融一體了。大家都是椅子板凳平起平坐，人與人之間沒有利害衝突；沒有商業社會那種複雜的人際關係；沒有什麼繁褥的禮節；一個真正的大家庭。除了各自的鋪蓋外，幾乎所有的東西都是公共財產，什麼肥皂、牙膏的，誰見誰用，甚至誰家裏寄來的包裹都會被毫不留情拆開分吃。曾經家裏給我寄來的奶粉和白糖，但最後到我手上只剩下一個空罐子。我對此卻一點也不感到奇怪，因為我也曾經搶吃過別人從北京寄來的糖果呢。

新墾區沒有浴室，甚至連茅草搭的簡陋掩體都沒有。每日必須的淋浴就是在小溪或水井旁進行。由於都是青一色的男子漢，再加上宿舍大棚子與水井小溪中間隔著操場，為了防止在夜色中，幾十號人同時擠在小溪邊洗澡很容易穿錯別人的衣褲，所以大部分人乾脆在大棚裏脫個精光，赤條條步過操場來到小溪，然後完全徹底地沐浴在溪水之中。

在朦朧的月色下，人人都沒有一點尷尬的神情，反倒有一種無牽無掛、無拘無束輕鬆的感覺。洗完後，大家再光著身子返回大棚穿衣服。有些搗蛋鬼還有意排上一列橫隊，喊著「一二一」的口令在操場練起了正步。雙腿中間的那根男性特有的東西也隨之晃來蕩去地讓人捧腹大笑！大家輕鬆得幾乎沒有一點什麼忌諱……

因為這深山老林方圓十幾里都沒有女性，就連雌性動物，恐怕也只是牛欄裏的幾頭母牛。相信牠們不至於對我們這些充滿青春活力的異類感興趣吧？這些於城市現代文明虛偽意識所不恥的景象，而對於處在群山環抱的山溝，近乎原始大自然的我們來說，倒是有一種難得的清新純潔美好記憶……

在新建點時，除了生產生活條件艱苦，有時也還會有疏忽自然災害的襲擊，而喪失生命的慘劇發生。知青**陳經緯**在**〈雷公嶺下的啟示錄〉**中沉痛地回憶：

……本來便打算寫一篇有關避雷針下發生的悲劇，今天又恰巧讀到周顯元有關雷公嶺下的慘劇那篇回憶錄，於是便決定加些補充敘述了。

關於三十六年前發生的這件事，我主要是聽來團小學採訪我的好朋友小青說的，她還提到曾經替死者換衣服以入殮一事。當時，我就想起，那死者的丈夫是老雷，一位湖南退役老兵。由於新點已經大致建成，老工人們一個個忙著建造小小的茅草房，那十來平方米的泥巴牆茅草房可說是給一家大小在艱苦勞動過後共敘天倫的小天地。由於老雷從早到晚忙著放牛，沒空上山砍伐足夠的木料，於是靈機一動，利用隊部小山包上唯一的一棵大樹做柱子而把伙房建起來了。

我記得當時他還挺得意呢，當然，確實也省了上一趟山的工夫。那棵筆直的大樹，是連長在新點周圍的樹木逐漸被砍去後開出空地來做運動場時，稍事考慮後而決定保留的唯一一棵大樹。其後，周圍小山包上的大樹也逐棵被砍去，此樹便形成了一柱擎天的獨特景觀。當時，誰也沒想到，這竟然會潛伏了極凶險的一幕。後來，也就在事發當日，烏雲密佈，天上雷電大作，正當死者欲從晾衣的鐵絲上收回衣服時，突然一道閃電劈下來，她就這樣被雷電燒焦了，一條年輕的生命就此逝去，遺下了丈夫和三個年幼的子女。

我和小青事後曾後悔我們一班知青竟然連這種常識都忘掉了，沒能夠提醒連長，多在新建的隊部周圍保留一些大樹，並阻止老雷把房子建在雷區之內。可是，轉念一想，肩負「再教育」知青的任務、生活經驗豐富的工農兵都沒想到，我們知青自然更沒想到了……

關於海南兵團知青當年在新建農場和連隊過程中，勇於吃苦耐勞和樂觀向上的精神風貌，事隔四十年，原海南農墾總局局長**陳新**在**〈我曾和廣州知青在一起〉**回憶中依然讚歎不已：

……我在龍江農場（四師十團）工作不到三個月，一九七一年三月，上級突然宣佈要調我往邦溪農場（四師十五團）開發新場。同時，被調去的還有團長和各科室幹部、生產隊幹部、老工人以及知青（其中有白沙農場的知青）。

當時，我被任命為生產處處長並負責前線開荒指揮。但我手下沒有一名技術人員。我一個人應付十個生產隊的開荒植膠的技術指導，就是跑死了我也應付不過來，團長讓我從知青中挑選助手。我挑了三名優秀者：一個做生產技術指導；一個做測量定標；另一名女知青做生產統計。他們都很聰明，幾經指點，都能很好地完成任務，我也很滿意，成為我得力的助手。

那時的建新場原則，就是邊建房邊開荒。大夥一到工地便搭建塑膠草棚，有了暫時棲身之地，便立即投入大開荒中去。只見知青和老工人披荊斬棘，揮鋤挖穴，在酷熱之下汗流如注，可他們沒有怨言，拚命勞動。特別是女知青也不甘落後，互相幫忙，一樣完成任務，使我深受感動。

而我也和知青及老工人一起住在一個工棚裏。有一晚，當我睡意正酣的時候，忽然覺得腳板有點騷癢。起來一看，原來是一名交往較好的知青，悄悄地叫我出去門外。我隨其走出，突然聞到一股雞香味，原來他和另一位知青已烤好一隻雞，叫我與他們一起分享。一壺酒，一隻雞，三個人，其風味、其親情，勝卻現在廣州酒家一席萬元宴。令我至今難忘……

第四節　歎為觀止的環山行

在海南中坤農友網上，自由兄弟曾看到一張頗為生動深刻的照片，一個年輕小伙只穿著一條短褲，光著上身，奮力揮動著一把厚重的鋤頭在挖著橡膠穴。因為照片是黑白的，看不清天氣的亮度，但從小伙子那條有些發皺下垂的短褲，你一定可以想像他的頭頂是火辣辣的烈日，那小伙子顯然也是汗水淋漓，全身濕透……

這就是當年我們墾荒過程中，最為艱辛的工作——開挖環山行和挖穴。所謂挖環山行，就是待到山嶺砍掉的樹木花草乾枯後再放火燒毀，在粗為清除通道的山嶺上挖出一條寬一米五，向內傾斜十五度的保水保肥和行走通道。環山行與環山行的間隔距離依照山勢陡緩不同，山坡平緩的一般間隔四五米左右，山勢陡峭的一般七八米，然後每隔三米五左右挖出一個寬八十公分乘八十公分，深也是八十公分，底部寬為六十公分乘六十公分的橡膠穴。

前不久，自由兄弟乘車出差無聊，又想起《海南農墾誌》上那組「一九六九年至一九七四年，海南兵團期間共開荒種植橡膠樹二百一十九萬畝」的資料，心中默默地換算了一下，如果以規定的每畝三十五株橡膠計算，二百一十九萬畝墾荒就需要開挖修築二十六點八萬公里的環山行，挖出七千六百六十五萬個以上的橡膠穴，如果以平均二十度的坡度，再加上向內傾斜十五度計算，竟是上億土方的開挖量，這麼一項宏大而又艱巨的工作，竟是我們知識青年完成的，如今想起來簡直有些不可思議，也歎為觀止。

在常人看來，即使是在土質鬆軟並且平緩的山坡上，要挖出這樣一個橡膠穴來都不容易，況且我們要在陡坡並且土質堅硬的山嶺上挖出這麼寬的環山行、這麼大的橡膠穴就更為困難。而且每道環山行都必須保持在同一水平線上，事先都得用水平儀測量定位過，一路插有小旗。由不得你像山路一樣繞著挖。不管沿途是有樹樁，還是岩石，你都得想辦法開出一條道來。然後在上面挖出一個個八十乘八十，再乘八十深的橡膠穴來。

說來有人可能不會相信，自由兄弟後來調到的四師八團十連，就是海南兵團赫赫有名的「鋼鐵南路連」。之所以有名，就是這個連隊一百多名幹部戰士，竟然在超過六十度的陡峭山嶺上挖出了一排排環山行和橡膠穴。其中有的地段環山行開挖的高度竟超過我的人頭，有一米七以上。為了不讓開挖的泥土和石頭滾下山去，我們先得在下面打上木樁，紮上攔排，再用大些的石頭疊起一道擋土牆，然後才奮力開挖土石。往往挖出一米就得一二個鐘頭。但是全連戰士硬是憑著鋼鐵意志在周圍山嶺，其中最高的那座八百多米高的南路嶺上，竟挖出了四十二道環山行（後來上部幾道因缺水而放棄了）。

當時，從山腳仰望，猶如連隊戰士在雲梯之上開築天路，好不壯觀。記得我曾即興吟詞幾句：「南路嶺上高峰，紅旗漫捲西風，今日銀鋤在手，明日可見彩虹。」可見當時的確是豪情滿懷，壯志凌雲。聽說後來連兵團領導和外國友人聞訊參觀後都十分驚訝，過去人們都以為在超過四十五度的山嶺是不能種植橡膠的禁區，可如今看到了我們滿山鬱鬱蔥蔥的膠林，簡直是一個奇蹟。而且事後也有些奇怪，幾次颱風颳過，其他山地的膠樹都被吹得東倒西歪，而這些陡峭山嶺的橡膠樹卻基本安然無恙。不知是山嶺起到了屏風作用？還是我們的勇氣感動了風神？或是兼而有之……

記得在修築這些環山行時，連隊還發生了一個有趣的故事：那是我剛從九連調到十連不久，由於正值六月，天氣十分炎熱，當時我們許多男知青都是穿著一條短褲在山嶺上不停地揮汗如雨。這天上午，一位身體健壯的知青在用鋤頭挖掘一根半乾半濕的小樹時，因為用力過猛，鋤柄竟被樹幹鬼使神差地反彈打中了陰莖。頓時皮破血流，痛得在山嶺嗷嗷直叫。而其身上所穿的舊短褲由於汗水浸泡較多，布質脆薄，也被樹幹挑破了一個大洞，神態十分狼狽不堪。

聞訊有人受傷，正在山上目測規劃環山行走向的連長張國太火速趕往出事地點，立即組織自由兄弟和幾位男知青將受傷的男知青從陡峻的山上揹了下來，眾人快步直往連隊衛生室裏跑去……

「快、快、快，小魏，趕快給他包紮傷口！」連長老遠就著急地大聲叫道。

當時，連隊的衛生員是一位來自清遠的姑娘，名叫魏華珍。她長著一副胖嘟嘟的體態，紅圓圓的臉膛總是帶著幾分甜美的微笑，知青們都習慣把她叫做「清遠妹」。也許是因為脾氣溫和，待人熱情，平時許多男知青有事無事總愛找個藉口去衛生室，與她逗樂尋個開心。可是這位受傷的男知青卻偏偏顯得十分怕羞，任憑好說歹說，他就是不願意打開用衣服裹著的下身……

「你是要臉還是要命?!」連長有些生氣地大聲吼叫：「現在我命令你一切聽從小魏的安排，老老實實地配合包紮！」在連長的強制命令下，那個男知青很不情願地打開了雙腿，此時清晰可見受傷的陰莖靠近陰囊根部處的外皮已經被劃破翻了出來，殷紅的鮮血依稀在滴答、滴答地往下淌……

「連長，看來光簡單包紮還不行，還得……」衛生員小魏滿臉漲得通紅地欲言又止。作為一個姑娘，她也是第一次這麼清楚地看見男性生殖器官的活體。雖然以前在團衛生隊上醫護課時早已習以為常，可那些都是標本或是圖案。所以難免有些張皇失措。

「還得什麼？有什麼想法你就快說出來嘛?!」連長十分焦急地問道。

「還得，還得，進行陰莖外皮縫合，這樣傷口才容易止血癒合。」小魏費了好大勁才擠出一句話來。「不過，這手術是不是送到團衛生隊去做？」

「送衛生隊?這二十多里的山路，途中不知還要流多少的血?受多少的痛?難道你以前就沒學過傷口縫合？」

「學過，這手術並不難。只是……」小魏有些不好意思地說。

「只是什麼，學過你就趕快給他做，別羞羞答答地浪費了時間。」連長用不容抗拒的口氣吼道。

「是！」年輕的姑娘小魏不知從哪裏鼓足了勇氣，她快速備齊了消毒用具，又找出了手術針線，要我們扶著那位男知青躺在衛生室裏的簡易就診床上……

自由兄弟如今想起手術的過程還是有些好笑，當衛生員小魏用酒精擦拭創口周圍消毒，準備剃除陰毛時，那男知青先是像殺豬般地「哎喲、哎喲」嚎叫嚇人，幸虧我們幾個緊緊地按住他的手腳，才沒有從床上滾下。之後不久，那根原本軟不拉塌的粗大東西在姑娘小手溫柔的撫弄下，竟怒髮衝冠地勃起翹到了肚皮之上，看了真有些怕人，我們強咬著嘴唇才沒有笑出聲來。而此時，那「清遠妹」也是滿臉羞得通紅，極力壓抑著驚駭，細心而又敏捷快速地進行縫合手術……

由於創口縫合包紮及時，一個多星期後，那位男知青又生龍活虎地衝上了墾荒戰鬥的一線。只是每次與衛生員小魏相遇，兩人都顯得有些不好意思，只是羞怯靦腆地笑著。但是其他男知青們見了這清遠妹，反而覺得更為親切好感，總想套點近乎，甚至會有莫名其妙的非分之想……

二〇〇六年冬季，農場知青在廣州聚會，自由兄弟又見到了「清遠妹」，雖然老了許多，但依然體態迷人。我故意逗笑地問她當時心裏有什麼感受？這個年近五十五歲，肩扛一級警督的女獄醫還是有些臉紅地回答：「是得有些勇氣。雖然那手術不大，只縫了幾針，可我當年只是一個十八歲的姑娘，第一次接觸男人那根活體，難免擔心傳出去讓人議論笑話，今後還怎麼找人成家？況且，男人那部位的生理反應又特別敏感，女性稍微擺弄就有激動反應，充血後的外皮又很薄，稍有不慎，就會扎破血管。消毒縫合時，我緊張得心臟嘭嘭直跳都快暈倒……」

「如今你愛人在那裏工作？小孩多大？」我有意轉移了話題。

「也與我同一個單位，孩子已經工作，我們兩個老鬼十分恩愛。」魏華珍一臉幸福地說。

「真得替那個知青和家人好好謝謝你這位白衣天使！保住了男人的這條命根。這叫做好人自有好報！」我半是打趣、半是感歎地笑道……

講到開挖環山行和橡膠穴，首先得從如何使用鋤頭說起。知青**亞東**回憶道：

去年黃金週，虞皓開車，載著潔華、王丹和我，到深圳和淡水看望了當年同一生產隊的老工人，小「老人」見到老「老人」，懷舊的話題自然沒完沒了。

我問當過司務長的王啟輝記不記得我們當年用的是什麼鋤頭？他說，當然記得，一是三磅的「金雞」牌，一是五磅的「鱷魚牌」，烤藍燒得很漂亮，都是上海運來的。不過我的印象中，五磅鋤頭應該是「旗魚」牌的，鋤板上不是刻著長長的尖喙嘛。

漫談的話題一經展開，不覺間又勾起了我綿遠的回憶。當年，我只用過一把三磅鋤，那還是剛到生產隊時統一發的。一天收工，大家扛著鋤頭往隊裏走，知青們用的都是新鋤頭，很多損耗得還不多，而我的已經用得成了帶圓角的正方形了，大鬍子許班長從我身後趕上，豎著拇指對我讚道：「大個子，你真賣力，鋤頭這麼快就要用沒了。」

年輕人臉皮薄，我只會扭捏地說：「是我不夠愛護工具。」

「噯，不是的。」老許笑著直搖頭。

的確，幹農活是不是藏奸使猾，這些農民出身的農工們清楚得很。那時的我，正所謂老話說的：「老不捨心，少不捨力。」

這把小鋤頭一報廢，我就請領了一把五磅的大鋤頭，並一直伴著我走過了務農的生涯。

下面就說說我用這把五磅的大鋤頭挖大穴的經典之作吧！

我那時勞動起來總要爭個先，遇到挖大穴，更是逞能的時候了，一身的力氣加上一把五磅的大鋤頭，就不信會輸給哪一個。要說這事，還得先扯遠點：有回開積代會閒聊，聽趙厚元說，老農墾有一本《橡膠種植規範手冊》，好多活都是有嚴格標準的，不過現在不講那麼多條條框框就是了。言者無心，聽者有意，「我們眼下幹的這些活夠不夠得上那個標準呢？」好奇心使我一直想知道這底細。

天遂人願，一次挖大穴，農場的技術員老梁到我們隊勞動，他扛著鋤頭在山頭上巡視，給我見到了，趕緊叫住請教，問他我們現在這八十乘八十的大穴和老農墾的標準比怎麼樣？說開才知道，舊農墾大穴的標準是一米乘一米的，還要用專門的檢查框放得下去才算合格呢。

「現在挖的這些……」說到這，老梁撇撇嘴，沒往下說。

「挖那麼大，有什麼好處？」

「便於膠樹根系發展呀，再用腐殖層回填，嘿，那樹長得可好了。」說到他的老本行，老梁彷彿回到了那個講求實效、精耕細作的年代，喜不自禁地眉飛色舞起來。

「哎，那您指點指點我，我今天就按這個標準挖好不好？」我躍躍欲試地問。

「好哇，那咱們就一起幹吧。」

在他的指導下，環山行的起點較以前拉遠了，成了一個大平臺，在平臺上，並排五鋤下去，定出了大穴的寬度。再反過站著，順著刨成的線，往外約莫一個拳頭遠，一鋤下去再把泥往外一兜，坑位上就出了個三角坑，接連著鋤下去，小坑連成了短溝，短溝變成了寬溝，再後來，寬溝成了一米見方的淺坑，大穴的雛形就出來了。接下去的活最好幹了，像木工鑿榫一樣，每一鋤下去，實實惠惠地兜上一大塊泥來。

挖大穴挖到了這個階段，就可以盡情施展了：踮起腳尖，高高地掄起鋤頭，於揚至盡處時將身子往下一挫，狠狠地一鋤甩下去，震得頭上的汗珠答答地往洞裏掉，再使勁一帶，呼地一聲，大塊的泥土應聲飛出，高高地堆在身後。苦的是碰到了石頭，用勁太狠能把鋤頭刃口都給撞崩，不過那天我們墾的是舊苗圃，石頭很少。

我下鄉前學工時練過打鐵，使「風車錘」的感覺爽極了，就是師傅一手掌著通紅的鍛件，一手執著小錘，指點著鍛擊的部位，兩個夥計掄圓了八磅錘往目標上砸。小錘敲一下，大錘響兩聲，小錘重，你就重砸，小錘輕，你就輕砸，火花四濺，錘聲雄渾，勞動的場面讓人心曠神怡。也許現在的「蓬嗒嗒」的舞曲，就是從鐵匠那學來的。有幸使過風車錘的夥計們就會知道，那比現在青年男女們跳快三還痛快呢。挖穴挖到這個階段，就有點使風車錘的感覺了，加上老梁不斷從旁指點，越幹越入巷，痛快極了！

土坑深到一定程度，鋤頭就不好掄了。為了不刨成臉盆底，挖法上就得講究，鋤頭只能舉到四十五度，再加上腕力和腹力，用暗勁往下甩，手還得穩，鋤下多少土就要帶出來多少，少做無效功。話雖容易，這時才是最累人的，但眼看大穴已基本成形，多一分努力就多一分美觀，到你把最後一鋤土摟出來，望著那方方正正，底面平平整整的大穴時，油然而生的成就感就是對你的最大獎賞了。

老梁開始還不停指點著，有時叫我停下，指導性地挖幾鋤示範，後來漸漸地就不大管我了，只管在前面修環山行，我就專心挖我的大穴。

西邊天際燃起了火燒雲的時候，第十個大穴終於挖完了，我累得全身像散了架似的，恨不得當場就趴在地下，套用現代時髦的說法就是「痛並快樂著」。下山的人們路過我那巨型大穴都「嘩、嘩」地驚歎，女知青們更是前仰後合地小聲講、大聲笑著，瞅著她們從我寬闊的大環山行走過去那會兒，別提多開心了，憋了半天沒忍住，「噗哧」一聲弄出響來了。

這件露臉的事算起差不多快四十年了，在淡水和老工人會面，曾慶樓老班長還提呢，操著客家話講：「田亞東嘔，你挖的大穴，婦人家蹲在裏面方便都給人家看得到！」

坦率地說，勞動有艱苦的一面，但也包含了創造的愉悅。在人類進化過程中，應該是有這麼一種原始、本能的願望在裏邊。在勞動中，我體會到了這種原始的快感。可惜，當這個生物種群派生出一種叫「政治」的上層建築以後，不公正的政治就硬把勞動加上了違背勞動者本意的東西了。如果單就勞動本身而言，她於人類，原是一件很美好的事物。

聽了亞東關於當年挖大穴的追述，知青**經緯**說：

本來已經逐漸褪色的記憶又被啟動了，勾引起我想補寫一點有關挖穴的經歷，算是對去年那篇〈我當過一天標兵〉的後記或補遺吧。

其實，解不解釋都沒什麼兩樣，在當年造林種膠大開荒中，參加過超強度的大會戰的知青都心中有數，以陳經緯那塊頭絕對不可能挖出四十二個「標準」大穴來，即使讓田大個兒去挖，保準也只能挖上半數來，只有美國（當時叫美帝國主義）電影中的超人才有能力輕而易舉地完成此任務。

我從小生活在印尼，從小看超人影片，想起超人的能耐，是自然不過了。可是當時要那麼脫口叨咕出來，真是吃不了，兜著走啦。工農兵出身的領導水平雖擺在那裏，可難保沒人跟他解釋誰是超人或者超人的出身等等問題，那是偉大的突出政治的時代，經過上級精心策畫及安排，還有什麼奇蹟創造不出來呢？懷疑誰都沒事，絕不能懷疑偉大領袖親自領導和指揮的偉大軍隊，不能懷疑這支軍隊的領導，自然也不能懷疑代表黨的各級組織。「一切行動聽指揮」嘛！

那天清晨，東方剛露曙光，我與其他男知青都如常上身赤膊或僅穿背心，下身一條球褲或孖煙囪，荷鋤隨隊上山。其實，這山只是不大的一個土丘，幾個月前，由一位老農場工人帶領一位知青，一把火把砍倒的大大小小的樹木連同雜草，燒成幾乎光禿禿的山頭。只剩一些曬不透的大樹幹和手腕粗的藤類植物，橫七豎八地躺倒一地，中間大部分黑的是不同程度的焦炭似的樹椏。留心一瞧，可又看出在這幅可畫最美最美的圖畫，可大有作為的大地上，這裏一小簇，那裏一小簇，從焦土中冒出嫩綠嫩綠的芽葉來，給那可作戰爭影片拍攝現場的慘景陡然增添生意盎然的氣息來。

喜愛繪畫的我那時還沒來得及細心欣賞，便聽到班長安排工作，把我與一位體力差的女知青安排在一個組裏，還補上一句話，說是一幫一，一對紅嘛。我一看拍檔，心中便暗暗叫苦，因為小吳她是全連知名的老病號，胖乎乎的嬌體弱不禁風，長期鬧腸胃病，不過人緣特別好，從北京投親來到海南島來。她衝我一個和藹可親的笑容，讓我把不滿、抗議的表情改為應對的笑容。

一小時過去，我心想反正任務難完成，回頭正欲向小吳表示關懷，讓她休息一會，卻發現那病態厭厭的她把環山行細心地修好一大段。當我伸個大懶腰，左右環視山坡上其他組的進度，並趁機取來水壺喝幾口，調整自己的時候，很快發現小吳她悄悄地又趕上來了。後來我才悟出「不怕慢，只怕站」，她和其他女知青一樣，那股韌勁正好配合我們男知青的猛勁，把挖大穴和修環山行的工作做得更好，更快。

下午，越往高處幹，石頭地越多，工作進度頓時減緩，連長聽到我們反映，過來視察後說，我們工地沒有分配到炸藥，生產處認為別的工地更需要炸藥，因此唯有盡力去挖，能挖多深就挖多深。後來石頭地更多更大，連長傳話讓我們視具體情況把膠苗穴位挪左挪右少許，這一挪，學問可就大啦，究竟度在哪裏？連長經常不見影兒，請示要到他小伙房去，等到晚上開會時他才又出現，像往常一樣，以手勢強調明天非把任務完成不可，能說會道的上級總會以政治帶動生產的。

第二天，情勢不同了，命令是死的，人是活的；上有政策，下有對策（現在的說法，當年沒有，即使有人想出來，也絕不敢說出來）。進度果然加快了，細心一看，不難發現棵與棵之間的距離，差異很大，有的二米，有的四米，有的甚至五米！再俯視穴位，有的只挖得有臉盆大小，十公分左右，從實踐中可以斷定底下是一片山岩。我們彙報後，領導傳來驗收的指示，命我們把附近的貧薄的腐殖土覆蓋上，像其他的穴位一樣，再加上一些焦土殘葉，插上一截樹枝以做標記。

直到此時，我們才明白自己是身陷弄虛作假的一齣醜劇中了，但當時誰又能說清呢？日復日、月復月地接受再教育的過程，便是磨平稜角，體會連長們的苦衷，自我安慰自己：「現在所做的只是權宜之計，其他大部分的工作挺好嘛，不是嗎？」假如（這裏用「假如」，其實是沒可能的）當時團裏傳來的指令是無論如何得照梁技術員教田大個兒示範那樣去挖，我們肯定也會照做，絕不造假，哪怕每天只挖一個穴！

在我調到團小學後不久，便聽到順道探望我的農友說過此事受團裏批評，要返工，但沒有誰受處分，揹黑鍋。因為按照當時的說法是在運動中要造聲勢，氣可鼓，不可洩，要緊跟形勢，寧可事後補救。

今天，當我閱讀亞東的憶述後，除對他的「政治令勞動變質」的說法深表認同外，還想補充說，當政治令勞動變質的同時，我們的生活也變質，我們的品德也變質了（儘管身不由己，協從不究，畢竟和五八年搞假大空的「大躍進」沒兩樣），當我們回憶青春奉獻時產生的自豪感也變質。所以，我認同中坤徐暘農友那篇〈不應該美化兵團的生活〉，肯定自己的貢獻同時也該檢討自己的過錯，這一點並不矛盾。就像當年億萬善良熱誠的紅領巾，青少年、老人家參與過的大煉鋼、除四害、大放農業衛星田一樣，罪過應由領導負上，我們則汲取教訓，讓自己變得聰明一點吧。

知青**經緯**之所以會有以上的感慨，主要是源於當時的兵團片面追求墾荒進度，各團、連常常組織挖穴大會戰，每天還要評選先進，號召學習。結果出現了一些不顧質量、弄虛作假的行為。對此，他曾在**〈我當過一天的標兵〉**的帖子中講述了當時的情景：

……團部廣播站連著各連的大喇叭都清晰地傳出一則最新的消息：「二十七連的知青陳經緯在第一天的大會戰中，創出了挖四十一個穴的最高紀錄！……」但我和全連的老工人、知青一樣，都沒把它當一回事，只顧拖著疲憊不堪的身軀，踏著月色回去，心中只想著儘快到井邊痛痛快快洗個澡，鑽進茅草棚裏，抓緊時間會周公去了。

大會戰的翌日早上，當我們又在山坡上揮鋤時，團裏檢查組乘著大卡車來了。走近了，他們中的幾位是我們附近的連幹部，認出我來，跟我打了個招呼，看了看昨天我從拂曉幹到晚上，用十幾個小時挖出的四十一個穴後，便隨意用手中的小木棍插進早已填回土又鋪上枯草的穴裏，作勢測量一番。在我之上的一批環繞著山來幹活的退伍兵中的班長老胡，跟大家一樣趁機放下手中鋤頭歇一會，掏出煙絲和自曬的乾玉米葉來捲一根煙抽，直至這批檢查組跟我們揮手告別，才又吆喝大家繼續幹。我邊默默幹，邊回味著剛才老胡衝我一笑的神情，似乎在說：「你們知青想當標兵就讓你們當好了，有經驗的工人出身的幹部，不用實地檢查也知道這片山坡地是絕無條件創出一天一個人挖四十一個穴的紀錄。」我當時是被挑選上的，除了在低窪地定下的穴位之外，還需要其他人讓一些「豆腐」地給我，以創佳績。如論勞動力，我在本連知青中也該排到第四、五位後。

過了許多年之後，我始終未能忘懷此事，是因為自己的單純和熱情，以為我們兵團戰士應像解放軍那樣，「對命令是理解的要執行，不理解的也要執行」，這才配合演出了那麼一齣好戲。當時那一帶的坡地大都是碎石地，有的地甚至是一塊巨石躺在穴位正中。雖則為了不浪費土地，可以因地制宜，挪移一尺左右來定穴，但因上有壓力，下就有對策：稍有石頭難挖，估計會妨礙進度及難以達標，於是大家便毅然決然挪它三四尺，面盆大的也算一個往上報了。

就是那樣，對當時那些轟轟烈烈的開荒大會戰，老工人是心似明鏡一塊，明白得很：那地以後還是會荒起來的，是絕對種不了橡膠的。我也清楚得很，因為我祖輩三代正是在印尼經營橡膠、咖啡等熱帶作物種植園的。父親經常講述自己的工作與規劃，可當時我以新技術、新品種等來替自己解釋是否能種上橡膠的疑團。事後聽聞連長也挨了些批評，認為質量沒把好關，不過，這都只被視作是工作上的瑕疵，說是「形勢需要，勁要鼓，氣不可洩」。

知青**成真**也感歎道：「……我們挖穴大會戰也有人一天挖四十個的，我和連長去檢查，用小木棍插進去一測量，沒有一個是合格的，扒開看看，有些挖得就像一口鍋或一個盆，連長一面走一面搖頭，口裏還不斷嘮叨：『這像鍋一樣的穴怎種得活橡膠哩？』我們可是把吃奶的力氣都用上了啊！那年頭，就興作假，也怪不得我們，被務虛不務實的陋習逼的。」

看了這兩個帖子，不由得也勾起了自由兄弟在兵團挖橡膠穴的回憶。印象中，我也曾有過一天挖四十三個穴的最高紀錄。但那是在九連的一塊土質鬆軟的河谷沙地。連隊有個大塊頭知青還突破六十個。但是，來到十連以後，別說四十個，有時一天四個都十分吃力。原來這裏坡陡地硬，平時在九連只用一把鋤頭就能完成的工作，在十連就得多加一把洞鍬和一把鋼釺。有時還得加上一把大錘。因為這裏的山嶺除了石頭多之外，更煩惱的是由於靠山一面剖面過高，挖到一定深度後，在內側一面對角線的鋤柄就容易碰上新開出的垂直剖面，根本使不上勁，偏偏那裏的山嶺又多是黃膠泥，鋤頭稍微吃深一點，就會撬斷鋤把或搞鬆鋤把。

於是，我們只好先用洞鍬將土撬鬆，再用鋤頭勾上來。遇上大一點的石頭，只好用鋼釺來撬，或是用大錘敲碎，常常是手掌上的水泡、血泡一個接一個火辣辣地尖痛。但是不管如何，穴的深度和寬度一定要達到標準，這在十連是一點含糊不得。連隊領導還做了一個稍小一點的驗收竹篚，放不下就要返工，還會挨批評。一次我偷懶將穴口墊了些鬆土，用鋤頭夯實，想蒙混過關，連長用腳一踢，就露餡了。拿著洞鍬幫我挖了好久，讓我羞愧難當，再也不敢玩弄這種虛而不實的花招了。

在挖環山行和挖穴過程中，還有一種難耐的寂寞，就是連隊和班裏給每人都分了地段，光禿禿的山嶺上你根本不敢偷懶歇息，想找個人聊天吹牛，又相隔得較遠，所以感覺時間過得特別慢。唯一有趣的是被燒過的黑糊糊的山地，草灰木炭粘在人人滿是汗水的身上、臉上，遠遠望去活像大花貓的好笑，但誰都不敢去多抹，否則越抹越黑，越抹越花，不到汗水流到眼皮，都懶得去揩擦一下。只有到收工之時，才得以到溪水邊認真洗上一把臉。此時，從喉嚨、鼻孔咳出的痰或擤出的鼻涕都是黑的，現在想起來還覺得噁心。當時又沒有什麼勞保用品和清涼飲料，只是盼著好難得才喝的一回綠豆粥……

最為煎熬的是，海南的太陽好像特別近、特別大，從早晨七點多就烈日似火，簡直是連雞蛋都烤得熟，而山上又很難有躲陰的地方，我們穿著的短褲常常是濕了乾，乾了濕，上面竟是白茫茫一片片的好似作戰地圖般的汗水鹽漬。收工泡在溪水中脫下來胡亂搓上幾把後，又套回身上，有時還沒走到連隊，穿在身上的短褲就已經自然乾了。我們也懶得再去換洗，反正下午短褲到處又是鹽漬。

苦就苦在那些女知青們，不僅要穿著長衣長褲忍受汗水浸泡，還得在收工後，洗呀換呀折騰半天，上下都整清爽後才敢到伙房打飯，囉囉嗦嗦吃完，還沒睡上片刻，下午出工的哨聲又響了起來。開挖橡膠穴之時，這些女知青也好不可憐，由於腹力不夠，鋤頭勾不上泥土、石頭，只好經常用手去捧，看到真是有些受罪心疼。確實如同女知青成真所歎，我們可是把吃奶的力氣都用上了啊！

不過，我們最怕的是在挖穴時突然遇上暴雨，因為暴雨過後，又是火辣辣的太陽，整個山嶺山谷都被烈日烤得熱氣騰騰地像個蒸籠一樣悶熱，常常讓人透不過氣來。更要命的是，挖到一半的橡膠穴裏此時積蓄著許多雨水，你得想辦法先捋乾積水，否則，你根本下不了鋤頭。即使將水舀乾，裏面的泥漿也會飛濺全身，沾在短褲上難看極了！

而海南，這種驟降驟歇的暴雨，常年可見。開始，每當遇上這樣的暴雨，自由兄弟就要為捋乾穴裏的積水發愁，而且經常要變成泥猴。有一次，我發現陽江的知青阿門頗為聰明，積水多時，他就先將身上的工作服丟到穴裏浸濕，拿出來扭乾，反覆幾次，待差不多時，再將地表的乾土刨下穴裏勾上來，所以身上清爽地沒有多少泥漿。如果積水不多，或是膠穴不深，則直接先用乾土回填，再重新勾出來。於是我也學著如法炮製，果然全身清爽了許多，只是多費些力氣罷了。

第五節　驚險刺激的「花樣炸砲」

回想海南兵團開挖環山行和橡膠穴的過程中，也有比較刺激有趣的時候，這就是妙趣橫生的「炸砲」。自由兄弟在九連所帶的一班就是專門從事爆破作業，很是熟透這一工作。不過，這裏還是先聽一下知青**紅花男〈炸砲〉**的講述：

……在海南兵團的十年中，我更換過不少工種。犁田、苗圃、開荒、看山豬、割膠、統計員，到場部當過保衛幹事，最後還去過農墾局落實政策辦公室，參加過不少冤假錯案的平反工作。但我記憶中最深的，莫過於當年的開荒炸砲了。

我當時所在的紅花隊地處丘陵，在這種地帶開荒，首先要砍芭。用砍芭刀砍倒荒地上所有雜木亂草，晾曬一段時間後放火燒芭，然後再在山坡開挖出一道道環山行和種植橡膠的洞穴。所謂炸砲，也就是現在所說的爆破，用炸藥把諸如石頭、大樹等障礙炸掉，減少挖梯田時的難度和勞動強度。炸砲用的炸藥有硝胺炸藥和黃色TNT炸藥兩種，雷管也分紙殼和銅殼兩種。硝胺炸藥配紙殼雷管威力較小，一般用來對付較小的樹頭和橡膠種植穴，至於較大的樹頭和堅硬的石頭，就必須用黃色TNT炸藥配銅殼雷管了。這在用雙手與天鬥與地鬥的年代裏，也算是一種高科技手段了吧?!

炸砲工作比較危險，但比起當時的開荒大會戰勞動強度相對輕很多，而且相對自由，幾個人幹活，想幹就幹，想走就走。我初學炸砲時剛到連隊才兩三個月。由於我天性好奇，又怕苦怕累，忍受不了每天開荒那十幾小時手掌和鋤頭把的摩擦，找副指導員楊清彥磨了好多次才同意我去炸砲。我們隊負責炸砲的是四川軍工老熊和老陳，開始我只是跟著他們搬搬炸藥，扶扶鋼釬，點砲時站在警戒線邊驅趕那些撿柴火和放牛的村民。不過，我很快就學會了根據樹樁石頭的大小，位置和排列狀況，選擇安放炸藥的位置，掌握了填塞炸藥和安插雷管以及點火放砲的技術，並且能單獨進行操作。為此，我受到了老熊和老陳的多次誇獎，因此常常在同隊戰友中表現得洋洋得意。

炸砲中最刺激的時刻就是在點砲的那一瞬間。安裝好三幾十個砲眼後就進行一次點火起爆，每人負責十來個砲位。隨著老熊一聲高喊：「炸砲囉——」我們開始手拿炭火沿著同一方向退著一個一個地點著導火線。導火線的長度因砲眼的深淺而異，一般都可燃燒一分鐘左右，所以必須在一分鐘內把十幾個砲全部點完。導火線點燃時噴著火星，發出嗤嗤的嘯叫聲，容不得你有半點猶豫。一邊點火必須一邊算著點著的砲數，砲響時還得算著響了幾個，才知道有沒有啞砲。有時後面的砲還沒點完，前面的砲就響了，剎那間山搖地動，硝煙滾滾，樹頭、石頭橫飛，彷彿進入了朝鮮戰場。為了不要返工浪費時間，我們還鎮定地堅持把砲點完。

我第一次點砲時，手拿著炭火哆嗦著，怎麼也點不著導火線。老熊他們每人都點了七八個了，我還沒有點著一個，急得他們大叫：「撤退！待會返工算了。」幾次之後，我才逐步穩定下來，跟上他們點火的節奏。幾天之後，我更是得心應手，點砲時再也不會戰戰兢兢，而是不緊不慢、為所欲為了。經常是一次點二十幾個砲，邊響邊點，在隆隆砲聲中穿梭跳躍，手舞足蹈，肆無忌憚。只是有一次，當天上飛下兩個八爪魚般的大樹頭，一前一後挨著我的腦袋砸在我的身邊左右時，我才開始感到懼怕而有所收斂。

實際上炸砲中最危險的還不是被樹頭、石頭擊中，而是在排除啞砲的時候。由於炸藥受潮或雷管、導火線質量問題等各種原因，炸砲中經常會出現啞砲。有了啞砲就必須儘快排除，才不會影響工作進度。排除啞砲必須在砲全部響完後，再等上三分鐘以上才能進行，原則上誰裝的砲出現啞砲誰負責排除。此時，去排除人匍匐接近啞砲，迅速把導火線從砲眼中拔出，然後再清理炸藥和雷管。一般來說，導火線拔掉後，啞砲的危險就解除了，意外往往就發生在拔掉導火線之前。因為有的導火線質量差，不僅僅是死火，有時是燃燒得比較慢，慢得讓你無法預料。也就是說，排除啞砲時，你的生命安全是無法預料的。

當時與我隊隔鄰的內洞隊，就有一個回家娶媳婦剛返連隊不到兩天的四川軍工，在排除啞砲時被炸得粉身碎骨，殘骸爛肉覆蓋了半個山坡。知道這個消息後，開始增加了我對排除啞砲的恐懼。有次和老熊同時各排除一個啞砲，老熊拔出導火線順手一扔，正掉在我的腳邊，導火線突然噌地一聲噴出火星，把我嚇得渾身冒汗，差點沒暈了過去。在那個年代，怕死是不能說的，明明心裏怕得要命，嘴上卻喊著：「一不怕苦，二不怕死。」其實，怕死是正常的，誰願意輕易地喪失生命而不去享受美好的人生，尤其是我們這些才剛剛升起的七八點鐘的太陽呢?!那時候，全中國只有一個信仰，我無法祈求任何神明的保佑，全部希望寄託在自己手上。所以，每次排除啞砲時，我都是強打精神，嘴裏唸著自己也說不清的「最高指示」，直到顫抖的雙手從砲口中拔出導火線的那一剎那間才鬆出一口氣。

轉眼間，三十年過去，往事如煙，許多事都已漸漸淡忘了。只有過去的知青生活以及在山上炸砲的情景還歷歷在目，無法忘懷。每當下雨打雷時，我都會聯想起當年轟隆隆的炸砲聲。好笑的是，當我在日本餐廳吃八爪魚時，腦海中就會浮現出當年那從天而降的大樹頭。我經常向孩子講述那些過去的事情，講述那些她無法明白也絕不相信的真實故事，以抒發我的情懷。不知怎地，那些痛苦的往事，現在卻變成了美好的回憶，讓我不時地咀嚼，回味……

紅花男的精彩述說引起了一些知青的共鳴，**小草**回憶道：

其實，在那個年代，女知青幹爆破的也不少。我是在連隊要建水電站時被分配上山打石頭的，當然一樣學會了掌釺、打錘和爆破。在那個「男同志能辦到的事，女同志也能辦到」的年代裏，沒有不會幹的活。

有一次要爆破時，連裏來了二個知青，也想試試點砲，過過癮。我是負責點最上面的幾個，他們是點下面的。按理應該是我先點，然後順著一路點下來。誰知道還沒開始，最下面那個知青突然喊：「我點著了，我點著了。」這時大家慌忙趕緊把各自的都點了。我也來不及想那麼多，很鎮定地點了一個又一個，然後飛快地往下跑。只聽「轟隆」一聲，石頭像雨點般劈哩啪啦地落下來，大家衝我大喊：「快趴下，快趴下！」慌忙中，一位老工人趕緊把我拽到一棵小樹旁邊，叫我蹲下眼睛往上瞪著。我還沒來得及往下蹲，這時一塊巴掌大的石塊從我右腿邊啪地砸下來，正好撞在我的右腿外側，幸好沒落到頭上。那晚，大腿腫得幾寸寬的褲筒都捲不起，痛得我直咬牙也不敢吭聲，那時候，改造世界觀哪能叫苦。第二天憑著「輕傷不下火線」的意志，又一瘸一拐地和大夥一起打砲眼去了……

知青**栗子**說：

我們學校有一女知青在場部製雷管，結果被炸瞎了一隻眼，另一隻眼也受到影響，後來的境遇一直不太好。發生事故時，廠房的屋頂也給炸穿了。

不過，對炸砲和製雷管其中的妙趣體會得最深還屬知青**黎服兵**所寫的〈**兩個爆破手**〉：

……認識馮國森是在武裝連。兵團組建武裝連的時候，我從十三連調到武裝連二排二班當機槍手，訓練時有個副射手跟著，專門揹彈藥和備用槍管。武裝連是在二隊的基礎上組建的，馮國森是老二隊的人，就留在二排三班。他拿的是轉盤槍，應該是副班長吧，記不太清了。武裝連近二百人，來自天南海北，為什麼跟他一見如故呢？一是他有幽默感，好玩而且玩得很出彩；二是懂無線電技術，和我有共同愛好；三是我倆住隔壁，夜裏值班放哨交接班，都是我把槍交到他手裏。

勞動、訓練之餘，我倆在一起拼湊半導體收音機，聊各自的抱負和苦悶，在無奈的困境中取樂，以眼前的嘻笑打發無聊，期待局勢的變化。我們在默默地熬著、煉著，對困在深山老林的無奈是共通的，心中的苦悶是共通的，面對無解的迷茫也是共通的。他已讀到高二，眼看就要進大學了，我初中剛畢業，但讀的是名校，自我的期許也不低。可是「文革」天翻地覆，把相隔千里的兩人衝到了一起。將來如何？前途怎樣？可說是滿腹疑雲，滿眼雲煙。無奈、徬徨、不滿、疑惑，是我們相交相知的基礎。當別人還在為能到武裝連拿槍沾沾自喜時，我們已心懷不滿，我們期待的是李白詩裏那種狂放自許——「仰天大笑出門去，我輩豈是蓬蒿人！」「天生我才必有用，千金散盡還復來。」

武裝連實際是開荒的突擊隊，哪裏的森林難砍，哪裏的石頭山難挖，都是武裝連出馬。領導和團裏的現役軍人哪管我們的死活！當時勞動的艱辛可以這樣描述：一張幾磅的純鋼鋤頭使用一個星期只剩下一坨半磅的鐵，其餘的就在和石頭的磨礪中磨掉了。武裝連有個廣州知青陳中逸，外號「土匪」，可見其彪悍，但開荒三天下來就出現血尿，緊急送院治療。

在那種嚴酷的環境中，我幹得很苦，苦到絕望，幹著幹著竟想用刀砍自己，好藉療傷的機會在醫院歇一歇。這種自殘的心理，外人難以想像，在那種艱難絕望狀態下，可能是一種比較極端的自我保護吧。馮國森這時當上了爆破手，不用拿鋤頭開荒，只是掄大錘打砲眼，裝炸藥，放砲，把鋤頭、鐵鎬對付不了的石頭地炸開。在我的眼中這可是一樁美差，比拿鋤頭開荒強多了。我放棄了自殘的念頭，跟馮國森商量也去幹爆破。但我忽略了一點，爆破是農墾最危險的工種。我們農場有不少來自工兵部隊的退伍兵，是爆破專家。在知青大量來到農場後，退伍兵已經沒有一個幹爆破工，全交給了後來的中學生。馮國森大概是知道其中的危險的，並不想幫我這個忙，但經不住我的一再懇求，最後還是答應了。

於是我們成了武裝連僅有的兩名爆破手。當爆破手的好處是沒有硬指標，連排長不會成天跟在屁股後面追問你今天挖了幾個穴。但是，哪裏有挖不動的石頭地、大樹根，我們就得去，用大錘、炸藥替其他兄弟解圍，讓他們稍微歇口氣，手上少打幾個血泡。鋼釬、鐵錘、炸藥、雷管成了我倆日夜不離身的夥伴。那時兵團配給的電雷管質量很差，往往在上百個炸點同時通電起爆時，有三分之一是啞砲。我們就得冒著生命危險逐個去排啞砲，一天幾十次面對死神。雖然我們排啞砲的技術已被劣質雷管逼得出神入化，但長此下去總不是辦法。經過多次解剖檢驗失效電雷管，我們以中學生的知識弄明白了問題所在：電雷管的電熱絲經常斷路，電流過不去，再敏感的「黑索金」（起爆藥）也發不了火。

沒有雷管，爆破工就得失業。為了不再扛鋤頭，我們想到一個大膽的辦法：改電雷管為火雷管。每天收工回來，我倆避開眾人躲在窩棚裏，點一盞冒著黑煙火苗的馬燈，墊著木頭，用木棒把電雷管的塑膠封口輕輕敲鬆，拔下電熱絲，插上裁成二十公分長的導火索，一支火雷管就改好了。每天傍晚到深夜，我們得改幾百發雷管。只要稍一不慎，馬燈的火苗竄出，或者敲擊的力度大些，我倆就會從地球上消失。那時候年紀尚小不知道世上有「危險」二字，老天長眼，死神也同情我們，從不與我們打照面。

雷管問題解決了，啞砲還是常常出現。我們用的是民用炸藥硝酸銨，極易受潮；雷管也多是民品，起爆力偏弱，兩者都是造成啞砲的原因。每次點完砲數砲聲，不夠數就壞了，我倆就得小心翼翼找到啞砲，趴在地上，用手把封土輕輕撥開，重新在炸藥裏插上新雷管，引爆。每天上工我們身上都會帶一盒軍用銅殼雷管。軍用雷管故障率低、起爆力強，是我們的護身符。遇到啞砲幾次三番無法起爆時，裝上軍用雷管，往往應聲而炸。珍藏的銅雷管不到關鍵時刻一直捨不得亂用，直到大開荒結束，手裏還剩下六發。看著亮晶晶的銅雷管，上繳，捨不得；私藏，也不敢。一咬牙，把六發雷管捆在一起，往山澗深潭甩去，期望炸翻幾條大魚。誰知爆炸的響聲挺大，卻沒什麼魚也沒浮上來。心事已了，哈哈一樂。

排啞砲現在想起來很危險。兵團成立幾年，我們團在排啞砲時炸死、炸傷的就好幾個。不知我們是膽大還是命大，從沒出過事。經歷太多，危險感也會麻木，幹得太苦太累時，為了尋求刺激，也為了偷懶，我和馮國森不止一次向死神挑戰。一次，啞砲太多，我們一個個排除搞煩了，馮國森抓起鋼釺豎在啞砲旁，叫我拿大錘敲。這是完全違反操作規程的瘋狂舉動！但當時我不假思索，舉錘就砸，一連十幾錘把半根鋼釺砸進石子地裏，又打出一個砲眼。緊挨著啞砲裝上炸藥雷管，砲聲響起，啞砲炸飛了！這絕對是瘋狂的舉動，如果啞砲的雷管沒失效，如果炸藥沒受潮，如果鋼釺打在雷管上，如果鐵錘砸鋼釺的震動觸發雷管……每一個如果都可以把我們送進地獄。

那時人命賤，自己也自輕自賤。父母是「走資派」，自己被趕出校門，城市容不下我們，工宣隊、軍宣隊把我們當作改造對象，活著好像也沒多大意思，炸死了就炸死了，也免得天天對著深山老林長吁短歎。這種亡命的事幹多了也會上癮，好像俄羅斯的輪盤賭，扳機一扣，槍不響，過幾天又來一次。幾年後我去了上學，聽說留下的知青玩得比我們還邪乎：兩人比試爆破技術，砲眼打好後，先點著十公分的導火索，再裝炸藥、插雷管、填封土、撤退。要知道，一公分導火索的燃燒時間是一秒，十秒內要完成所有動作撤退到安全區，需要何等的技術，何等的玩命心態！

也是憑著這種亡命和玩命的心理，那時知青回廣州探親時是無人敢惹的。什麼地痞流氓、軍警憲特，聽說遇到的是海南回來的知青，都得退讓三分。因為我們命賤，他們犯不著拿城裏人的命和我們拚。

跟死神打交道，時間長了總要吃虧。有一次我和馮國森分兩條環山行點砲，下行砲比上行砲多幾個，馮國森為照顧我，先搶了下行的位置。一聲令下，各人拿一支燃得暗紅的炭條拔腿狂奔。跑三米點一砲，一條條導火索噴著火舌留在身後。當我點完所有導火索脫離危險地帶時，看到馮國森還拉在後面，不知是炭火還是導火索出了問題。眼看著砲聲響起，漫天的石碴、樹根飛舞。好一個馮國森！回頭站定，盯準呼嘯而來的石頭，前後騰挪，左右躲閃，避過了第一陣彈雨。一聲巨響，一根枝椏橫生的樹根盤旋而來，馮國森用手中藤帽擋了一下，樹根還是重重地砸在他大腿上。我一頭撲進硝煙，拉起他滾下山坡……

待把剩餘的砲點完，我倆互相攙扶著，順著大山溝一步一挪向宿營地走去。身後留下的，是炸得亂石翻飛、草木狼藉的大山。於是，馮國森和我的友誼就在炸藥的硝煙中結下了。大開荒結束後回到連隊，我們空閒時還是在一起鼓搗半導體，肚子餓了，爬上大山去找野果。樹太高爬不上去時，我們會野性大發把樹砍倒，吃樹梢那幾個比拇指大不了多少的野果……

說來常人又是有些不信，當時，海南兵團知青玩炸藥雷管就如現在人們過年玩鞭炮時的隨意。幾乎是花樣百變，妙趣橫生。絕不會有公安部門的盤查干涉。不信，請再讀讀知青**黎服兵**在**〈火藥、炸藥〉**一文中，對兵團（農場）使用炸藥的情況的講述（注：由於前一部分講的是火藥使用情況，自由兄弟只節選了後一部分）：

……農場開始使用工業炸藥，就是礦山使用的硝酸銨，半公斤一管，十管一包，八包一箱，蠟紙包裹，木箱包裝，和電影裏的炸藥箱一模一樣，用起來很帶勁，真有點爆破手的感覺。後來開公路炸石頭，用量太大，兵團已無法供應，各團就自己辦起了炸藥廠。有一種化肥成分也是硝酸銨，化肥廠可以大量供應，只是水分含量大，不能起爆。土炸藥廠只須配備一口大鍋，下面熊熊大火，鍋裏炒化肥。只要控制好溫度，慢慢把化肥裏的水分逼乾，拌上適量的細木糠，就成了上好的炸藥。為什麼要拌木糠？當時動過腦筋，硝酸銨容易板結成塊狀，造成起爆困難。有木糠做填充劑，可以解決問題。這可不是知青能想出來的，是退伍的老工兵出的主意。

炒炸藥的活兒聽起來危險，實際不算危險。硝酸銨是很安全的炸藥，用明火點只燃燒不爆炸，必須用強力的起爆藥才能引爆。炒好的炸藥馬上要用，不然極易受潮，簡直是吸潮劑，水分一高又變回化肥。大開荒最熱鬧的時候，幾乎每個連隊都有這樣的土炸藥廠。炒炸藥算是不錯的技術工種，比上山拿鋤頭開荒挖穴輕鬆多了。我是爆破工，在武裝連逼出來的。後來到十連建新點，把爆破這門手意玩得滾瓜爛熟，那些五八年退伍的老工兵見了也搖頭咋舌。因為我們太不按規矩操作，視生命為燈草，沒炸死、炸傷是偶然的，算是祖宗積了德吧。

回想起來，最危險是改雷管。天天勞作回營，在馬燈下作業，把質量次的電雷管改成用導火索引爆的火雷管。環境惡劣，心理穩定度差，加上無知基礎上的無畏，無望憂愁上的無謂，沒理由不出事的。隔水溝黃嶺農場的劉小鐵沒我們幸運，在進行同樣操作時雷管爆炸，左手拇指炸飛了。這事以前寫過，不贅。

其次是井下爆破。山區打水井，選點不難，看好山脈走向，選山谷會聚處挖下去，往往有清泉湧出。如果幾個點看去都不錯，老工人還有一個辦法確定，找幾個大碗扣在看好的地方，第二天早上檢查，哪個碗裏凝結的水珠多，在那個地方打井，準沒錯！細數下來，在十三連打過兩口井，那時初來乍到，不是主力，只能打打下手賣賣苦力，爆破輪不到我幹。在十連打了三口井，從選點到竣工，我已是主要技工加苦工，對三口井貢獻甚多。打出來的井水質很甜，水量大時，井水從井欄湧出，清澄透亮，煞是喜人。前幾年回去，三口井已廢，水質渾濁鏽黃，不知何因，令人歎息。

好水井必從石頭縫裏挖出，以石作壁，聚泉為井。好泉水深藏石下，得費大功夫才能鑿得。鑿井靠鋤頭、鎬頭不行，一定要用炸藥。我在十三連、武裝連練出的爆破手段，得以在十連大顯身手。在石頭上打眼放砲，井筒還淺時爆破手是安全的，很容易從井口爬出來，找個岩壁躲避從天上落下的碎石，就像小孩放鞭炮玩兒一樣，但連隊的瓦房遭殃了，瓦面被碎石砸爛不少。不過那時只有飯堂是瓦頂，其他都是草房。砲聲一響，炊事員跑出來大罵，頭上還頂個鐵鍋。石頭砸到草房沒事，茅草厚而韌，石頭一碰就彈開了，大多數人沒啥意見。

井打深了危險隨之而來。一般水井要打到七八米才有好水，才能旱不涸、澇不渾。到打井的收官階段，井底爆破石頭已傷不了民房，最多竄上井口灑落四周。施工的困難和危險程度日增。井底窄小，揮錘掌釺施展不開，不能掄圓了鐵錘砸，只能舉錘從上往下砸，既費力，準確度又差，掌釺的少有不被砸得雙手青紫淌血，掌錘的敲不到五十下就氣喘吁吁，不像在平地，掄一兩百下不在話下。

打井不能停工，打到一定深度，地下水湧出漸猛，一停工井就淹了，得重新排水。我們只好邊排水邊爆破邊排碴，日夜不停。加夜班肚子餓，副連長老鄒帶頭犯紀律，到菜地偷割兩棵包心菜，煮一鍋稀飯，輪流喝粥，輪流施工。炸藥雷管怕潮，再好的工業炸藥適應不了水下爆破。這難不倒我們，有十三連做魚砲的經驗，防水問題可以解決，沒法找到的是小口徑玻璃瓶，我們需要三公分直徑的玻璃瓶，因為砲眼就這直徑。束手無策時，會打獵也會生孩子的老朱一臉壞笑，回家拿了一疊避孕膠套來。那時咱們知青沒見過世面，還怪老朱不早點把秘密武器拿出來。現在當然知道那是計畫生育用品。那玩意裝滿炸藥正好可以填進砲眼，藥量不夠多填幾個便是，雷管要用好的，非用銅殼軍用雷管不可。

深井底下點砲除了需要勇氣還要身手敏捷，在井底點燃導火索之後，要迅速爬上七八米高的地面，稍不留神，失腳跌下去正好堵砲眼。現在可能會有人笑我們笨，不能把導火索裝長點拉到井口點嗎？水下爆破分秒必爭，倒不是跟帝修反賽跑，是和滲水速度賽跑。一公分導火索的燃燒時間是一秒，七八米導火索就要等上十多分鐘。為了儘量不出現啞砲，我們設定的時間在一分鐘左右，也就是半米長的導火索。為了讓點砲工安全撤離，在他腰間綁了道救生繩，爬不出來不要緊，救生繩另一端有守井口的兩位弟兄攥著，一旦出現險情，硬提也把他提上來了。十連知青的關係為什麼那麼鐵？我們早在三十多年前就把生命互相交到了對方手裏，那種絕對信任感，那份臨危的託付，不是今天在職場上混的人能夠想像的。

當然互相之間也經常開罵。往往是守井口的比井底的更緊張。夜裏黑燈瞎火，看不清井下情況，只見導火索「哧、哧」地冒火花，一掐時間不對，大喝一聲繩索猛提。人倒是及時上來了，可是碰得損手爛腳恨聲不絕。原來那傢伙完全可以靠自己的力量爬上來，是上面的人急了。所以知青間粗言爛語多，那是炸藥逼的，回城後被文明束縛，在學術講壇上不爆粗已算自控力強，偶爾有機會爆幾句，挺痛快。

最值得炫耀的一次爆破是修築公路幹的，那一砲裝了一拖拉機拖斗的硝酸銨炸藥，起碼有兩噸重。起爆時稱得上山呼海嘯、地動山搖、漫天塵土、雞飛狗跳。修築通往十七連公路的大會戰集中了全團一千多號精兵強將。公路修到一處叫「加落坡」的陡坡，一邊深谷一邊高山，推土機和人力派不上用場，輪到我們這些自學成才的爆破手上陣。一排排小砲炸，一砲一兩公斤藥量，安全，進度慢，我們也嫌麻煩。不知是誰出的主意，「放一砲大的！」大夥轟然叫好，分頭準備。後勤選出最好的雷管導火索，找出保管最妥善的工業硝酸銨炸藥，做成一個十公斤的炸藥包備用。

打洞的先用小量炸藥在選定地點炸出橫洞，一點點掏進山腹，進去五六米後，再掏出一個約兩立方米的藥室。這工作費的時間不少，藥室還是修得不漂亮，但運炸藥的拖拉機已經到了，只好草草了事。填了半車斗炸藥在洞底，中間安放預備定當的炸藥包，再繼續把半車斗剩餘的炸藥填進去，外面又填了半車斗黃泥，細心夯結實，只留一截導火索在洞口。大半天時間過去，築路大隊已吃過午飯，我們總算填飽大山的肚子。一聲長哨，上千人撤到五百米以外。篝火熊熊，備就鮮紅的火炭，我和另一哥們手拿火炭口袋裏還揣了盒防風火柴，緩步向砲口踱去。此時群山寂靜，百鳥噤聲，兩人掩到洞前伏下身子，我把導火索藥麵揉鬆，那哥們伸過火炭就點。

不知道是太緊張還是火炭燒過了頭，左點右點導火索就是不冒火花。眼看不行，大汗淋漓之際只得祭出第二招，我掏出防風火柴，把火柴頭緊貼導火索藥面，火柴盒磷皮狠狠往火柴頭一擦！哧的一聲，防風火柴噴出強烈火焰，迅速引燃導火索。看著導火索噴出團團火花，我倆掉頭撒丫子猛跑。我們剛轉過山腳，爆炸聲猛然響起。一時間，聲浪、氣浪、土石浪接踵而來，爆破成功了。

雖說黎服兵講的炸砲不是用於挖環山行和挖穴，但通過他的述說和紅花男等知青的回憶，我們可以很清楚地看到，當時在兵團（農場），使用炸藥已經成為一種很平常的生產手段。儘管這一手段常常會帶來許多傷害性命的危險。但由於能提高挖穴工效，大家都樂此不疲。

前已說過，自由兄弟曾是「砲班」的副班長，使用炸藥當然就更駕輕就熟。幾乎墾荒中遇上什麼難題，都用炸藥迎刃而解。遇上大的榕樹、楓樹或板塊太大的巨樹，刀斧鋸子都無從下手，或是感到麻煩費事，就用鋤頭、洞鍬在根部挖上一個大洞，然後倒上半袋或幾袋炸藥，安上雷管導火索，轟然一響，大樹就倒了。遇上巨塊岩石擋路，就先用鋼釺在裂縫處打上一個小眼，放上半筒或一筒「梯恩梯」炸藥，上面蒙上一層黃泥，先炸開一個缺口，再將大包的硝酸銨炸藥倒了下去，用黃泥在上面封閉填實，將導火索一點，保管岩石粉身碎骨。

早在九連時，碰上碎石較多的山地，自由兄弟就想出了用炸藥炸穴「投機取巧」的辦法。它的過程十分簡單有趣，也就是將半公斤一管的「梯恩梯」（ＴＮＴ）分成兩半，將雷管接上導火索置於其中，再包上一層黑色的油紙，上面壓上少許的炸藥和黃泥，然後扎實端口。按照定好的穴位，兩人一組，一人用鋼釺在地上用力反覆多次插出一個五六十公分深的洞，然後另一個將炸藥放入洞中，用土填實，之後是用小刀劃開一些導火索的端口，以方便點火引爆。

待這一切都準備妥當，幾個人分別手持一根炭火，依次從上到下點火引爆。下行者必須聚精會神負責觀察計數上行者爆破的響聲，與預計相符時，自由兄弟方才命令第二行進行點火引爆。如果出現啞砲，必須伏地用竹竿爬鉤將導火索絞住扯出，方能進行第二行爆破。這種竹竿爬鉤還是黎族漢子劉文光的發明，雖然有些麻煩，但卻保證了人身安全。我調到十連之後，聽說有個四川退伍兵，不聽勸阻，直接冒險上前排除啞砲，結果被炸得全身鮮血直流，抬回連隊沒多久就命赴黃泉……

此後在實踐中，自由兄弟和農友不斷總結經驗，又摸索出了「定向爆破」的不同炸穴方法。如遇石地，裝藥時先於砲眼底部放四分之一的藥，再下雷管，雷管之上放四分之三的藥，這叫「沖天砲」，可將石塊炸飛，免去挖石之苦。如遇泥地，則反其道而行之，即底部放四分之三的炸藥，下雷管，上面再放四分之一的炸藥，這叫「鑽地砲」，既炸得深，又保持泥土，可免填穴之苦。遇上山嶺下有道路、房屋之時，我們則將砲眼斜朝向山林無人地帶，以避免飛石傷人。

調到十連後不久，連長得知我懂爆破技術，又讓我重操舊業。但該連山嶺地硬，往往要進行兩次爆破才行，先行炸開四五十公分深的坑，待其他知青將鬆土刨乾淨，再進行二次爆破，儘管費力費事，但挖穴的速度大大加快，喜得連長表揚了我好幾次。只苦了我因每天要用鐵錘、鋼釺打砲眼，常常震得虎口握不住筷子……

最囉嗦是後來運到的都是成袋成袋的黃褐色硝酸銨炸藥，往砲眼裝藥很不方便，常常浪費很多在砲眼邊上。為此，我和工友又砍來很多小電筒般粗的竹子，在大鍋將炸藥加木糠炒過後，就用勺子將藥灌進竹子裏置上雷管導火索，上端用黃泥封口，然後揹到工地，用起來頗為方便。只要將竹筒往地上挖好的洞裏一插，踩上少許的泥土，便可以點火引爆。後來，自由兄弟還用這種竹筒炸藥來炸魚、炸山豬、炸洞蜂等，關於這些趣事，我將在下一章詳述，這裏暫且按下不表。

第六節　勇撲山火與夜戰寒流

在九連的日子，還有一件讓自由兄弟記憶深刻事情，有一天下午臨近收工的時候，不知什麼原因，連隊路口旁邊的鵝尖嶺上突然發生了山火。

熊熊燃燒的大火，從山坳鋪天蓋地而來，直撲向陽東南面山坡剛抽芽吐綠的橡膠小樹。本來，在膠林與荒山地帶都應該有幾米的防火地帶，但偏偏在半山腰處有好長一段沒有砍伐清理出來，眼看山火順著山風呼嘯著不斷地向著膠林地帶漫延，而膠林地帶又殘存許多已經砍伐了的乾枯灌木和茅草。熟悉橡膠樹習性的人都知道，由於枝葉內含易燃的膠汁，這種橡膠小樹苗極為怕火，只要被火舌捲到，就會葉燃枝乾，很難存活。

見此情景，連隊許多收工回來較早的戰士，在連隊的一個副職領導帶領下，紛紛拿著砍刀，直往那段林帶奔去。大家奮力地砍著、清著那段山林，拚命想搶在山火到來之前清出一段防火地帶。誰知風助火勢，沒過片刻，山火很快就要燒到臨近膠林的地帶。兇猛的火舌漫天飛舞，將旁邊的森林烤得啪啪作響。

稍過片刻，先前還是鬱鬱蔥蔥的綠葉，轉眼就變成一團火球向四周爆炸開來，不時還發出「嘭、嘭」的響聲。趕在最前面的幾個廣州知青霎時就被不斷伸縮捲動的火舌燒傷，其中兩個立即燒焦了眉毛、頭髮，衣服也被燒穿了一個大洞。好在就地打滾得快一些，只是手腳受了點輕傷。於是，很快就被人抬下山去。

按照常識，大火無情，大家都應該立即撤到安全地帶才是，可那個副職領導竟領著大家唸起了最高指示：「下定決心，不怕犧牲，排除萬難，去爭取勝利！」一邊唸，還一邊帶著大家往燃燒地帶衝去，可是幾次都被大火給嚇了回來，其中有兩個知青跑得慢些，又被濃煙嗆得昏了過去。看到這一情景，陸續往上衝的人員開始有些恐懼地往下退。

就在這時，那連隊副職又喊了起來：「共產黨員、共青團員，考驗我們的時候到了，大家要不怕犧牲，帶頭堅決保住國家財產！」本來，自由兄弟還衝在比較靠前的位置，正忙著用刀清除周圍的雜草。可這位領導的這一呼喊反而提醒了我，想著前一段時間，連隊開展「一打三反」運動，清理階級隊伍，我因為「黑五類」子女問題，被免去了副班長職務，連續寫了兩次入團申請也杳無音訊。我不由得知趣地停下了腳步，心裏竟有些痛苦地看著所謂接受「考驗」的人員往上衝……

「快下來！大家趕快下來！」不知幾時，指導員和連長從另一個山頭趕了過來，他們一邊快速地向山上爬來，一邊著急地大聲高喊。在他們的呼喊之中，大家不再理會副職領導向前衝的號召，個個都撒開腳丫快速地跑到了安全地帶。無奈地看著大火越來越近地撲向膠苗地帶。

「來，你快用火柴趕快給我點著。」不知幾時，指導員手裏拿著一把捆起來的乾枯茅草對我叫道。我急忙掏出平時抽煙用的火柴，按照吩咐點燃了他手中的火把。只見指導員持著點燃的茅草，急速地爬上半山，一邊點燃膠林邊緣的乾柴枯草向山下跑來，一邊大聲地吩咐人們守著環山行間草木稀少的寬敞地帶，用樹枝砍刀及時打滅林帶殘存的火苗……

人們都驚奇地發現，剛才還被山風壓著直往山下竄來的火舌，瞬間竟被指導員一路引燃的山火轉頭往山上奔去，而搶先燒出的一條長形空地竟將山火阻斷在了膠林之外。當時，連隊參加滅火的人員無不嘖嘖稱讚指導員足智多謀。

「你真了不起，指導員！」事後，我頗為敬佩地悄悄對指導員說道。「這叫著以火防火。當年在北大荒時，我們就領教過大火的威力，死拚硬打是不行的。最好的辦法就是搶在大火沒來到時，趕快將周圍燒出一塊空地，不然，你是絕對跑不過大火的。」

「之後怎麼辦呢？」

「之後，就要趴在空地上不動。注意，頭還不能對著大火燃來的方向，否則，你就會濃煙熱浪嗆著或窒息。」

「可是，為什麼你一點火，那原來往山下壓來的大火又會轉向往山上燒去呢？」我仍然有些莫名其妙。

「這叫著以火引火。搶先在山上點著，燒掉局部的氧氣，山下的空氣就會向山上快速流動，火舌自然就會往上奔了。這麼簡單的原理你應該在學校學過的……」指導員突然意識到自由兄弟根本沒有在學校學過這些物理知識，頓時歉意地打住了話語，只是語重心長地叮囑我說：「記住！不管什麼時候，一定要注意保護自己，尤其是自己的性命，有時確實蠻來不得，逞不得英雄。」

是的，自由兄弟現在回想起來，如果那天不是指導員和連長及時趕到，我們連隊在那場山火中不死也會重傷幾個。那幾個燒焦了眉毛、頭髮或被濃煙嗆昏了的知青，還好沒有大礙，休息幾天又恢復了正常。當然，得到領導的表揚自然是少不了的。後來，聽說連隊領導為此還開會爭吵了一場。形成的共識是，今後不管如何，凡是危及人的性命搶險救災工作，都要慎重對待。

可能是領導統一了思想，同時又加強了膠林防火帶的草木清理，此後，儘管連隊駐地周圍山嶺，又發生過幾起少數民族兄弟打獵或是開荒引起的山火，我們只是派人遠遠地靜觀其燃，但再沒有冒險出動人員前去滅火。有時熊熊燃燒的山火竟映紅了半邊夜空，煞是壯觀……

然而，在海南兵團的一些農場和連隊，依然沒有對山火無情引起足夠的重視，以至於知青被燒死、燒傷的事故時有發生。知青**譚敦輝**在**〈無字的墓誌〉**中就曾沉痛地講述：

一丘荒塚孤零零地遺落在一座小山上，周圍野草萋萋，寂寞異常。墳塋沒有墓碑，看上去只是一丘土堆而已，不知情的人根本就不知道這是一座墳墓。墳墓不遠處是一片橡膠林，膠林往西望去是農場的一個連隊。這座小山本不是墳地，為什麼會有一座墳墓遺落到這裏來？而墳墓裏躺著的又是什麼人呢？知道其內情的人也許不多。只有他的親人，他曾經的戰友、同學、同事會永遠記得，這個躺在墳墓裏的人是誰，而且是為什麼躺到了這個墳墓裏來。

他是一個廣州知青，名字叫小A（因為一些原因，不便直呼他真名，所以權且以小A替代他的名），一九六八年隨一批同學從廣州來到海南島母瑞山下的農場，被安排在他的墳墓附近的這個連隊，當時年僅十六七歲。與其他知青一樣，到農場來以後，他遵照黨的號召，認真接受再教育，在農場艱苦的勞動中刻苦磨練自己。他知道，黨號召知識青年「上山下鄉」，不是讓他們來享樂，而是來參加生產建設，難免要吃苦。因此，在農場幾年膠林生產勞動中，他不怕苦，不怕累，連隊安排他做什麼，他都能出色地完成工作任務，時常受到連隊領導和老工人的稱讚。

農場的主業是種植橡膠。橡膠是一種戰略物資，當時國際上的「帝修反」正在這種戰略物資上對我們進行封鎖。小A他們來到農場後不久，一九六九年四月農墾系統改為生產建設兵團。當時兵團最響亮的口號是：「一不怕苦，二不怕死，脫掉幾層皮，拚掉幾條命，也要開出××畝荒山，種上××畝橡膠。」在這種口號的鼓動下，人們的激情被調動了起來，小A跟全體兵團戰士一樣，也把「大力發展橡膠」作為自己最神聖的使命，積極投身到開荒種膠的大生產運動中。成天都忘我地在山上砍岜，燒岜，開挖環山行，挖穴，定植膠苗。為了提前完成開荒任務，常常是不分晝夜地加班加點拚命幹。

那天中午，吃完午飯，小A和班長兩人趕到數天前砍過岜的那座小山頭去燒岜。這座小山朝西的那一面坡有近百畝地，數天前已砍過「岜」，所謂「岜」，實際是山上的雜草灌木，砍岜就是砍除雜草灌木。現在砍下的岜已被曬乾，可以放火燒岜了。燒岜後才能開挖環山行，繼而才可以挖穴定植膠苗。為了早點完成開荒任務，小A跟班長兩人不顧上午幹工後的勞累，利用中午休息時間趕去燒岜。

此時，山坡上被砍除的「岜」，橫七豎八，雜亂無章地層疊陳擺著。班長在山底下，小A到半山腰去。當時，班長在山下點火，小A在半山腰點火，已被曬乾了的岜，一點上火就熊熊地燃燒了起來。那天剛好正颳著西風，風從山下往山上颳，火順著風向迅速地從山下往山上狂燒，一下子小A就被四周的火包圍住了。班長點火後，抬頭往山上望去，看見如此火勢，發現情況不妙，立即高聲大呼小A撤離火場。

可是，也許風聲太大，小A沒有聽見班長的呼叫；也許小A聽到了班長的呼叫，也看到了險情，因火勢太猛，一下子跑不出來。班長始終沒有看見小A逃離火場。小A最終被火海吞沒了。面對此種情景，班長毫無辦法，只朝著火海大聲哭叫小A。

後來，班長趕緊跑回連隊報告。當連隊的人趕到現場時，人們看到小A的屍體已被燒焦了，正彎七曲八地躺在一片灰燼中。面對小A那被燒得面目全非的遺體，在場的戰友們個個目不忍睹，都悲痛地掩面大哭了起來……

戰友們怎能不悲痛！小A來到這個世界才有二十個春秋，人生旅途才走了一段很短的路程，也許未來還有許多美好的日子正等著他呢？如果世上真有慈悲的菩薩，就不該讓他這麼匆匆地辭世而去！

這突如其來的災難，實在難以讓人接受。但畢竟大火無情，人的意志也無法抗拒，災難發生了，面對現實，連隊領導只好強忍著悲痛，將情況上報了團部。很快，團部聞訊即派人來處理後事。根據當時的實際情況，人們就將小A就地安葬在那座他「燒芭」的山上。讓他永遠守護著這片他用忘我的拚命精神，並付出寶貴的年輕生命開拓出來的橡膠林……

三十多年過去了，今天再提起這個事，是為了不忘卻的紀念……小A遇難那年，我在兵團一師宣傳科報導組工作。災難發生後，我曾到過他所在連隊採訪，聽連隊裏的人說過此事。我沒有跟小A見過面，但聽說過他為人的口碑甚好，就牢記住了其人其事，雖然幾十年過去，仍記憶猶新。當年沒有為他寫過什麼文章，一直感到很是遺憾。今年寫成此文，終於讓心靈得到一些撫慰……

說來常人也許不信，橡膠樹苗極為怕火，但嚴冬寒流來時卻得又用火來保護。在海南兵團的時候，自由兄弟就曾參加了幾次通宵達旦地生火熏煙驅散寒流的夜戰。

印象最深的一次是一九七〇年的一月，當時我們連隊後面山坡的苗圃膠苗，大約已經長得有一尺高了。忽然那天下午連長憂心忡忡地召集了各班長會議，如臨大敵般傳達了團部緊急通知，全連所有人員除炊事班外，都要暫停其他各項工作，立即上山砍柴砍青，每兩個人要按指定地點，備好一堆能燒四五個小時的二百斤柴火，以及五六百斤用來熏煙的濕樹葉和濕茅草。然後抓緊時間吃飯睡覺。誰也不得違抗命令。

接到通知後，全連人員便像打仗一般分頭忙碌了起來，雖然濕樹葉和茅草很容易找，但要找燃燒的乾柴還是比較費事，為此，許多人累到很晚才回來吃飯。只有與我一組的劉文光腦子靈活，他不慌不忙，慢悠悠地趕著牛車領我來到早已砍岜的山林，很快就將柴火樹葉備齊拖到了分配的位置。然後，我們早早地就吃完飯，睡覺了。大約凌晨一點多鐘，正當我在夢境中睡得正甜的時候，掛在操場邊的那棵老楓樹下的鐘聲，突然「噹、噹、噹」地急促響了起來。

「寒流來了啊！，寒流來了啊！大家趕快起床，奔赴各自把守的地點，然後點火熏煙！」只聽見幾個連隊領導分頭在幾排茅草房的門外，不停地喊著叫著，催促著正在熟睡的知青。瞬間，整個連隊人員都像熱鍋上的螞蟻開始緊張起來。我也急忙起身，穿上毛衣外衣，就暈頭轉向地摸著黑要往外走。

「別慌慌張張的，你先把雨衣帶上，再跟著我走就行了。」同房的老軍工劉文光笑著吩咐道。

「又不下雨，帶雨衣豈不是累贅？」我沒有理會劉文光的話語，只是順手拿了一把砍刀就跟著他來到了苗圃旁邊，只見整個山嶺都圍滿了一圈連隊人員。有的人已經早早將火堆點燃了起來。之後，其他的篝火也一堆跟著一堆燃燒起來。人們一邊往火上添著木柴，一邊往火堆上蓋著生濕的樹葉和茅草，漸漸地，忽明忽暗地一個個火堆上，升起了一股股白色的濃煙，然後又在深邃的夜空中瀰漫形成了一個巨大的幔帳……

正當我抬頭欣賞這一夜景奇觀之時，突然感到一陣寒氣逼人，隨之是感到天空中猶如細雨般地霜霧降臨。而且越來越大，身上、頭髮很快就被霜凍打得濕淋淋的。天氣也越來越冷，凍得我的手腳都開始發麻，因為可穿的衣服又實在太少，我不由自主地打起了哆嗦靠近了火堆。可冒出的滾滾濃煙又熏得讓我睜不開眼。

「趕快回去，將雨衣穿上再來。不然你明天就會全身骨頭痠痛得起不了床。」在劉文光充滿愛意的斥責下，我有些愧疚地趕緊跑回宿舍取下了牆上的雨衣穿上，果然全身感到暖和多了。待我再返回火堆，不知幾時，劉文光又找來了幾張編好的茅草片鋪在木柴上面，他讓我半坐半臥地踡縮在上面打起了迷糊。而他不時忙著往火堆裏增添一些木柴和濕草，一直到東方終於露出了魚肚白之時，我們的點火熏煙的工作才告結束。

次年，又是寒流霜凍襲擊的季節，我們又是一連幾天幾夜都忙得不亦樂乎，白天砍柴割草，晚上點火熏煙。所不同的是，此後幾年抗擊寒流霜凍的規模越來越大，景象也越來越壯觀。因為周圍許多山嶺都陸續墾荒種上了橡膠樹苗，而要保證這些樹苗不被凍死，就得每個山頭都分佈有人點火熏煙。而且每個山嶺都要點上許多堆篝火。才能形成足夠的煙幔，將整個連隊的膠林都遮蓋起來。

於是，每當寒流襲來之時，只見漫山遍野都是若隱若現的篝火和濃煙，也許為了壯膽，或是打發寂寞，分兵駐守在各個山頭的知青一邊不時地往火堆裏添柴加草，一邊不停地在夜色中嗚嗚啊啊的喊著唱著，那叫喊聲常常將野獸和夜鳥驚得到處亂竄亂飛。如今，這恍若古代屯兵佈防的壯觀篝火夜景，還時常闖入自由兄弟的夢境，讓人覺得好不氣派！好不懷念！

當然，這種獨守山嶺，捱冷受凍，長夜難熬的滋味，並不是開篝火晚會般的輕鬆快樂啊……

第七節　頗為恐懼的膠林夜割

在海南兵團，當時還有一種比較輕鬆的工作，這就是割膠。自由兄弟的農場只是幾個老的連隊才有長大了可以開割的膠樹，由此常常十分羨慕那些連隊的知青不用砍岜、挖穴、曬太陽，離場部縣城又近。這次在知青網上，看了許多知青的回憶帖子，後來又聽了同為知青的妻子講述，才知道那種三更半夜獨自在幽靜漆黑的膠林中作業，所受精神恐懼心理壓力一點也不輕鬆，膽小的還真幹不了這一工作。

每到下半夜三點多鐘，急促的鬧鐘就會將人從夢鄉裏喚醒。此時睡眼朦朧地抬頭望著窗外的天空，星星還在眨著眼睛閃閃發亮。而這個時候，你就得起床、洗漱，然後到飯堂去領回兩個饅頭、一碗稀飯，伴著鹹菜趕快吃完早餐。之後，是穿上沾滿膠泥的工作服，腰間圍紮上膠簍，頭頂套戴上膠燈，手提著膠桶，「叭嗒、叭嗒」地走出門割膠了。

凌晨三點至五點，正是萬物熟睡之際，在一片漆黑的膠林中，依然也是十分的寂靜，偶爾聽到瀝瀝山泉聲和唧唧蟲鳴響。林地上碎灑著無數月光，斑斑點點，像一塊美麗的花布。此時只有知青膠工頭上的膠燈在慢慢地游動著，那是知青膠工在割膠。

我割膠的樹位，是全隊膠林最邊遠的地方。從駐地走到那個山頭，要將近一小時的路程。這些樹分佈在高山上，一出門就得爬山。路又是羊腸小徑，崎嶇坎坷，一路迤邐向上。在頭上的膠燈向前射出一道亮光照耀指引下，我沿著那條羊腸小徑慢慢地又蹬又爬。等走到那樹位的時候，早已經氣喘吁吁耗掉了一半的力氣。而露水也濕透了褲子粘在腿上好不難受。

我負責割膠的樹位有二百多株，膠樹不多，卻稀稀拉拉地分佈在好幾個山頭的環山行上。這環山行間有長有短，常常割完一行，又得返回找到原路才能下到另一行。為了防止漏割，我只好從每個山頭的最頂端那條環山行往下割。一直割到山腳，再爬上另一個山頭。

在外人看來，割膠是一種簡單勞動。其實，它是一項十分精細的工作。整個割膠過程，從擦膠杯，整膠舌，撥膠線，下刀、行刀、收刀，操作要符合規程，也需要練就一定的技術。否則會把樹割壞，還影響膠水的產量。特別是割膠是在膠燈照耀下進行的，稍微走神，就會將樹割傷，把膠線割歪，使膠水外流成膠條。因此，要把膠割好，就必須聚精會神去割，一點思想小差都不能開。

據妻子講述：

通常在天亮的時候，才能將那二百多株膠割完。此時，已經不記得幾個山頭共有多少條環山行，也不知道上上下下來回走了多少路，反正每天割完膠，那兩條腿都像灌了鉛一樣沉重。在等膠水斷滴後的這段時間可以歇一歇腳了。這個時候，我經常是卸下膠燈，剝下身上的工作服，脫掉腳上的膠鞋，找塊大石頭或木頭上坐下來休息一會。

這時候才發現身上、腳上血跡斑斑。不用說，那是山螞蟥光顧過後留下來的「罪證」。因為這膠林中的山螞蟥特別多，割膠的時候，精力都集中在膠刀上，哪裏還顧得上這可惡的東西爬到身上來作孽呢？於是，每次割除膠，我們都要讓這些「吸血流氓」飽餐一頓……

等到整理乾淨身上的血跡，我又該得從山頭的最頂層環山行收膠水了。再一次上上下下走遍那幾個山頭。收膠比割膠勞動量更大，體能消耗也更多。因為割膠只是拿著膠刀走，收膠卻要提著膠桶走。起初，桶裏的膠水少，提著它走還覺輕鬆。可到後來，桶裏的膠水越來越多，手裏提著的膠桶就越來越沉重。等到最後收完下到山腳時，整個人幾乎筋疲力盡地喘不過氣來。

收完膠，歇息一會兒，就提著這大半桶的膠水，沿著來的山路往回走。這個時候，太陽已經升得很高了。來的時候，是披星戴月，膠燈照耀著氣喘吁吁地往上爬；現在回去，卻是烈日當空，照得人渾身火辣辣地難受往下走。也許是睡眠不足和油水太少的緣故，此時只覺得又累又餓，早餐填進肚子的那兩個饅頭和一碗稀飯早已消失得無影無蹤，手裏提著的膠水也越來越沉。等到好不容易將膠水送到收膠站，整個人常常累得全身骨頭像散架似地大汗淋漓。

更為怕人的是，我割膠的那幾個山嶺間，老百姓種有很多紅薯、包穀，也許是田鼠多的緣故，有幾隻貓頭鷹常常在林中飛來飛去的嚇人。有好幾次我都被牠們的那對鬼火般的綠眼，嚇得魂飛魄散地丟掉膠桶落荒而逃，還被膠刀劃傷了手腳。後來，我實在忍受不了這種折磨，多次要求連隊領導將我換回了白天勞動的生產工班。謝天謝地，最後總算得到了解脫。

妻子所說的這一膠林夜割心理恐懼，幾乎在許多膠工心裏都有不同程度的存在。其中知青**Zhuoming**在**〈割膠奇遇〉**描述得更是活靈活現：

……割膠必須在日出之前完成，原因是避免太陽在短時間內把流出來的膠水曬乾堵塞了創口而減少出膠產量。這就是割膠工夜出的原因。

對於黑夜，人們或多或少會有些神秘的恐懼感覺，更何況是隻身處於漆黑的荒山野嶺之中?!然而，由於工作的性質決定，割膠工人註定要與黑夜打交道。荒野的黑夜，或蛇、蟲、鼠、蟻，或驚飛夜鳥，或螢磷遊光，無不為黑夜增添幾分恐怖之感。難怪不少新入行的女割膠工都是在哭泣中渡過這一關。就是堂堂七尺男子漢，雖平時嘴吧硬充好漢，初次割夜膠也難免有些戰戰兢兢的驚悸。

我們農場地處丘陵地帶，橡膠林段就都分散在山坡、山谷之中，離住地有二三十分鐘的路程。通常，一個割膠工每個早上（從凌晨三、四點鐘到早上八、九點鐘）的工作量是一個林，大約就是一個人要割一個山頭。有的女工為了壯膽，會整夜地大聲唱歌；有些則兩人一起割，要知道這樣要多走很多冤枉路。其實，那個年頭雖然生活艱苦，但人很純樸，治安很好，夜裏割膠真正要防的是毒蛇、黃蜂。所以割膠工們一般會在一段時間內就會適應這種「夜生活」了。

回憶我的那一段「夜生活」，令我最難忘的有三起「奇遇」。第一起，是我第一次夜割的尷尬遭遇。其實，不管是誰，第一次上山割膠都是在驚惶中度過。而我的第一次除了驚惶外還十分狼狽。初次上山有點緊張，提早起床把膠刀、膠燈（一種水控，以乙炔氣做燃料的專用燈具）、膠刮（收膠水用）等工具檢查一次才放心上路。走過近三十分鐘的山路，到達了林段，開始了徬徨不安的第一次夜割……

大概就割了一半吧，膠燈因管子堵塞熄滅了。本來這是常見的小故障，我們閉著眼睛都可輕而易舉地排除。而糟就糟在當天忘了帶點燈用的火柴！修好了也沒用。咋辦？等唄，等到天亮再說。等?!隻身在這伸手不見五指的山旮旯裏，那鬼閃鬼閃的磷火，那飄忽飄忽的流螢，那淒厲夜鳥的叫聲，加上一些聽得到卻看不到的不知道是什麼動物弄出來的沙沙聲，使得這一片漆黑而死寂的荒野顯得尤為陰森恐怖。甚至孩童時聽說的鬼怪故事，此時也一股腦兒湧進腦海裏，越等心裏越是發毛。終於我再也受不了，憑記憶摸著（因為天太黑，當是真的用手摸著）往回走……

第二遭「奇遇」可以說是刻骨銘心的恐懼。記得那是進入割膠這一行兩年後的事。當時我已經是個熟練割膠工了。對於黑夜的恐懼感已經完全消失了。習以為常的夜割變成一種刻板的重複動作。隻身於黑夜中的我想著如何用最短的時間完成任務回家睡覺。又或者一邊機械地工作一邊是滿腦子漫無邊際的胡思亂想：……回城後狠狠地吃一頓「雪糕」（冰淇淋）；……要是我有一千大元（當年的工資是二十二塊錢一個月，一千塊在當時是天文數字了）時該先買些什麼；諸如此類天南地北的。

那一天，心情舒暢，動作特別俐落。滿腦子思量著家裏造了半拉子的「男裝櫃」的結構最後如何組裝，以致割膠的一招一式完全是無意識的機械動作。那條自己親手修葺，圍繞著整個橡膠林段以至到達每一棵橡膠樹的迂迴小徑，每日兩遍（割膠一次，收膠一次）地走了兩年，幾乎閉上眼睛也能走，而絕不會走錯。

漆黑的荒郊野嶺，四周一片死寂，滿山溝裏只聽到我自己沉悶的水靴聲。割到膠林的深處，膠燈有點暗，我調了調水閥，讓膠燈亮了點。滿腦子「男裝櫃」的木方子、榫……突然間，「噗、噗、噗……」一陣急促而沉悶的，像是穿著水靴的腳步聲迅速地衝抵我身後。「啊！」我驚駭得近乎於絕望地驚叫起來。太突然了！這幾乎不可能有人的時刻，這幾乎不可能有人的深夜荒野，這突然其來急速迫近的人的腳步聲，使得尚在神遊而毫無準備的我頭皮發麻，雙腳一軟，本能地抱著橡膠樹發出驚惶的叫喊……霎時，腳步聲隨即消失了。

我很快就回過神來，緊握膠刀，環顧四周。膠燈的火苗照不遠，暗黃光環下四周一片死寂。我緊張的心還跳個不停，發麻的頭皮慢慢地恢復知覺。那即逝的腳步聲猶在耳際。沒聽錯?!是人的腳步聲！黑夜中我盲目地大聲喝斥著：「是誰！快出來！」一邊還向黑糊的樹叢扔石頭……

折騰了老半天，毫無反應。這時天邊已露出一絲濛濛的光亮，無奈，硬著頭皮繼續割下去。一邊留心周圍的環境，一邊思量著：如果「它」再來，如何應付……才割幾棵樹，「噗、噗、噗」的聲響又出現了，像先前的情形一樣。由於有了充足的思想準備，我不再驚慌失措。我鎮定地突然繞過膠樹反身回望。這是我準備好的禦敵方案：以樹為依托然後反擊！但奇怪的是眼前依然什麼也沒有。難道是鬼怪?!恐怖的寂靜再次籠罩著四周。幸好這時天色漸亮，兩三棵樹間已隱約可辨。這無疑使我壯著膽子繼續割下去。

……又來了！一步一步清晰可辨。我幾乎可以肯定後面有人！這時天快亮了，我也有了充分的思想準備了。這回我沒有馬上做出反應，只是慢慢地割，靜觀其變。一刀一刀，奇怪！我割一刀它走一步，如是者……哦！我終於捉住「它」了，這傢伙不是別人，而竟然是我自己！

原來，我所穿的工作服長時間沒洗，濺在衣襟上的橡膠水日積月累地已形成了一片橡膠板，當割到高割線時，須高抬左肘。這樣衣襟就會隆起形成空腔，當握刀柄的左手在一進一退的割膠動作，刀柄就會同時一下一下有規律地碰撞到鼓皮似的衣襟上，並發出「噗、噗、噗」酷似水靴腳步的聲音，割的動作越快，「腳步」聲越急。而刀柄碰在衣襟上，觸不到身體，自己也就毫無察覺了。

哈哈哈！一場虛驚！虛驚一場！虛得無稽，驚得魄散。過後回想也暗自發笑，尤其是幾乎癱軟地絕望驚叫，傻乎乎地獨個兒在黑暗中手舞足蹈，大叫大喊，亂扔石頭，簡直像個瘋子。那傻樣幸虧沒人看見，要不，這自我嘲弄的鬧劇可要被別人笑話一輩子。

第三次「奇遇」也是一段驚駭的經歷，且驚駭程度上比第一、二次都要來得狠，以致我落筆的時候都找不著恰當的詞語來形容我當時的驚恐心境。那是一年後的事，我被調到另一個林段割膠，一片就在連隊駐地後山坡上原本專門照顧女膠工的林段。別誤會，並不是連長對我特別關照。而恰恰相反，原來這片林段是附近農村的墳地，碰到特別天氣的夜晚，偶爾會飄閃磷火，是女工們死活不肯夜割的地方。

當年，我血氣方剛不信邪。而實際上，我與這些墳堆相處了大半年，從來沒有見過磷火，因此對那些傳說從不介懷。那天，我像往常一樣埋頭割膠，一邊還是滿腦子天南地北地胡思亂想。每當進入了這種狀態，人就會變得罔顧莫聞。整個身子就像一臺機器，毫無意識地重複一套動作。在這種近乎夢遊狀態下，我偶爾一瞥，咦?!我立即「三魂出竅」，驚疑之餘我吸取上次的教訓，立馬躲到膠樹後。再定神細看，黑暗中，路旁那堆每天都經過的墳墓怎麼就變得那麼大?!

是我眼花？膠燈火苗照不遠，定眼再看，微光之下，那個只剩下一小土堆兒的舊墳塋真個比平常大了好幾倍，更可怕的是墳塋上方還有一雙發著綠光的眼睛。四目相對，我第一反應是鬼！魔鬼！一下子我的頭皮發麻，全身的毛髮像豎起來似的，驚惶中連驚叫一聲的力氣都沒有。心想，平時聽說的鬼怪，想不到今天被我給遇上了。想到這裏，我雙腳發軟，一種無形的顫抖傳遍全身。對峙間，綠眼突然消失，而墳塋則慢慢隆起變高！這一下我真的垮了，爆發出一聲驚嚎後，轉身沒命地往回跑……

回到宿舍，天還沒亮，上氣不接下氣的我覺得褲襠有點兒濕，也不知道是汗水還是什麼?!我一邊慶幸自己能逃出生天，一邊掂量著，難道世界上真的有鬼怪？沒有？剛才那傢伙又是什麼？它魔力大嗎？它會跟著我回來嗎……？我在徬徨中熬到天亮。任務還沒完成。在那個年代這種事情是絕對不能對別人說起的，搞不好給你扣個大「帽子」。再說天已經大亮了，就是鬼怪也該走了吧。

我懷著忐忑不安的心情返回「出事地」。喔！那「鬼」還在！你以為是什麼？真惱人！原來，也不知道是誰把一頭牛拴在墳碑石上！躺在墳邊的牛就是昨晚作怪的鬼怪。結果又是虛驚一場，但卻真個是把我嚇怕了，以致後來每次經過那墳堆都會下意識地多看一眼。慶幸的是，我最終還是解開了這個「鬼」的謎團。否則，將會又是一例「見鬼」的現身案例而訛傳於世。

以上的遭遇都是那段日子裏的一些真實故事，而並非譁眾取寵。其實我也不是怕黑的人，抬死人、給死人穿衣服我都做過，但當時事情來得太突然，真是不知所措。再加上我們當時的膠燈不是電池的，而是乙炔氣火苗那種，照不遠。漆黑的午夜，昏暗孤寂的膠燈，幽森荒涼的膠林，加上膠工們疲憊而木然的眼神。這一切為割膠這一行蒙上一層神秘的面紗，這裏的片言隻字不可能將其告白於世人。只願當人們乘坐在舒服的汽車、飛機上，又或者穿著上柔軟的膠底鞋時，請不要忘記黑夜中默默耕耘的一群割膠人。

……每天凌晨四點，農場連隊駐地簡陋的平房裏就會相繼走出一點一點淡黃色的燈光，然後默默地向曠野散開，散開。沒有喧嘩，沒有耳語，一切都在靜默中進行，彷彿一群流螢聚而又散，只有沉悶的水靴聲伴隨著這點點燈光，漸漸地消失在夜幕中——這就是割膠工每天的序曲，此刻他（她）們似乎還剛從睡夢中掙扎醒來，開始懵然地、機械地重複著昨天的故事……

Zhuoming的〈割膠奇遇〉所述說的山嶺膠林夜割心理恐懼壓力，得到了許多有著類似經歷知青的證實。知青**亞東**跟帖說：

的確，那時別說知青，有時老工人都會給嚇到。我們班一個女工，已是三個孩子的母親，她的林段在山的高處，我在山腰。一晚，我們正緊張地割著膠，突然聽到山上一陣淒厲的怪叫（可能是鳥叫，但以前都未遇過），隨後是那個工人驚慌地叫喊：「老田呀！老田呀！」

我連忙大聲回應：「喔，我在這裏，沒有事！」隨後，一切又寂靜下來了。後來「一打三反」，聽說有的園有工人在膠林裏上吊自殺，搞得我們心裏直發毛，生怕埋頭割膠時頭上會撞到一雙腳……

未知的時候才是可怕的，我割膠時曾見到前方一雙發亮的眼睛，心裏也是一驚。用頭上的電筒直照著細看，原來是隻狐狸。我慢慢走近，然後倒轉刀把，用力猛地朝牠鼻子一擊，牠慘叫一聲倒下，跟著又朝牠鼻子狠敲幾下，成功了，我終於打到一隻野味。但這隻東西如何處理呢，拿出林段入口放水桶的地方嫌太遠，乾脆放到林段一塊一米多高的大石頭上吧。

又割了一會，不放心，再去看看石頭，見牠仍在，鼻子裏流出的血半乾了，還召來一群螞蟻。我放心地割完膠，在返回的路上還向同班的人炫耀說打到一隻大貓似的狐狸。等我走到石頭邊一看：沒了，只剩一點血跡。到底是被狐狸詐死騙過，還是被蛇吃了（我的林段有一條大蛇，一直與我相安無事），還是……至今，我也沒想通。

映明說：

我也割過兩年膠，好像沒有這麼害怕過。只是有一次，我頭戴膠燈，挑著膠桶剛走進一個偏遠的林段，突然間前面一米多遠的草叢裏竄出一頭黑乎乎的傢伙，一下子擦著我的右腿竄到我的身後，我一回頭，藉著膠燈的光亮看清是一頭七八十斤大小的山豬。由於我是走在環山行上，那頭山豬從我身邊過去時，一腳踩到環山行邊的陡坡上，腳下不穩，順著陡坡翻了幾個跟頭才跑掉。由於事發太突然了，山豬又跑得很快，我還沒來得及反應，也就是說還沒來得及害怕，山豬就已經沒影了。

特別糊塗說：

……我剛上山割膠沒多久，一天晚上，發現我原先放膠桶的地方被整理得乾乾淨淨，還堆起一個小土包。心想，不知道哪位同志這麼好心腸，心裏很感激。割完就躺在小土包上睡覺等天亮收膠水。後來被嘈雜人聲驚醒了，才知道我躺在新建墳墓上睡覺，把其他人給嚇壞了。那些嘈雜人聲，是附近村子死了人的家屬，遠處看到我躺在上面，還以為是……

啟棟說：

……割兩個樹位，我把《長征組歌》從頭唱到尾，真正的夜半歌聲！因為旁邊的女工怕鬼，她把膠杯用手頂著，膠刀一敲，我就開唱。天天唱歌，練成了金嗓子，可惜後來演《於無聲處》的話劇，傷了！現在只好聽別人唱了……割膠遇牛的事我也有過，牛眼大得像拳頭，陰綠的光，沒有準備真會嚇呆。

Lamb說：

……一天天未亮，我點著膠燈割膠，四周漆黑一片，偶爾的蟲鳴更令人感周圍空寂。圍著樹完成最後一刀，一抬頭，膠燈亮處咫尺之遙赫然站著一個人，腰間別著小竹籃和砍刀，我驚恐大叫著落荒而逃，跌跌撞撞往鄰樹位狂奔。回想，那人應是當地農民，他可能也被我嚇著了吧？

而知青**呂雷**的回憶更是駭人聽聞：

……我們夜割的膠林缺少浪漫，但不缺少英雄故事。深秋的一天凌晨，我頭戴膠燈在山上割「大樹位」（割膠樹比平日多一倍），突然發現前面一二百米的膠苗叢中，有一對黃中帶綠的光點，不像「鬼火」，也不是螢火蟲，當時我卻毛骨聳然，遲疑半天，最後決定避之則吉，硬著頭皮轉身下山割另一處山頭的膠樹。

不料大約過了一個小時，遠處山頭突然有人大喊救命，用膠刀柄將膠桶敲得咚咚咚震天響，我們附近幾個山頭的男知青一起奮不顧身奔過去，發現外號「癲仔」的知青魂不附體爬在樹上，鋁質的膠桶也敲破了。一問，才知道他碰到老虎，險些兒葬身虎口，好在他會爬樹，撿回命一條。

可惜當時我們誰也意識不到華南虎絕跡得這麼快，二十多年後的今天就連聯合國派專家來找也再難尋覓到牠的蹤影，而我們處於雲開大山餘脈的膠林，當年的確是處於百獸之王的威懾之下，和牠打過照面的人，比比皆是。

就在「癲仔」敲爛膠桶逃過大難第三天，我們全連破例沒在三更起床割膠，一覺睡到旭日東升——連長楊頭破天荒沒有敲起床鐘！

其實楊頭並未失職。當過兵的他當晚準時起床，充作大鐘的拖拉機犁就在他家不到十米遠的波羅蜜樹上，他打開門正要向「大鐘」走去，突然魂飛魄散：他看見一隻老虎就蹲在那犁下。牠像一隻巨大的貓，和嚇懵了的楊頭大眼瞪小眼對峙足足有一分鐘。

「渾身篩糠」的楊頭終於清醒過來，識時務地一步一步倒退進家門，飛快把門關上插死，大口大口喘著氣，再也沒敢開門，成全了我們那天美美的天光覺。

虎害日益嚴重，隔三差五的夜晚，連隊養的豬就被老虎拖走一兩頭。最可恨的是老虎拖豬後並不吃乾淨。我們在膠林、相思林中撿回過豬的殘骸，只剩下一些皮和內臟，還有豬蹄子，慘不忍睹。楊頭傷心地挖個坑，把殘骸埋了，沒料到了晚上被人挖起來，老虎的殘羹剩飯大概又成了人的美味佳餚，誰幹的卻不得而知。

連隊養豬本來就不多，老虎拖走一頭，全連就得損失一兩個月的肉食，眼看過年的豬肉都分不成了，終於有打虎英雄橫空出世，他們就是阿祥和阿瑜。

阿祥和阿瑜自告奮勇宣佈要在豬欄守夜、伏擊老虎的那天下午，連隊被一片「風瀟瀟兮易水寒，壯士一去不復還」的悲壯籠罩。楊頭送來珍藏多年一直捨不得穿的軍大衣，阿婆送來保暖的棉被，老班長送來全連唯一的一盞馬燈。

時值深冬，割膠作業停止了，但他們的開荒挖樹穴和積肥壓青任務也讓幾個知青分擔了，還湊錢打了幾斤番薯酒給他們晚上禦寒壯膽。吃過晚飯，他倆就把鋪蓋扛到離連隊三百米的豬欄邊，把兩把大禾叉打磨得雪亮，一心和老虎決一死戰。

第一夜平安無事。

第二夜依然如故。

第三晚出事了，我們的兩位「打虎武松」大概喝多了番薯酒，過不了景陽岡，竟一頭沉沉睡到第二天太陽曬屁股。後果很悲慘，全連碩果僅存的一頭大豬失去蹤影，叫老虎神不知鬼不覺地叼跑了。

那年春節，知青們連豬肉也撈不著吃。楊頭靈機一動，讓大家吃憶苦餐，全連的肚皮徹底「革命化」。

彈指二十幾年過去了。那片連綿碧綠的膠林依然不時浮現在眼前，它已經化成我們人生的腳印，融入我們的生命和血液中，鑄成我們的人格和靈魂，儘管，它似乎並不浪漫……

知青**Hzhj**在**〈回顧海南割膠的日子〉**對這種心理恐懼也有生動的描述：

> ……我在海南時割過兩年膠。這工作比起開荒算是輕活兒，一是體力消耗不那麼重，不會流那麼多汗，二是開割的橡膠林段離駐地近些，上工不用跑那麼遠，所以連隊剛組建割膠班時，都是女的多。
>
> 我所在農場是六十年代建的場，我所在的連隊建隊又遲些，所以我們到連隊一年多後，才陸陸續續有膠樹達到開割的樹圍，到一九七〇年，開始組建了第一個割膠班。割膠的工作並不像兵團宣傳隊的舞蹈那麼浪漫，每天三更半夜起床，在山林中跑上跑下，一身舊衣服濺滿變成黑色的膠水點，像個乞丐似的。

那年，我們班十幾個人，絕大部分都是來自廣東各地城鎮的女知青，只有兩個是來自潮汕地區的十六七歲的男孩。分配割膠樹位的時候，有一個樹位特別孤僻，其他樹位都可以兩個人一組一起割膠，而這個樹位在通往九連方向的一個小林段，坡度較陡，能開割的膠樹不多，零零星星很分散，只能派一人去割膠，誰也不願報名去這個樹位。那年我十八歲，當了個班長，只能「吃苦在別人前頭」，自己接了這個樹位。

割膠必須在凌晨進行，這時流出的膠水最多，等到太陽出來，膠水就會漸漸凝固，所以割膠工每天要在凌晨三點半起床。鬧鐘一響，我和副班長小L就要跳起身，分頭把大家叫起來，由於全連只有一個割膠班，飯堂不能專門為我們開伙，大家只好餓著肚子去割膠。

第一次獨自去割膠，嘴裏說不怕，心裏直打鼓。一個人頭頂膠燈提著膠桶，走在黑漆漆的山路上，四周萬籟俱寂，只聽到自己的腳步聲，只看清膠燈照亮前方的一小塊地方。來到橡膠林段，放下膠桶就趕快割膠。撕下膠線放入腰背後的竹膠簍——割膠——拿起倒扣在膠架上的膠杯擦一下放正，然後順著環山行或環山行間鋤出來的膠路跑到另一棵膠樹旁，就這樣上上下下地跑，直到割完所有的開割樹。

當我割到膠林邊沿的一棵樹時，旁邊的防風林中突然響起一陣「嘩啦啦」的巨響，聽動靜這動物的個頭還不小，一瞬間就跑遠了。當時我的心跳得幾乎衝出喉嚨，我拚命安慰自己：沒什麼，沒什麼，海南沒有狼，可能是隻野鹿吧！

為了抑制自己胡思亂想，我強迫自己全神貫注於割膠，什麼都不想。這辦法果然靈驗，我不再害怕，順利割完了全部樹位，而且以後割膠都沒再害怕過。其實這不過是個自欺欺人的方法，好在當年海南民風淳樸，我們那裏從未發生割膠女工遇上「色狼」一類的事情，可能我們手裏有一把鋒利的膠刀，也形成了一道安全的保障吧？

割完膠後，太陽光開始照進綠色的橡膠林，我們的褲腿和腳上一雙解放鞋（後來有了雨鞋）已經濕漉漉了。坐在石頭上磨完膠刀，就提著膠桶開始收膠。剛開割的膠樹膠水不多，跑了一大圈也只小半桶膠水。後來割那些膠水多的樹位，看著大半杯甚至滿滿一杯乳白色的膠水，那心裏真是樂開了花。

我們將各樹位的膠水集中起來，怕膠水放久了變質，又馬不停蹄地從連隊挑到三里路外的團部收膠站。那時為了打破「帝修反」對我國的橡膠封鎖，對每一滴膠水都非常愛惜，一次我挑膠水時絆了一下，灑出一灘膠水，當晚就主動在班會上「鬥私批修」做檢討，現在有時想起來還有些好笑。

最有趣的是一位網名叫53553163的知青收膠水的故事：

……噹、噹、噹……一陣急促的鐘聲闖進了昏沉沉的夢中，隱隱約約傳來總輔導員氣急敗壞的吼叫：「下雨了，趕快收膠水！下雨了，趕快收膠水！」我一骨碌爬起來，睡眼惺忪挑起膠桶，邊罵著邊跑向膠林。

唉，剛割完膠回來，那身疲勞還忽悠忽悠地未放下，又被老天爺玩弄。毛毛的細雨飄啊飄，我的步子急啊急。盛夏的黎明前，黑壓壓的林帶不時閃爍著點點燈火，伴著那時隱時現的沙沙聲。我知道，我的夥伴比我還早到膠園收起了膠水了。

東方漸漸現出了魚肚白，雨還是輕輕地飄著，或者說，這不是雨，只是大霧罷了。但正是這可咒的大霧，讓你頭痛不已。因為它真是膠水的天敵，極容易使膠水凝固變質。所以有時真的寧願下的是一場大雨，把膠水沖得一乾二淨，那時雖心痛勞動的成果化為烏有，也強過看著膠水凝固變質而痛心疾首。因為這一天，我卻忘了帶緩解膠水凝結的氨水。

當我收完了膠水，剛剛鬆了一下脊樑骨，啊，大事不妙，兩桶膠水緩緩地起泡了，這可是凝固變質的先兆呀！我那時年輕，又是男性，我的膠園樹位自然也就較遠較偏僻，離收膠點足足有兩公里，二十分鐘的路程。

完了！不用十分鐘，這兩桶膠水就會變成兩桶膠頭，哪容得我將膠水送到收膠點。這時的我沒有了疲勞，沒有了活力，一面眼睛定定地望著膠水發愣，一面天馬行空胡思亂想：如果有氨水，膠水就有救了，如果有氨水，膠水就有救了……

突然，我笑了起來。雖然沒有氨水，但卻有……

隨之，一場絕地反擊開始了……

當我優哉游哉地將膠水送到了收膠點，我的沁人心肺的膠水香味贏得了收膠員的青睞。一定是他向隊長反映，當晚的會上，隊長特別表揚了我，說我的膠水是全隊最好的，並批評了部分膠工的膠水變質或有變質的先兆，再三強調收膠水一定要帶上氨水等云云。

其實，雖然我讀書時，對語文沒有什麼興趣，但對其他學科，尤其是化學卻興趣甚濃。正因為如此，那天我想著氨水、氨水，一下子想到了尿水。氨水主要成分是氮，尿水主要成分亦是氮。於是我向膠水桶裏撒了一泡尿，撿根樹枝把膠水、尿水拚命地攪拌。於是，這急中生智的舉動，便成了今天忍俊不禁的回憶。

雖然上述的一些故事，不可能將當時海南兵團知青割膠的艱苦完全告白於世人，但是，請各位朋友不要忘記，當年，他（她）們確曾舉著青春的火把，在黑夜中默默地為祖國最緊缺的物質——橡膠辛勤勞作過、付出過……

據說，當年中國疾病預防科學院勞動衛生研究所，曾來人對海南割膠工人勞動狀況進行調研。結果顯示，膠工勞動強度女工達到重級（三級），男工達到最重級（四級）。而且由於晝夜作息時間顛倒，精神上長期處於高度緊張恐懼的狀態，有的人甚至因此身心受到了這一職業的嚴重傷害，落下了終身難以治癒的失眠、心悸、神經衰弱等病症……

第六章　戰勝饑餓圍困的頑強生存法則

第一節　難以置信的「肚量」

如果有人要自由兄弟用一個最簡單的字來概括，在海南兵團的日子，每天最為的苦惱的是什麼？自由兄弟會毫不遲疑地回答：「餓！」如果再要自由兄弟用一個最簡單的字來形容，在海南兵團的日子，每天最為的快樂的是什麼？自由兄弟也會毫不猶豫地回答：「吃！」

聽了以上回答，可能會有人啞然失笑，並認為自由兄弟是在誇大其詞。將當時的知青過於庸俗化成了一個簡單的尋吃動物。其實不然，豈止是自由兄弟，相信十之八九真誠的海南兵團知青都會如此坦然地回答……

只不過，現在說來怎麼也難以令人相信，斯文掃地的自由兄弟當年竟能一餐毫不費勁地吃下一斤多的米飯。為此，調皮的女兒曾想要我當面再「證實證實」那種刻骨銘心的饑餓。有一天晚飯之際，她突然好奇地笑道：「老爹，你在帖子中回憶說你在海南年輕的時候，一餐最多時可以吃下一斤四兩的米飯。」

「是啊！」我下意識地回答，完全不知道這小丫頭的用意。

「我不信，現在全家一天都難以吃完這麼多的米飯，你怎麼可能一餐吃完？肯定是在吹牛騙人！」

「老爹怎麼會騙你，當年確實吃過。」

「那你吃給我看看，吃得下我輸你一百塊錢。」女兒不依不饒地說。

「你想撐壞老爹呀！現在怎麼能和那時相比，那個時候你媽一餐也能吃下一斤多的米飯哩！」在旁的妻子半是替我圓場，半是替我作證道。

「你們兩人合起來哄人！我問過好多同事，個個聽了都認為是不可能？」女兒有些嘟嘟噥噥地說。

看著女兒那一臉迷惑不解的神情，我的腦海不由得又閃現起了那次創人生吃飯紀錄的情景。那是一九七〇年一次颱風過後的日子，因為連隊住的宿舍房頂茅草被颱風吹走了許多，整整一天，我們都是忙著割茅草，編草簾，砍竹子，架桁條。之後，還得將成塊茅草簾子又上屋頂重新補上，並用桁條將房頂的茅草綁住壓實。大家爬上爬下，個個累得汗流浹背，中午就著一勺醬油吃的半斤米飯，早已沒有了蹤影。大家聽說團部為了緩解因颱風造成的無菜吃之苦，特意到外地採購了一些豬肉、大蒜和椰菜分到了各個連隊，人人聞著伙房飄來的肉香，更是感覺肚皮餓得已經貼到背脊，總是盼望著快快到點收工。

好不容易盼到了炊事員手持鐵錘敲響了老楓樹下的開飯鐘聲，我和許多知青一樣，歡呼雀躍地將剩下的一點尾活，丟給了同房的軍工劉文光，拿著瓷碗撒腿就往伙房跑去。緊接著，自由兄弟迫不急待地打了半斤米飯，轉身就大口大口地扒了起來。啊！那個椰菜炒肉的香味，真是讓人胃口大開！還沒走回宿舍，碗裏的五兩米飯就三口二口扒進了肚子。可是那碗裏的菜還剩下了許多，也許是潛意識捨不得吃，留著再加些米飯。我轉身又到窗口去加了半斤。然後，一邊津津有味地吃著，一邊在操場上高興地轉悠，等回到宿舍，碗裏的飯菜又一點不剩地扒進了肚子。

偏在這時，我才看到同房的劉文光拿著一碟美味佳餚和一碗米飯也回到宿舍。看著他慢條斯理地品嚐著剛打回的飯菜，我直後悔吃得太快了一些，坐在一旁有些貪婪地直吞口水。或許是看出了我饞涎欲滴的神情，劉文光笑著對我喊道「老弟，別傻看著，去！再去加點飯來，這豬肉有些太肥，我吃不習慣，你得幫我吃掉一半才是。」

「哪裏，哪裏，連隊好難得一次加菜，我怎好意思吃你的呢？」我有些扭怩地推辭說，眼睛卻直勾勾地盯著他盛有豬肉的菜碟。

「你知道，我這病（他曾患過肺結核病），醫生交代不能多吃油膩的東西。我還是多吃點自己醃的蕨菜、木瓜，要不等下倒去了也是可惜。」劉文光顯出一副無奈的神情解釋。

「真的？那我現在就去加飯。」我喜出望外地拔腿三蹦二跳，就跑到了伙房窗口大喊「加飯」。誰知那晚加飯的人特別多，儘管已經多煮了一倍的米，但仍只剩下半斤多的米飯，炊事員姐姐見我已是第二次加飯，便照顧我只收了四兩飯票。端著飯碗，我又飛也似地跑回了宿舍。

「這就對了，喊你吃，你就大大方方地來吃嘛！」看我回到宿舍，劉文光高興將碟子中的豬肉、大蒜差不多都趕到了我的碗裏。然後，自己從玻璃瓶裏夾出了一些早就醃好的蕨菜、木瓜。這次，我也學著劉文光慢嚼細嚥的神態，最後總算心滿意足地打起了飽嗝。

以後的日子，每逢加菜，我都能多吃到劉文光分來的半份豬肉或牛肉，自然每餐也要多吃上一斤八兩的米飯。如果不是怕飯票嚴重超支，那每月四十五斤的定量恐怕我半個月就會吃完。每到月底，同房的軍工劉文光都要送給我幾斤飯票，才能讓我渡過「鬧饑荒的日子」。許多年過去，當自由兄弟從醫務人員口中瞭解到，其實患有肺結核病的人更需要多吃豬肉、牛肉這些好菜時，內心常常會愧疚地責備自己當年實在幼稚和愚蠢，有時想著想著，自由兄弟就會止不住地淚流滿面……

二〇〇三年，我回農場之時，曾多方打聽這位好心的黎族大哥如今何在？想報答心中久存的感激，可惜問了好多人，都杳無音信。甚至有人說他早已……於是，這遺憾，便常常會幻化成和煦溫暖的春光，永遠相伴在我人生的旅途。不過，也難怪，那時我只是一個不懂事的十五歲少年，而且正是長身體、最「好吃」的時候，哪會用心去體察人世間這種捨己為人的高尚情操？

那時，不僅自由兄弟是個「飯桶」，連隊的其他的知青幾乎個個也都是「飯桶」，有的甚至比自由兄弟吃得還要多。記得有一天下午，一位湛江女知青與一個身瘦腿長的汕頭男知青打賭，就是那男知青如果能將一根二百多斤的木頭一口氣扛回一里多路的連隊當柴火？女知青就當即給男知青買兩斤米飯，並要那男知青不間斷吃完。眾人認為那男知青扛不了這麼遠，半路非歇息不可，即使扛到伙房，也不可能吃下二斤米飯。

誰知那男知青用隨身所帶的水布將褲腰一紮，大吼一聲：「為了兩斤米飯，這根木頭扛得實在值了！」只見他健步如飛，像是打了興奮劑似地竟一鼓作氣將木頭扛回了伙房。稍過片刻，那女知青來到伙房也兌現了承諾。眾目睽睽之下，男知青毫不客氣地端起了米飯，簡直如風捲殘雲般將四碗五兩米飯倒進了肚中。然後洋洋得意地問那女知青：「明天還來不來再賭一把？」嚇得那女知青連連擺手點頭服輸。

其實，如這般一餐能吃兩斤米飯的知青，當時可謂大有人在，甚至更為嚇人。知青**Tianyadong**在**〈海南「吃」字狂想曲〉**中的述說就證明了這點：

> 對於食物的需要，曾激起了人類最原始的衝動，早就過了哺乳期的知青們，整天變著戲法想的，最多的還是個吃字。講起吃來，個個好像都變得耳聰目明。聽說某農場的供銷社有豬油罐頭賣，我和同學曾翻山越嶺地摸黑趕了去，原來還要搭售一瓶鴨掌罐頭，然而也買下吃了。挎包裏揣著兩瓶全國統一制式的空玻璃瓶，又連夜趕回了連隊。
>
> 女同學就有辦法，聽說她們買了水果糖砸碎了煮糖粥喝，不知從哪弄的麵粉，還曾經偷著烙過餅吃！也不告訴俺一聲，想起這些事就恨得牙根發癢。沒法，只有做出鄙夷不屑的樣子：這群小市民，哼！終於有一次，我發狠地利用放牛的機會，到大渠供銷社買了一斤水果糖，一個人躺在乾涸的水田裏，一氣全吃了，中午還是吃八兩米飯，一點沒省下。

還有一次，某連出了命案，師長夫人作為調查組長親自來了。當時我是警衛班長，對她阿姨長阿姨短地，叫得很親近。她對我真不錯，吃飯時竟叫我作陪。連裏伙房做出了最好的東西：一大盤油汪汪的荷包蛋！席間，她一邊跟我聊家常，一邊不停給我碗裏夾蛋。說話間，得知她也有一個像我這麼大的兒子，自然是在正規部隊裏當兵了。不像我們是「土八路」。但偉大的母愛卻惠及到我，真叫人感激。我沒法用所知的詞彙形容這荷包蛋的美味，只是一個勁地道謝。

我也知道，那荷包蛋是給首長做的，我們當馬弁的，做個樣子吃點就得了。於是，每次都想著，這是最後一隻了，不能再吃了！但她往我碗裏夾一隻，我就吃一隻。她的手不停，我的嘴也不停，就這麼著，我一共吃了八隻。這事我發誓記得清清楚楚，因為最後還有兩隻，她沒再夾了，我也沒好意思要。要知道，這不是小雞蛋，是海南的大鴨蛋啊！現在想起來，這位當媽的不是捨不得，應該是怕我撐著。其實哪會呢？我真是好捨不得留在碟子裏的那兩隻荷包蛋，不過後來她也沒吃，叫人端了下去。

後來，世勝同學當兵了，在文昌麥號鎮當炊事班長。我和虞同學抽了個星期天去看他，近廚得食，他讓戰士炒了兩大缽麵給我們吃。差不多兩斤重一缽吧，撥開和著蔥花的黃麵條，底下一汪子全是豬油。這缽麵，吃得我酣暢淋漓，是我一生中少有的快事了。

瞧，或是兩瓶豬油、鴨掌罐頭，一滴不剩地全部倒進肚子；或是一斤水果糖加八兩米飯吃得一點沒省下；或是一連吃了八個大鴨蛋，想來一定還吃了一大碗米飯；或是兩斤多的一缽炒麵吃得酣暢淋漓，真的讓胡吃海喝的「花和尚」魯智深都甘拜下風，你說嚇人不嚇人？

當時，豈止是男的知青能吃，就是連女知青，一餐也能輕而易舉地吃下斤把米飯。女知青**侯建平**在**〈吃在海南的回憶〉**中講道：

……我們那時由於胃口好，吃什麼都是香噴噴的。勝利隊的伙房常常在蔬菜旺季時，將吃不完的新鮮菜醃起來。可能是技術不佳，到吃的時候，鹹菜不但帶有鹹味，還帶有點說不清的臭味，但我們照樣吃得津津有味，輕而易舉地把半斤米飯送進腸胃。

一次，全隊到山上修公路，誤了午飯時間，回到勝利隊，已經是下午兩點。我們感覺到從來沒有過的餓，於是衝進伙房打了半斤米飯。誰知半斤米飯下肚，居然沒有任何解餓的感覺，馬上又再打半斤米飯，吃了還是感覺餓。後來，大家想起，鐵罐裏還有從南坤買回來的小月餅，每一隻需要錢外加一兩糧票，我們每人又鯨吞了五隻，才把餓勁壓住了。吃了這麼多，我們絕對沒有撐的感覺。

瞧，又是一斤米飯加五隻小月餅，還絕對沒有撐的感覺。難怪當時海南兵團曾流傳一個笑話：說是有的女知青寫信回家，因為文化不高，用詞不當，只是簡單地述說自己在兵團連隊經過勞動鍛鍊，個子長高了，而且肚子也大了。結果把家裏父母急得不行，託人側面打聽，原來是說自己的飯量也大了不少的意思，這才將一顆懸著的心放了下來。

因為兵團知青個個都是能吃的「飯桶」，為了緩解每月四十五斤定量糧食不夠的危機，許多知青就挖空心思在伙房上的幾兩米飯做文章。有的知青悄然在打飯牌上塗上一層薄蠟，待領完飯後，再刮掉紅印，另外叫人前往伙房多領一次。還有的知青深夜偷偷爬牆翻進伙房，摸黑用手抓吃幾把當晚留下的剩飯……

最有趣的是，有的知青甚至運用了所學的數學來為自己的肚子「服務」。關於其中的「運算公式」，**黎服兵**在**〈微積分和數列〉**文章中有一段生動的描述：

在農場吃不飽，不是大米供應不足，而是勞動強度超大，加上油水不足。一頓飯吃一斤半米是常事，我曾經一頓吃過一斤八兩，還沒等到吃晚飯時肚子就癟了。怎麼辦？我們的定量是每月四十五斤，平均一天一斤半，隊裏有補助，允許吃到六十斤一月（每月工資二十二元，買米用去〇點一四二元乘六十等於八點二五元，還剩十三元），再超過就沒有了，看著飯卡上的空白飛快消失，心裏直發愁。

日子一長，發覺高中幾個男同學個子比我大，幹活比我多，卻沒有餓肚子的愁眉苦臉狀，於是跑去請教。阿力眨眨眼，吐出一句話：「微積分，懂嗎？」我是初中生，哪學過微積分？阿力少言，只好去問梁京。梁京好心，一言提醒夢中人：「五兩分成兩次打，兩個二兩半比五兩多。」

原來是這樣的「微積分」！依葫蘆畫瓢，每頓先打五兩，墊墊肚子，再打二兩半，吃完再打。一斤米的飯吃下去果然有一斤半的效果。時間一長，食堂的山東小伙子小宋不幹了，就是不給打二兩半。可是飯卡上印的就有二兩半這一文件，我們據理力爭，鬧到隊部去。隊長對我們也無可奈何，只好讓小宋繼續供應二兩半，但打飯權在小宋手裏，小宋隨機應變，減少了二兩半的量，我們的微積分戰術宣告壽終正寢。

雖然肚子又癟下去了，但經過生存的訴求無意中得知微積分的概念，算是知識上的一大收穫，聊以自慰。在農場的日子一長，餓肚子的問題慢慢解決。大米不夠，滿山的木薯沒有毒。開工期間，班長一示意，班裏幾個大婦女就去刨幾棵木薯，架個土小窯煨起來。那噴香鬆軟的海南木薯，我們叫「海南麵包」。躲在林段裏吃完，也到了收工吃飯的時間，回去食堂打飯，不用再看小宋的白眼……

黎服兵這段讓人忍俊不禁的講述，使自由兄弟想起了當年在連隊偷吃木薯的情景，也是如此而已。開始連隊領導還循著林中的煙火找來說上幾句。後來看到知青們實在餓得不行，也就睜一眼閉一眼任憑知青拿木薯充饑了。只是叫我們先挑大一些的來煨，讓小的繼續留在地裏生長……

如果說南瓜對於井岡山的紅軍、小米對於延安的八路軍有著巨大的貢獻，那麼，木薯對於我們海南兵團知青也是同樣有著養育之恩。當年，儘管我們大會戰加餐吃的是木薯，沒菜吃的時候也是用它來當菜吃，有時看到木薯就會反胃，可肚子一餓，第一個想到的就是找木薯來吃。而沒木薯吃的季節可真是度日如年地難熬啊！

因為一個「餓」字，讓許多知青不再保持學生時代的矜持和斯文，也不再顧及什麼臉面和狼狽。在知青**亞東**所寫的〈**都是饑餓惹的禍**〉中，就有這麼一個讓人感歎不已的片段，去想像海南兵團知青當年的饑餓狀態：

……我們連隊還有一個兄弟，打老遠弄回一瓶煉乳，進了宿舍門時不慎失手掉到地下打碎了。心疼得那兄弟趕緊操起飯盆就撈，然後用小匙掏，最後眼看殘留的液體要滲入三合土的地裏了，為與地心引力搶時間，那兄弟乾脆趴下用舌頭舔，確是一幅與天爭命的真實慘狀。

而那幾年，我的皮帶也用得特別費，每天早上彷彿都在饑餓中起身，要做的第一件事，就是先束緊皮帶（帆布帶齒，無級鬆放的那種）。待到工間餓急了，又再狠狠勒一勒。勒著勒著，那常用的一段就只剩下縱向的棉線，耷拉著像條軟皮蛇吊在胯間。唉！食物是人生存的基本條件，提起「吃」字，真是又愛又恨，彷彿有說不完的話語，還是先打住吧……

從海南回到鐵路以後，自由兄弟又幹了近十年的機車給水和野外鑽探工作，這兩個工種的糧食定量分別是四十三斤和四十六斤，其辛苦程度可想而知，並不亞於海南兵團的墾荒種膠。但自由兄弟不再擔心饑餓的折磨，每個月還可以節餘一些糧票到黑市去換些需要的物品。幾乎同樣的糧食定量，幾乎同樣的勞動強度，為何在海南兵團時就那麼饑餓呢？

細細想來，造成這一饑餓現象有幾個方面的原因。一把鋤頭三斤半至五斤，一把斧頭或板刀也是三至五斤，力量加速度挖下去或砍下去，每次都要用上三十到四十斤的腹力和臂力才行，挖一個膠穴或砍一棵大樹，起碼要幾百下到上千下。半天時間累計就要重複上萬次的如此機械動作，再加上天熱出汗多，消耗熱量十分驚人。每次收腹用力之際，更加劇了腸胃的消化，自然餓得特別快。

而當時我們每個人一個月才只有四兩的豆油或花生油的定量，後來又增加了一兩。九十七人的連隊一個月還不到五十斤的食油。而現在我們一家三口，每月用油都要達十多斤。要一個近百人的連隊用這麼一點的食油去維持一個月，顯然是難為了炊事員。每次炒菜只能是擦擦鍋底，煮出來的菜很難看到一點油星。再加上新建連隊土壤、技術等因素，很難種得好菜，即使種出來的也多是一些牛皮菜、椰菜和汗菜，維生素營養低，再加上連隊一個月很難有一二次加菜吃肉；知青吃的都是低熱量的纖維穀物，幾乎成了食草的動物，豈能抗得起繁重體力勞動？

記得有一年遇上颱風暴雨，連隊菜剛剛出苗就遭夭折，公路又給洪水沖斷，團部的給養送不進來。沒有油，又沒有菜，連隊伙房的炊事員簡直傷透了腦筋。最後，只好每餐在煮好飯後，用幾盆鹽水來給大家送飯。最好的那一餐，是從河邊撿了一點老百姓從上游漂流下來的菜苗混在鹽水裏。知青們一餐、兩餐地吃著，吃著，足足吃了一個星期之久。因為缺乏必要的維生素，吃到最後，自由兄弟不僅手腳開始潰爛。而且看到鹽水就有些反胃嘔吐。沒辦法，我只好去採野山椒跺鹽巴，一口米飯拌著一顆野山椒強行刺激味覺，將幾兩米飯嚥進肚子裏面去，結果是吃得屁眼拉屎時都火辣辣地尖疼……

類似的經歷可以說是在海南兵團的知青都有體會。**臨江葫蘆**回憶說：

……記得六八年十一月，剛到中坤農場新建的奮鬥隊第三天，中午收工到飯堂打飯，打完飯，炊事員告知：「今天沒有菜了，只有這個。」然後指著桌上的兩個盆。一盆放的是大粒的粗鹽，另一個盆裏是水，一問才知是鹽水。無奈，個個知青就只好啃白飯了。

原來，先前兩天吃的菜，是農場為了照顧知青，專門派車去海口買回來的，吃完就沒有了。當時隊裏的菜還沒有種出來，因為那時隊裏種菜的人才和技術有限，加上那時的海南島多颱風的緣故，要種出菜來也比較困難，所以，這種沒菜吃的日子一直持續了個把月。當時我們知青就只能靠自己口袋裏的幾塊錢，到隊裏的小賣部裏，買上十塊八塊「豆腐乳」權當菜吃了。可憐的是，最後連豆腐乳也很快賣完了，我們只好餐餐過著「玻璃湯」送白米飯的清苦生活，直到現在這情景還老晃動在我的眼前……

我們之所以這麼饑餓的原因還有一點，就是當時知青的工資太低。說得不客氣點，就是將我們當成了廉價的勞動力。我記得，到農場第一年發給我們的工資是每月十九元，第二年才是二十二元，此後就再沒有變過。我回到鐵路第一年是四十二元，第二年是四十六元。相比之下，兵團的工資是低了一些，連部隊都不如。雖然部隊戰士當時每月只有八元的津貼，但吃飯穿衣都不用錢，加菜吃肉也不用錢，日常生活用品是公家發。

而我們兵團知青，每月所開的二十二元工資，連隊先要按照多退少補的原則，扣下九元錢做伙食費。每次連隊加菜還要另收三、五角錢。剩下十二三元，一元錢用來買牙膏、肥皂和郵票。三至五元用來買一角二分錢的「火炬」牌香煙，當然，有時也會買幾包三角五分貴一些的「飛馬」、「飛鷹」香煙。再在飯店花上一二元錢「搞勞」自己一餐，剩下五六元錢，如果要買上短褲、背心或衣服就所剩無幾了，而在海南兵團，因為汗水多，短褲、背心又爛得特別快。

好在當時白沙縣城也沒有什麼東西賣，沒有豬肉，也沒有小吃，有賣的一點東西如白糖又要票證。不然，開支那天，我們就會將錢花個精光。即使這樣，我們依然手頭很緊。記得剛到農場時，因為冬天沒有防寒毛衣，我咬緊牙關省吃儉用了兩個月才買上了一件，花去了十二元多錢，以至於第二個月連煙錢都沒有了，足足抽了一個多星期的木瓜葉，抽到嘴巴都淡得直流清水。

恰好一天中午，有位知青姐姐叫自由兄弟送張情書之類的紙條給一個男知青大哥，我扭怩了半天，才開口請她借給我兩角錢。大概是那姐姐想著有求於我，她轉身從箱子裏拿出了五角錢，說是送給我獎勵。我高興得連跑帶跳，將紙條交給那位大哥後，就趁著當時有四個鐘頭的午休時間，急急忙忙地來回趕了二十多公里的山路，到縣城去買了四包八分錢一包的香煙和一盒火柴。

類似這種月底甚至月中就身無分文的情況，在當時知青中幾乎比比皆是。知青**珍惜**回憶道：

一天中午，一位知青同伴走來對我問道：「事務長，你能不能先借一塊錢給阿森？然後開支再扣回去？」我忙追問他：「阿森有什麼事要辦？」一問，才知道他明天要到團部衛生隊看病，因為路途太遠，中午回不來連隊，想借一塊錢在縣城吃飯。可是問遍了同班知青，誰也拿不出這一元錢來。阿森被這一元錢憋得難過極了，竟捂著嘴哭了起來。得知此事後，我掏出了兩元錢交給了還在淚水漣漣的阿森，讓他得以寬心地到團部看病。幾十多年過去，已經成為小老闆的阿森提起這件往事還會感歎萬千……

由於沒有多餘的錢去購買食物，再加上身處少數民族地區，當時黎族和苗族同胞幾乎仍是刀耕火種的狀況，沒有養豬、養雞等習慣，我們日常即使有錢也很難買到豬肉、家禽。於是，知青們只有常常叫家裏寄來豬油和花生油，然後就地取材，在熱帶雨林中搜尋一切可以吃的東西，以補充青春期生長和繁重體力勞動的消耗。

第二節　饑不擇食的「勇者」

前面說過，因為年輕能吃，但糧食定量有限，又無餘錢購買食物充饑，為了對付饑餓的折磨和圍困，海南兵團知青幾乎像野獸般在熱帶雨林中尋找著一切可吃的東西，什麼筍子、野菜、木耳、草菇等等，凡是常人認為能吃的，我們無不一一效仿找來吃了。

對此，**馮國森**在**〈知青生活碎片之七：哨兵與豬食〉**中就有一個心酸的「與豬爭食」的回憶：

……我們在晚上拿一支沒有子彈的五〇式衝鋒槍站崗，就不太想階級鬥爭的事，站崗也就馬虎些。上半夜站崗還好些，輪到下半夜站崗，除了被蚊子咬難受，就是肚子餓難受。

沒有子彈的槍橫著放在我們的肩上，把我們本來就不太高大的形象貶低到與土匪相當。我們想，如果我們的槍口上掛上一隻雞，哪怕一隻快死的瘟雞，也可以滿足一下肚子的要求。我們把自己的處境與電影上的土匪比較，認為還是土匪好。土匪可以搶點東西吃，我們不能，我們是無產階級革命戰士。

一天晚上，我和鄧一同站一班崗。從夜裏一點站到三點，兩個鐘頭，最難受的一班崗。難受在睡了一半要爬起來，夜裏一點是涼風習習，最好睡的時候不能睡，你說難受不難受。海南的天氣炎熱，夜裏十二點前是非常熱，很難入睡。剛剛睡著，就得爬起來。站完崗到了夜裏三點，睡不了多久，又得爬起來，洗臉、刷牙、到菜地澆菜，然後吃早餐然後上工。

我們在肩膀上架著沒有子彈的衝鋒槍，從連隊的東頭走到西頭，在西頭的鳳凰樹下拉了一泡尿，再走幾個來回，在連隊東頭的豬圈旁再拉一泡尿，就覺得肚子特別的餓。我想，都是「管子」惹的禍。如果不是下面的管子放了兩次水，也不會造成上面的管子（胃）被掏空而嘰咕亂叫。

我們胃裏的難受刺激了味覺器官，鼻子頓時靈敏起來。我們在豬圈撒尿的時候，除了聞到豬圈的腐臭味，聞到自己不太騷的尿味（沒有油水的尿是清淡的）以外，還有一股煨地瓜的香味。饑餓的本能讓我們追逐這股味道的源頭，終於發現味道來自煮豬食的灶膛。

我們被地瓜味牽著鼻子，到了煮豬食的大鍋旁邊。大鍋沒有蓋，潲水的餿味從鍋裏往外蒸騰。鍋底的灶膛裏，死灰還熱，微風一陣，還閃一下火星。我們順手抓一支木棍子，在死灰中翻攪。我們期望從死灰中找出一個熟地瓜。聽說，養豬的那幾個兄弟，弄到地瓜時，將地瓜埋到火灰裏，煨熟了吃。我們翻出一股白煙和幾片烤焦的地瓜皮，沒有翻出想像中的熟地瓜。地瓜皮的香味引誘了我們，也欺騙了我們。我失望地摔了手中的攪火棍，無奈地站了起來。

當我蹲著的雙腿伸直，站起來面對那口大鍋的時候，從閃爍的星光中隱約看到那鍋豬食中有小指頭大小的地瓜！強烈食慾的驅使，我們的雙手下意識地從豬食中撈起一隻指頭般大小的熟地瓜，剝皮，往嘴裏塞。地瓜在口腔裏被咀嚼，被吞嚥，感到味道尚可。

於是，吞了一隻，又吞了一隻。不知不覺，我們在豬食中找到十多條小地瓜，都吃了下去。除了有幾條長了蟲子，有一股強烈的臭味實在難以下咽以外，能剝皮的，都被我們吃了。小到連剝皮都難的，就讓它留給豬吃吧！

交班的時間到了。我們對著豬圈的圍牆滋了一泡尿，扛著槍唱著某部電影中反面人物哼的小調：「我得了一棵白麵呀，我快活得像神仙……」我們把兩支衝鋒槍交給兩個睡眼惺忪的傢伙。我們一出他們宿舍的門，他們又倒頭睡覺。我回到他們的床邊，說：「想不想吃地瓜？」他們一骨碌爬起來，問：「在哪裏？」我說：「在豬圈。」他們又倒下去了。我憤怒地踢了其中一位的床板，喊著：「你以為是假的！」

而常人認為不能吃的，如瘟雞、瘟鴨，病豬、病牛，我們也敢饑不擇食地拿來或拖來，無所畏懼地吃了。彷佛什麼禽流感、瘋牛病、破傷風等等，都無可奈何我們那個生機勃勃而又永遠填不滿的腸胃。有時想著，真該將那句「年輕，沒有什麼不可以」的廣告語改為：「年輕，沒有什麼不敢吃！」

不信，我們還是再聽一則**馮國森**在**〈知青生活碎片之八：豬食與食豬〉**的精彩故事：

> ……儘管養豬班的同志百般努力，豬還是養不好，又有豬病死了。有一天籃球中鋒告訴我：「你晚上到養豬班一下。」養豬班實際就是豬圈。我到了豬圈，才知道是請我吃死豬肉。
>
> 養豬班的兄弟們跟我說，這隻豬比其他豬的屁股稍微圓一點，其他死豬都是尖屁股，埋就埋了，這隻埋了可惜，就殺來煮了。我問是什麼病？都說不知道，就是不吃食，皮膚發黃，像連隊去年患黃膽肝炎的那位老兄一樣，通身蠟黃……

黃就黃吧，怕個鳥！我們邊吃，邊學邊竄改樣板戲裏的臺詞：「臉紅什麼？紅個雞巴，怎麼又黃了？趕快吃吧！被領導發現要挨批的啦！」我們吃得肚滿腸圓，還有滿嘴的油。我掀起背心的衣襟擦擦嘴角，還特別留著上嘴唇、鼻子尖底下一點不擦，好過一會兒再聞一下，甚至舔一下。有肉吃的日子真好！我從心底感激養豬班的兄弟，有好東西吃沒有忘記我。

第二天一早，我覺得滿眼迷糊，都是眼屎。班裏的兄弟說：「遭了，你的眼睛黃了，怕是得了肝炎了！」我心裏一驚，這回真的黃了！怕那豬是得肝炎病死的，傳染給我了。我對自己的眼睛是否黃了還不是十分相信，因為那時男的都沒有鏡子。我趕快跑到豬圈，看看昨晚吃死豬肉的是不是跟我一樣。結果，凡是昨晚吃過死豬肉的人眼睛都黃！我們惶恐地度過了一個星期，眼睛不黃了，沒事。怕個鳥！

瞧，不吃食、通身蠟黃病死了的豬照吃不誤。就因為這隻豬比其他豬的屁股稍微圓一點，其他死豬都是尖屁股，埋就埋了，這隻埋了可惜，就殺來煮了。也夠大膽了吧？還一邊吃，一邊學著竄改樣板戲，也夠幽默的吧？最後凡是昨晚吃過死豬肉的人眼睛都黃！在度過了一個星期，眼睛不黃了，照樣是一句：「沒事。怕個鳥！」也夠灑脫了吧？這在常人絕對找不出這種啼笑皆非而又怡然自得的心態，沒病也會嚇個半死。

知青**aige**在**〈盜墓〉**中講述得更為快樂：

> 彈指一算，好幾個月未啖肉味了，壓抑多時的「肉望」在我們幾位難兄難弟的話題中占了不小的比例。當然，只能是竊竊私語。那個年代的農場，我們知青身份的人「講飲講食」是會惹麻煩的。
>
> 一天，連隊裏傳來一個「好消息」：豬欄裏死了一頭豬。講是個「好消息」一點也不過分，眾所周知，除了一年幾個大節日外，能吃上肉的日子幾乎都是「意外驚喜」。正當大家潛意識地默認著晚上有肉吃的條規時，又冒出個「壞消息」：上頭新規定，食堂不得烹調死、病豬肉，豬死一律埋掉！算不上是

「晴天霹靂」，但對「肉食萌動」的我們也算掃興了。

晚上，例行的「晚彙報」學習後回到宿舍，大家心靈相通地惦記起那頭「入土為安」的豬。不知是誰？做出了一個超人意料的提議——盜墓去！沒費多少喉舌，大家已提上「傢伙」直奔山頭的「豬墓地」。三扒兩挖就讓牠「重見天日」。準確來說是使牠「沐浴月色」。

當然，死豬也要當生豬劏。卅來斤的不覺重，弄到溪邊，不用放血（有血放才怪），不用刮毛（沒開水，暫留著），開膛破肚，去頭砍尾，棄去手足，內臟一併就地處理。幾個「盜墓者」在處女地的配合還算麻利，一會兒工夫就能提上十來斤「上肉」回程了。現偶爾想起也覺得怪，怎麼昔日就沒人提「能否吃？」的疑問。

再說，回到宿舍一切都要「秘密」進行。有人提議到食堂搞開開水燙毛，當被「死豬不怕開水燙」的理由否決了，採用了剝皮留肉。不經意之下，加了糖、鹽、酒、醬油之類的一盆（臉盆代鍋煮的）「紅燒淨肉」出爐了。還好，當時的感覺與鮮肉沒什麼區別。的確，那時候吃什麼肉都只有一種味覺——享受。

然而，知青**老**三講述的這個**〈「豬仔」吃豬崽〉**的故事，就有點讓人後怕不已：

「豬仔」是一位姓朱的順德知青的綽號。這天走過豬欄，養豬的阿嬌告訴他說：「有一頭剛出生的豬崽給母豬壓死了，你問問阿三，要不要？」

豬仔飛一般跑進我的茅草房，通告了這則喜訊。說完，還怕我嫌麻煩不接受這到口的美味，一再申明願意承擔所有的屠宰及火工義務：「你就等吃乳豬吧！」豬仔像向黨組織爭取到最困難的任務一樣興奮，雖然仍有點上氣不接下氣的。

阿嬌教豬仔說：「豬崽還沒吃過奶，肚裏還是乾淨的，不用開腸破肚了，煮熟就能吃。你就說是我說的，阿三不罵你。」有了阿嬌的尚方寶劍，豬仔就便宜行事了，但也不敢造次，仍到河灣邊把死豬洗了洗，順手挖把河泥，把牠包了個嚴嚴實實，擱在翻鏟上小心地放進連隊伙房的老虎灶裏。

連隊的司務長階級鬥爭觀念很強，見他在伙房後面鬼鬼祟祟，就走過來瞧瞧。豬仔告訴司務長煨的是紅薯，他怕說出真相驚動大夥兒免不了要分甘同味，白白辛苦一場。

包泥很快燒得變白，接著起了裂紋，知道是火候到了，豬仔像對待一個輕薄的陶瓷一樣把美味鏟出來，用他臉盆一樣大的飯盆盛著，三步併作兩步地向知青宿舍走來。

乾硬的泥土粘連著豬皮，被向來大大咧咧、咋咋呼呼的豬仔恍如進行基因工程一樣仔細地剝走了，一隻雪白的小乳豬冒著肉香擺在我們的面前。我也沒閒著，到阿嬌的小伙房抓了把鹽回來，算是幹了最關鍵的活計。

豬仔很公道，用小刀把熟肉整齊地分成兩半，平均分配，不是按勞分配。不過我仍把我那份掰了一半給他，他才十五歲，剛發育長身，正在興旺時期呢。不吃白不吃，我倆大快朵頤，連骨頭都嚼碎了吞掉，畢竟，幾個月沒聞到肉香了啊！

誰知，半夜裏豬仔上吐下瀉，天一亮連長就叫齊叔用牛車送他到場部醫院，半路上還躲到草叢中解決了幾次，住了一個星期的醫院，吊了三四瓶藥水，說是急性腸胃炎。我卻啥事沒有，真是同人不同命。

再聽一串東嶺農場知青Zhuoming驚險有趣「吃」的回憶：

……某年，四連決定將幾頭好鬥調皮的牛牯閹了。這類民間小「手術」沒有驚動團裏的獸醫，連長只是叫上隊裏的幾位壯漢，再加上一把菜刀、幾根麻繩就了結完事。那創口也就塗上些拖拉機用的機油防水，再敷點新鮮牛糞算是消毒了。

不想幾天後，其中一頭牛牯因感染「破傷風」菌死了。連裏將事情上報團部，得到指示：不得食用，立即深埋！這可饞煞那些久未見肉腥的人們。連裏為免生枝節，立馬執行深埋。哪知第二天一大早，發現那深埋的死牛被人「盜墓」了，而被盜的竟是那死牛大腿上的一塊肉。

因害怕「破傷風」菌傳播，團裏下令徹查。最後弄清就是執行埋牛的那幫知青所為。但肉已下肚，吃的人幾天後也沒什麼異常，也就通報批評了事。其實，這類事情在知青堆裏也並不是什麼新鮮事，凍死的牛，瘟死的豬、雞都是知青們的佳餚。

上一則說的是偷吃死牛，這回的主角是狗。某年開荒，連裏著實拿不出什麼葷腥來犒勞大家，於是打起連裏養的幾條看家狗的主意。說到當年養狗，真有點愧對這「養」字，可以說從未餵食。所幸的是狗的食譜裏有人類排泄的東西，故也不愁吃的。

這裏，稍微離題一會兒。說出來您可別反胃，當年連隊裏的托兒所阿姨從來不用洗尿布，也沒有尿布的概念。嬰孩們平常都躺在竹編的搖籃裏，搖籃用長竹竿串聯起來吊掛著，一搖俱搖，一晃俱晃。這搖籃的格子編得特別大，嬰孩要是便溺也就會透過格子直接灑落到地上。

此時，阿姨們就會扯起嗓子「狗仔嘍，嘍、嘍、嘍……」地叫喚。那狗也靈性，聽到叫喚立馬群至，三下五除二把地面清理乾淨。有時阿姨還會讓狗把小孩屁股也「清理」一把，再瓢一勺水往小孩屁股蛋一沖也就了事了。或許這也是當地人當初不吃狗肉的緣故吧。

言歸正傳。話說當年飯堂人手不足，這殺狗不似殺豬，豬殺一頭就夠全連吃上一頓，這狗個小，要宰幾頭才湊合。所以食堂得提前一天把幾個狗弄乾淨，整個地煮熟了，待第二天剁塊翻燉。為防貓、鼠，當晚幾條半生不熟的狗就吊在伙房的大樑上。

不料半夜裏有人敲鐘說是伙房裏有小偷，圍捕的人打開伙房門，卻沒發現少了些什麼，只是那條稍微熟了一些的狗被撕咬了兩大口。最後在大米倉裏把「小偷」捉住了，原來是知青小蕭（化名）。可笑的是捉著時，他嘴裏還含著來不及嚥下的狗肉！

此外，還有一些關於吃的軼事。某年，班長老許（化名）用五塊錢買了苗家一頭病死的老水牛，邀我和簡仔（化名）同往。儘管平日缺肉少油，但面對若大一堆肉卻不知如何是好。最後只割走一條大腿，餘下都送給隊裏的老鄉們。取回來的肉一連暴吃幾天，吃膩了，也變質發餿了，最後還是送給鄰家餵雞了。

又，有年春節，連隊裏把魚塘放乾了水，把魚都撈了給大夥加菜。我和簡仔、廣文（化名）主動要求幫著伙房殺魚，為的是圖那魚肚子裏的東西（因為那裏面有油）。幾十斤魚的魚腸、魚膘的足足弄大半鐵鍋，熬了半天也弄上兩斤多魚油，喜不自禁。第一次用它拌飯吃，奇腥且奇苦，原來當初沒弄乾淨那魚膽子。腥味是早就意料到的了，那苦卻是難嚥。吃了幾頓，實在嚥不下了，最後還是倒掉了……

再，那年頭人好賭，可賭的不是金錢，而是吃。還是那位嗜食如命、偷吃狗肉的知青小蕭，有人賭他中午喝一瓶「土白乾」酒，可得到一個肉罐頭。條件是下午要照常上工。結果，他酒是全倒下肚子了，也能邁著十字步上工去，最後卻是醉倒在山上。

在這串帖下，一個網名**南路**的知青也跟帖說了一件趣事：

一九七一年，連隊來了一群汕頭知青，其中有一個叫『老革命』的知青和我同一宿舍，那天下午我們煮了一飯盆的香糊，準備貼壁報用。誰知晚上我們去伙房打飯回到宿舍，發現那盆香糊少了一大角，原來是『老革命』以為那盆是豬油，趁我們去打飯時已偷偷地享用了許多，弄得我們幾個哭笑不得。因為在那個年代，油水對我們來說，真是太稀罕了，就算真的是豬油，我們也不能責怪他……

唉，聽了上述一串有關吃的趣聞，不僅苦澀，而且驚駭。瞧，感染「破傷風」病菌死了的牛牯敢吃，病死後深埋後的豬也敢挖出來吃，半生不熟的狗肉也敢去撕咬兩大口……看著這些「勇者無畏」的描述，開始，自由兄弟還有些忍俊不禁地笑著，可是笑著笑著，我忽然發現滿眼都是辛酸的淚水……我可憐而又大膽的知青兄弟喲，真是在後怕之餘又為你們慶幸！但願你們現在一切過得都好，再也不挨餓，再也沒有，不，應該是永遠也沒有這些荒誕而狼狽的故事……

然而，知青**1968hfz**在**〈病並快樂著〉**中講述的故事，更讓人啼笑皆非：

> 剛到農場頭幾年，那時候知青過的都是原始群居生活似的，亂糟糟，髒兮兮，不懂得講什麼衛生，鍋碗瓢盆隨意混著用，尤其是男知青。結果不知哪個浪蕩鬼到別的連隊串知青時亂吃亂喝，順口把甲肝病毒捎帶了回來，還照樣隨意拿別人的飯盆吃飯，拿別人的口缸喝水，拿別人的水桶沖涼，拿別人的面巾抹嘴、擦肢胳窩，甲肝就悄悄蔓延開來了。
>
> 連隊開始有知青突然連續發高燒不退，衛生員早就知道人發燒必定有哪發炎。只是到底哪兒發炎？找了十天八天還在納悶。後來送到團部醫院一驗血，都是甲型肝炎。先是綽號叫「大隻坤」的廣州知青被拉出去團部住了院，接著是「番薯餅」住進去了，後來一個叫「少爺仔」的重慶知青也被拉去了……
>
> 再後來我也突然發起高燒，不想吃，不想喝，癱在床上，突然就覺得好像快死了。我又想，不會吧？怎麼這麼快、這麼容易就要死了呢？但心裏淒涼得很。第二天一早，連隊衛生員問也不問，打了輛牛車就叫人往團部送。可能先我而病的「番薯餅」等人拖了十天八天才查出病因，輪到我，一發燒便認定是得了肝炎。「番薯餅」他們做了我的先驅。
>
> 我住進團部醫院，吊了五六天的針，竟就好像什麼事都沒有了，人越來越精神，胃口越來越好。醫院

對我們這些肝炎鬼格外關照，每星期每人專門有兩大碗豬肝瘦肉湯。在連隊天天吃沒油的老青菜，天天幹累死人的苦力活，現在都不幹活了，可以舒坦地躺著，仰著睡，側著睡，俯著睡，白天睡，晚上睡，睡一下，醒一下，啊！都隨你，還能天天吃肉，這是什麼好日子哦！我突然覺得自己病對了。而且想一直就這麼病下去……

瞧，從來只聽說患病是痛苦倒楣的，攤到誰頭上都會愁眉苦臉的，沒有聽說是病對了的。但是，我們這位知青兄弟就因為連隊天天吃沒油的老青菜，而在醫院可以每星期每人專門有兩大碗的豬肝瘦肉湯吃，竟想著就這麼一直病下去！真是世上少有，令人心酸的黑色幽默……

第三節　熱帶雨林的「巧取」

因為繁重體力勞動所帶來饑餓的逼迫，又因為正常程序生產的食物供給有限，海南兵團知青不得不沿著祖先進化之路，無奈地退回到遠古的蠻荒時代，用近似野獸般「弱肉強食」的頑強生存法則，瘋狂地向原始熱帶雨林攝取食物。上至天上飛的，地上爬的，水中游的，甚至連螞蟻、螞蚱、蚯蚓、蜈蚣等昆蟲都不會放過……

總之，凡是能入口的東西我們都要千方百計抓獲捕捉，然後百無禁忌地一吃了之。其中，有的吃得讓人提心吊膽、後怕不已；有的吃得又讓人瞠目結舌、敬佩不已。若要細細講述這些故事，恐怕是十天十夜也無法講完。自由兄弟只有挑選一些稀奇古怪、敢吃傻吃的片段，來說明和證實我們當時的生存狀況。

眾所周知，海南島又名「椰島」，不少地方都長有碩果纍纍的椰林。許多餓極了的知青都有過拿椰子充饑解渴的經歷。但這種東西卻是多吃無益，反而有損身體健康。知青**Zhuoming**「鬧肚子」的笑話就是佐證：

……一般情況下，當地老工人才不稀罕吃椰子，而對於感到饑餓難耐的我卻是個難得的機遇。在班長的默許下，我可大開了「吃戒」，什麼椰青、椰水，一股腦兒全往肚子裏倒，也記不清吃了多少個椰子。想不到這可闖禍了。就在一番秋風掃落葉式的暴吃後，在一個小時內，我去了四五次「大解」。荒野間，當然沒有正規廁所，找個隱蔽樹叢速速了事。

然而，最頭痛的是「收尾工作」。那年頭就算在連隊駐地，廁紙也算得上奢侈品了，何況是在荒野！通常在這種環境中，都是就地取「材」，而樹葉就是最常規的材料了。然而，碰到我當時那種「半流質」的「稀貨」時也就無濟於事了。情急之下，最先是撕下褲子口袋布用，到最後，連衣服袖口子也給搭上了。

我狼狽不堪的情形，終於被班長發現了，他強迫我吃下幾十粒女工們剛採回的胡椒，雖然辣得我耳根發麻頭冒煙，卻著實結束了我沒完沒了的「叢林之戰」。原來，這椰子含油很高，吃多了會腸肚滑瀉；而胡椒性斂，剛好可以克止椰子的滑瀉。

俗話說：「有吃不為輸。」而我們這個兄弟可是「有吃不怕拉」！只是可憐當時沒有廁紙打掃出口下面的衛生，不得不先撕下褲子口袋布用，到最後，連衣服袖口子也給搭上了……想必一定狼狽不堪，令人捧腹大笑。好在這班長很有經驗，用胡椒給他止了瀉，不然，恐怕連腸子都會拉出來，全身衣服都要撕成布片……

在自由兄弟的印象中，海南熱帶雨林中還長有許多的野果，平時饑腸轆轆的知青們常常不懼生死地摘下解饞充饑。女知青**范至莊**在**〈「吃」的故事〉**中回憶道：

因為肚子老是有一種饑餓的感覺，所以就有了饑不擇食的勇氣。上山勞動時，什麼酸溜溜的野葡萄啦，又苦又澀的野柚子啦（吃了那玩意嘴巴能麻木一兩小時，頗像拔牙打了過量的麻藥），能酸至胃穿孔的山荔枝啦……

至於山薯、木耳就絕對是上品了，那可不是隨便能碰到的。不少男知青很快便學會了抓青蛙、打蛇、釣魚、逮鳥，可那時我們分「男女界線」，所以他們的美味佳餚我們難以分享。

為了這隻動力十足的胃，連隊的老工人表現得更加無畏，他們用敵敵畏毒魚，用炸藥炸魚，甚至連拌了六六六粉的花生種子在衣襟上擦擦也敢往嘴裏扔，而最令我驚得目瞪口呆的是他們居然把偶爾捉到的大螞蚱和一種生活在朽木裏的大拇指般大小、白白的、透明的肥蟲當成寶，一旦逮到手就珍惜得不得了，放到「燒芭」的木炭堆裏烤熟後，便用樹葉托著小心翼翼地帶回家給孩子吃。

唉！總感覺肚子餓的生活，使人們變得像流落到荒島的魯濱遜一樣了，只要是見到吃的，都毫不由猶豫勇敢地納入肚子……

女知青**周顯元**在**〈十六連到處找吃〉**中回憶道：

> ……去開新隊初期，我們發現那條小河裏有螺螄，在秘密吃了兩次炒螺後被老工人發現了，他們說河裏的螺螄有血吸蟲，嚇得俺們個個花容失色，再也不敢下河胡鬧……
>
> 不過，上山幹活可以採到很多野果，在老工人的指點下，我們嘗了山黃皮、山荔枝、酸塹、油甘果等等。上山砍芭時，常常對野果充滿了期待。一天，幾個女知青單獨砍芭，看著樹上紅豔豔、水靈靈的無名果子直嚥口水。幾隻饞貓試著摘下輕輕一舔，大家不約而同地扔掉果子：「死啦，毒果！」「好麻啊！」「快漱口！」慌亂中，遇上衛生員上山送涼茶。「不怕死啊？讓你們饞吧！」她把我們狠狠剋一頓……
>
> ……我們也有包荔枝樹的經歷。女生每人出五角錢，老工人帶男生深入黎村上樹，一邊摘一邊吃，再扛幾大袋回來大家分，我們每人分到一簸箕，四簸箕就是一籮筐，八個女生剛好一擔。那荔枝說不上品

種，個小又酸，最後全送給老工人家屬。那些天，隊裏的孩子個個鼻子紅得像荔枝殼，花斑斑的，搞到要喝荔枝枝葉煲的水解毒。別以為都是男生照顧女生，我們也把剩餘的「飯票」用團體方式送給他們，只是不敢一對一贈送，以免被人誤解、宣傳、放大……

相對於女知青只是摘些野果充饑來說，男知青就要膽大得多，他們獵食的範圍也就要廣泛得多。關於這一點，知青**廖國釗**在**《夜獵》**中有所描述：

……白天去開工，揹著風槍，見有飛鳥，順手打下來，加加菜。不過，收穫從來並不豐富。不知道海南的飛鳥為何這麼少？日落西山，鳥投林了，風槍還派不派得上用場呢？

玩家畢竟是玩家。阿榮會玩，主意也多。他邀我一起去打田雞！「打田雞」這真是個好主意。吃過晚飯，等天黑齊了，兩個人就開始整裝出發了。阿榮穿一雙高統進口水靴，手提風槍，帶一支三節電池的長電筒；我穿一雙短統國產水鞋，也還湊合。生產隊周圍的水溝、稻田、河溪都留下我們的足跡，只要細心找，田雞的數量還是相當可觀的。

我近視，槍法不準，就負責打電筒，用強光把不幸的田雞照住，趁其驚魂未定，阿榮瞄準牠們射而擊之。阿榮槍法尚可，田雞時常應聲而倒，但也有一些應聲而逃，更有甚者，有的中彈後還能利用其有力之長腿及彈力逃之夭夭。風槍畢竟是玩具式的武器。

一二個小時下來，看看天色也晚，鳴金收兵總有一兩斤的田雞，足夠一頓美美的田雞粥。有一次遇上一條水蛇，我們也不放過，逮之入籠。望著熊熊的爐火，嚐著美味的田雞，一天的疲勞暫時無影無蹤。

過了一段時間，我覺得中彈逃逸的田雞太多，為改進起見，我用舊雨傘的鋼骨磨了一支帶鉤的針，製作了一支長矛，堪可與非洲土人的梭鏢比美。這次，由阿榮掌電筒，我掌長矛。新方法果然湊效，被刺中的田雞無法逃走了，因而保證了豐收。

又過了一段時間，我們對這種靠天吃飯、小敲小打的圈獵方式又不滿意了。又是阿榮點子多，他說：「何不請阿符來幫一手？」阿符乃是當地土著，從小跟父親插秧種田，後又上過農業中專。他會學雌蛙的叫聲，可引來無數大雄蛙，然後從容捉之。真是學以致用，理論聯繫實際。看在富家子弟，又是熱心助人的阿榮份上，阿符答應試試看。

一天晚上，阿符來了。我們三人趁黑去到稻田，舉目四望，一片漆黑，唯有無數的蛙聲此起彼伏。阿符開始喊叫了，「呱呱呱」，他的雌蛙叫聲慢慢地彌散開來，就像作了法一樣，「噗噗噗」，一隻一隻的雄蛙跳了出來集中在阿符的腳下，以為有「美女」可享受了。誰知阿榮與我早已守候在此，把牠們捉進了籠中。

想不到「色字頭上一把刀」這句俗語，在小動物的世界也同樣適用。這一次，短短半個鐘頭，不費一槍一彈，就捉了滿滿一筐，足有十多斤。科學技術就是生產力，此話不假。

這天晚上，劏田雞就花了個鐘頭。大隻的田雞又肥又美，燜了滿滿一鍋。阿榮嚼得津津有味，我吃了幾隻，開頭覺得還不錯，但很快就膩了：太多肉了。似乎沒有以前一叉一叉、一槍一槍捉來的小田雞那樣香甜。

阿符是農業技術員，在外處工作，不能每晚為我們捉田雞。於是，沒過幾天，此道又中落了。我與阿榮只好又拿起叉和電筒，重操舊業。除了開會，我們每週總要如此打獵兩三晚，直至我們開拔到別處創建新點為止。

除了「田雞」，連一慣讓人望之噁心的蛤蟆也不幸地進入了知青捕捉的視野。知青**535335163**在**〈肥池裏的蛤蟆〉**中述說道：

……那時候連隊一個星期有一次豬肉吃，比起其他一些農場要好很多的了。但畢竟缺乏營養，工作又辛苦，七天才打一次牙祭又怎夠的呢，口中總是淡淡的時常直返青水。

有一天，天剛濛濛亮，伴著清晨肥池裏的蛤蟆（大概是屬於田雞一類的動物吧）陣高陣低的「蛤、蛤」聲，我挑著膠水無精打采地回連隊。當經過一個漏剩半池水的肥池時，只聽到「卜、卜」幾聲，那「蛤、蛤」的叫聲隨即消失了。我一個機靈，噢，好大的一隻蛤蟆在地上跳呀。我立馬放下了膠桶，順手撿起一條樹枝，亂掃肥池邊的草叢，結果又是一陣「卜、卜」聲，有幾隻蛤蟆跳入了肥池。

啊，我高興啊，興奮啊，一陣陣地忘乎所以，覺得自己真不亞於哥倫布發現了新大陸。還不斷地自我責怪，天天都經過這個爛肥池，怎麼就沒有發現這新大陸呢？非要等到今天才發現。為了這個無意的發現，我不單壓抑了自己的興奮情緒，而且還利用割膠後的空閒時間到處「視察」了膠林那些剩水不多的肥池。

好不容易熬到了星期天的下午，我拎著一個膠桶，靜悄悄地走入膠林，來到那個漏剩半池水的肥池，用根樹枝試試水深，然後脫剩條內褲，深深地呼吸了幾口空氣，就跳到肥池底，拿起膠桶拚命戽水。那回，真的累得個狠，髒得個夠，但收穫也頗豐，居然捉了有七八隻肥肥大大的蛤蟆。後來又這樣接著捉了好幾次蛤蟆。只不過，這比甕中捉鱉還過癮的事，一直不敢對人洩露，否則，破壞生產的罪就有得我受了。

聽了這位兄弟的講述，自由兄弟也想起了當年吃哈蟆的經歷，那是雨後的一天深夜，我躺在床上餓得實在難受。同縣來的知青莫華清和朱觀娣悄悄地將我叫去門外，問我：「想不想美食一餐？」

「想啊！」我毫不含糊回答。

「要是你想，就倒些油來，然後，拿個鐵桶跟我們走。」不知幾時，兩位大哥知道我家裏剛剛寄來了一罐花生油。

我照著吩咐提著鐵桶，跟著他們來到了溪邊的伙房旁，只見潮濕的草地上蹦跳著許多長相難看，但卻又肥又大的蛤蟆正在追逐吞食著亂飛的昆蟲，一點也沒有想到我們會痛下殺手。

想來是有些殘忍，兩位大哥一人拿著粗木棍在前面將蛤蟆打昏，另一個則用火鉗將牠們撿到我提著的桶裏。只片刻工夫，就撿了大半個鐵桶，草叢泥土上頓時沾染了蛤蟆的斑斑血跡……

之後，我們來到小溪邊，用刀將還在蠕動著的蛤蟆腦袋剁掉，再剝去那身長滿疙瘩的癩皮，去掉其中的內臟。就著伙房的鐵鍋用油和生薑炒了滿滿的一大碗，三人便狼吞虎嚥地豪餐起來。那味道，比田雞或蛇肉還要香甜細嫩。只是那晚，因為是第一次冒險吃有毒的動物，總擔心會有不良反應，我老是翻來覆去地躺在床上睡不著。

次日清晨，當我發現自己依然完好無損地生龍活虎後，便逐漸膽子大了起來，再吃什麼也不再害怕。尤其是在黎族班長符黨照和劉文光大哥的言傳身教和耳濡目染下，自由兄弟簡直是變成了一頭百毒不懼的「野獸」，幾乎吃遍了海南的「山珍野味」。

我記得，接著不可思議的是「吃螞蟻」。一天上午十點多鐘，因為砍岜有近三個鐘頭，我早餐吃的三兩米飯早已不見了蹤影，肚子餓得咕咕直叫。「班長，歇一下吧！我餓得實在沒有力氣了。」我大聲地喊道。

「餓了，我去給你找點吃的好不好？」班長符黨照笑著對我打趣道。

「好！只要你找到吃的，我就有力氣幹活。」我望著荒山野嶺，有些將信將疑。

「說話可得算數！」班長笑著開始用眼四處巡視起來，這位原在白沙縣武警中隊轉來農場的黎族獵手，在山林荒野真是什麼處境都難不倒他。片刻，只見他向我招手道：「有了，你跟我來。」

他邊說邊在地上撈起一把半乾不濕的枯草，領著我來到一個結在樹枝上，有籃球般大的螞蟻窩前，然後點著枯草，在螞蟻窩下熏了起來。稍後，他叫我砍來兩片大大的芭蕉葉，用竹篾摺成一個船形，不停地用手輕輕拍打冒著微火的螞蟻窩，只見從乾牛糞、雜草葉築成的螞蟻窩裏，滾出來許多被烤熟了的黑螞蟻和白色的蟻蛋。

「吃吧！這可是高級營養蛋白。」他遞過來已經被吹撿乾淨雜草、牛糞的螞蟻和蟻蛋對我說。

「這東西能吃嗎？」我懷疑地半天不敢伸手。

「能吃，而且很香。」他說著抓了一把放進口中咀嚼起來……

看見他嚼得津津有味的表情，我也拈了一小撮送到了嘴巴，果然香脆可口。只是有時會被昏厥未死的螞蟻叮麻一下舌頭，別有一番刺激……

班長一邊看著我吃，一邊告訴我：這是一種小的黑螞蟻，毒性很小，蟻巢又是築在樹上，相對乾淨可以吃；那大的黑螞蟻巢是築在地上或樹洞，毒性較大，又不衛生，可不能吃，但可以泡酒治風濕；另外還有一種白螞蟻的蛋也可以吃，營養價值最高；但遇上那種毒性很強的黃螞蟻可千萬吃不得。

不一會兒，我吃完了螞蟻和蟻蛋，覺得仍不過癮，早就忘記了要幹活的承諾，也學著班長的做法，自己四處尋找蟻窩用煙火熏了起來……

一轉眼，三十多年沒有再吃過如此美味，很是想念。巧得很，去年冬季，我陪友人到三百多公里遠的中越邊境那坡縣承包八角山林，恰好看到一個類似的小黑螞蟻窩掛在樹枝上，當即如法炮製，用布帽接著滾出的螞蟻和蟻蛋吃了起來。驚得隨行的友人個個目瞪口呆，儘管我一再解說相勸，也無一人敢品嘗半點，反而個個捧腹大笑，讓我尷尬不已……

還有一次，我們來到一個靠溪流邊的山谷砍芭，肚子又是餓得不行，可惜山谷潮濕，沒有螞蟻築巢。我又請求班長去找點吃的。班長神秘兮兮地笑著對幾個女知青吩咐道：「你們先找點木柴燒堆篝火，我去一下小河邊就回來。」說完，就獨自往溪邊走去。

我好奇悄悄地跟在班長後面，只見他摘下頭上的斗笠，來到水面，不一會就從水裏撈起了一大堆的瓢蟲，然後一隻一隻地在石板上摔死。之後，又隨手在溪邊的山地拔出了一把根部像生薑的植物，利索地在水裏洗淨，一副笑吟吟的神情回到了我們工間休息之處。

此時，幾個女知青已經將篝火燒得旺盛，大家滿眼期待著班長帶回魚蝦或螃蟹之類好吃的東西，沒想到看見他斗笠中亮出的竟是一堆烏黑黑的殼蟲和一把黃澄澄的東西。大家無不露出了失望的神情。

「來，每人削上一根竹籤，把這蟲子串上，然後放在火上烤熟，再剝掉硬殼沾一點鹽，保證香脆可口。不過，每人吃完後，都要吃一點這生薑似的黃精，就不會感到口渴肚餓了。但是，記住千萬不能貪吃，這殼蟲火氣很大，黃精也很補，不能多吃，吃多了就會補得流鼻血……」班長一邊交代，一邊從隨身的竹簍裏摸出一包鹽遞給我們。因為打獵的緣故，平時他的竹簍裏總是備著鹽、油，還有酒和蛇藥等許多熱帶雨林行走必不可少的物品。

知青們將信將疑地用竹籤插了一個殼蟲烤熟後，然後小心翼翼地放進嘴中咀嚼起來，隨之是一陣驚歎的叫聲，因為那殼蟲果然是又香又脆，美味可口。不一會兒，就被大家搶吃一光。有的手慢才吃了幾個的女知青非纏著要班長再到水中去撈，可班長怎麼也不答應，他唯恐怕大家吃多了惹出毛病來……

前不久，自由兄弟與友人相聚來到一家餐廳，那友人為了表示盛情，特意介紹說是要請我吃一道從未嘗過的野味。我高興地等著服務員端菜上桌，定神一看，原來就是當年黎族班長在海南撈給我們吃的殼蟲。只不過是起了一個響亮誘惑的學名：油炸龍虱！哇，還要六十八元錢一份，簡直是在宰人放血！

礙於朋友的盛情，我一邊裝著從未見過的稀奇神情讚歎好吃，一邊在內心暗暗感歎：「啊！老班長，如果自由兄弟現在仍跟你在海南山林砍岜，工休之餘，我們也去溪水中撈牠個十斤八斤龍虱來賣，保管喝酒抽煙不愁……」

還有一個冬天下午，自由兄弟在開挖環山行時，用鋤頭翻開一塊草皮，只見裏面有四條二三十公分長的粗大蜈蚣。驚恐之下，當即大叫了一聲，並本能地快速用鋤頭板壓死了牠們。班長聞訊趕了過來，他蹲下來細看了一下地面，又用鋤頭翻起了周圍的草皮，另外找到了兩條潛伏的大蜈蚣。

「瞧你這個膽子，本來都可以抓活的回去泡酒，如今這四條卻被你打死了，少了好多泡酒藥效，實在可惜。」班長一邊將兩條活的蜈蚣裝進小竹筒裏面，一邊向我笑著說道：「這樣吧，你去找些乾草，今天就將這幾條打死的蜈蚣烤來吃了。」

「烤蜈蚣，這吃不吃得？」雖然我知道班長很有雨林生存經驗，但還是有些驚恐地質疑。

「冬天可以吃得，夏天就絕對不行。這東西很毒，但主要是那對毒鉤，其他部位一樣可吃，而且很補。」班長說著，拿刀將蜈蚣的頭部在木頭上砍掉後，再用竹籤串進去遞給了我。

我依囑扯了幾把茅草點燃，開始轉動著在火上烤了起來，一會，那蜈蚣便像「賴尿蝦」般地焦黃蜷縮起來。

「行了，你剝掉背上的硬殼就可以吃了。」班長教我道。

「那下面的小足呢？」我問。

「不用管它，一起吃。」看我還是久久遲疑地不敢張口，班長拿過了一條，快速地剝去硬殼，然後，就放進嘴巴嚼了起來。我也照著剝去了蜈蚣的硬殼，眯縫雙眼放進嘴巴，由於沒有放鹽，味道更是清甜鮮美，只是覺得剝去硬殼後的蜈蚣嫩肉所剩無幾，讓人感覺有些不過癮。

漸漸地，自由兄弟在海南熱帶雨林生存掙扎中，悟出了一個放諸四海而皆準的道理：凡是有毒的動物，其肉味一定比其他無毒動物更加鮮美。如毒蛇、蛤蟆和蜈蚣等，無一不是證明。難怪日本人拚死要吃河豚，圖的就是其肉鮮味美……

與自由兄弟同房的黎族大哥劉文光，也是一個熱帶雨林尋找野味的高手。雖然，他不如我們的班長符黨照那麼驃悍勇敢，能用一桿獵槍獨闖山林，打來許多山豬、黃猄、松鼠、果子狸和馬鹿等野獸，但也是一位足智多謀，而又心地善良的漢子。

只要你跟他在一起做事，就不用擔心肚子挨餓。因為他總能如魔術大師變戲法般地給你找來一些吃的東西解饞。渴了，他可以從林中砍來一節竹子，開一個口子，讓你喝上清甜的竹水。餓了，他可以去找來一種類似涼薯的葛根給你充饑。就是滿山亂爬的滕蔓，他也能給你剝出一段清甜可口的嫩心來……

最為親切的是，每次自由兄弟跟他做事，都可以在山林溪澗中盡興地玩耍，他從來不會對你有半句責備，也不會跟你講什麼要求上進的革命道理。我想，在他的眼裏，自由兄弟只不過是跟在他屁股後面的小弟弟，而根本不是什麼知青。所以，每次和他在一起都是我心情最愉悅的時刻。

記得一次，我和他趕著牛車，慢悠悠地來到一個山坳裏拉柴火給伙房做飯，眼看天氣就要下雨，山腳黑色的泥土裏突然爬出了許多比筷子還要粗大的蚯蚓。這些蚯蚓橫七豎八地不停地在泥土上伸縮蠕動，讓人看了頭皮有些發麻。

可是，劉文光卻異常欣喜，他急忙走到山澗砍來了幾片野芭蕉葉子，然後疊在一起對我叫道：「快，快，我們趕緊將這些『地龍』全撿起來，不然，牠們等下就會鑽到地下去。」

「撿牠們幹嘛？」我一邊懶洋洋地撿著，一邊有些好奇地問道。

「等下可以拿來煮湯吃呀！」

「煮湯吃？」我頗為迷惑不解，又感到十分新鮮。

很快，我們撿了滿滿一大包的蚯蚓。劉文光用茅草將牠們紮牢，叫我好生捧著，然後，我們裝上許多木柴，趕著牛車往回走。

「我們連油也沒有，這蚯蚓怎麼煮啊？」路上，我有些為難地問。

「不要緊，總會有辦法的。」劉文光依然一副不緊不慢的神情答道。快到連隊的芝麻地時，他忽然「咦」地一聲喝住了牛車，叫我拉住牛繩原地等候，然後就鑽進了芝麻地裏。不一會兒，只見他用手絹包著一把芝麻走了出來。

待到卸完柴火回到宿舍，他拿著盆子和銻鍋，叫我一起到溪邊將蚯蚓洗淨，又用竹篾翻了過來洗淨，再用刀切成一節節地裝在盆子。之後，他將那包芝麻倒進鍋裏，用刀把砸溶，架上幾塊石頭壘成的灶火上不停地炒動，奇怪，那鍋裏竟有了少許的麻油淌了出來，並散發出一陣陣香味。

這時他才將蚯蚓倒進鍋裏，又放了一些米酒、野薑、大蒜之類的佐料乾炒起來。看到切斷的蚯蚓開始如麻花狀蜷縮之時，他才加水煮湯，其中又丟進去了一些新鮮草菇和野山椒嫩葉，結果那一鍋湯鮮得實在難以形容，那蚯蚓也如我後來在北海所吃的新鮮沙蟲般地鮮美，不，甚至比那還要美味可口！

後來家裏父母給我寄來了食油，我們又吃了很多次如法炮製的「地龍煲湯」，每次都是回味無窮。回到鐵路後，我依然難以忘懷。但是，一般餐廳很難有這道「名菜」。只是有一年，自由兄弟偶然到三江縣一個侗族同事家中作客，他用招待貴賓的禮儀，拿出了醃在陳年罎子裏的酸魚和酸蚯蚓時，我才得以重新喚醒對這種「地龍」的味覺，但是卻嚐不到剛從泥土中鑽出來的那種清香和鮮美……

還有一天下午，我給連隊放牛，來到鵝尖嶺與對鵝嶺之間的一個山坳小溪邊的岩石上坐下，習習的山風讓人很想躺下來睡上一覺，可是樹上的知了老是「吱、吱」地叫個不停，而且不是一隻，是一群。我想換個位置，卻又找不到比這更涼快乾淨的地方。

氣惱之極，我站起身來用腳猛踢著那棵大樹，嘴裏振振有詞地嚷道：「再叫，再叫，我上樹捉你們來吃掉！」可是罵歸罵，知了照舊吵鬧不休……

「是嘛？你想捉牠們吃掉，我來幫幫你，可你要真的敢吃才行喲！」不知幾時，劉文光來到我的身邊，原來他是來牽牛去拉柴火。

「只要你能捉到，我就敢吃。」我半是氣惱半是玩笑地說，因為許多知了都是在很細的樹椏上，我思忖他是捉不到的。

「此話當真？」

「當真！」我又語氣果斷地說了一遍。

「好！你等著！」他抽出砍刀，很快消失在山林中。片刻，又鑽了出來，只是手裏多了一根竹竿，上端插著一個巴掌大些的葵葉。正在我莫名其妙之間，他揮刀在一棵牛奶樹上（不知它的學名，只是經常用來做鋤頭把的樹）砍了幾刀，然後將很粘手的樹槳塗在葵葉之上。

稍候，他舉著竹竿照著一隻叫得正歡的知了粘了上去，並迅速收下竹竿喊道：「快，你快取牠下來，扯斷翅膀。」我幾乎驚呆了地看著他的智擒表演，經他提醒才趕快取下送到我面前粘著的知了。一隻、兩隻、三隻，才一會兒工夫，他就捉下了十多隻知了……

「吃吧，男子漢說話，可是要算數喲！」劉文光得意地笑道。

「這怎麼能吃？我只是跟你賭氣說說。」我有些想耍賴。

「怎麼不能吃？你去扯一把茅草來！」劉文光並不想跟我計較。

我乖巧地扯來了茅草，他早就用竹籤將知了串好，然後將火一點，在火焰上小心翼翼地烤了一會，就全遞了過來：「你嚐嚐，保證好吃得要命。」

我接過來試著吃了一隻，果然如同蠶蛹般酥脆可口，於是有些不好意思地也分出幾隻給他。

「這東西熱氣，我吃不得。」劉文光搖了搖頭，又笑著跟我解釋：「其實，這知了專門靠吸樹汁為生，算是高級食品，只是吃不飽肚子。你烤的時候離火還不能太近，否則一下就燒化了。」

許多年後，有一次我在中越邊境一個風味餐館，意外地又吃到了這樣一道名菜——「油炸禪鳥」！同行的部下都不知何物，只有我心裏明白，其實這「禪鳥」就是知了。陡然間，淚水竟濕潤了自由兄弟的眼眶。我忽然好懷念，好懷念與黎族大哥劉文光在一起的日子，我恍惚又坐在一駕簡陋的牛車之上，正如醉如癡地聽他唱著悠揚的黎族民歌……

在海南熱帶雨林的墾荒中，知青們還常常會遇到一些意外的收穫。說起來真有點類似「守株待兔」成語般傳奇和好笑。知青**lg1129**在**〈空手抓魚〉**描述了一件趣聞：

> 一次萬泉河漲水，把九連旁邊的沙灘淹沒了。誰料，這水來得快，退得也快，沙灘上的一塊窪地馬上就成為一個淺淺的水池，人走在水裏也沒不過膝蓋深。

這時，忽然有人高喊：「喲！好多的大魚，快來抓魚呀！」這一喊不要緊，頓時引來了隊裏正在幹活的十幾名知青和職工，還有在河邊打漁的老百姓。由於隊上的人沒有打漁的工具，只能七手八腳地用手抓，或者脫了衣服打。可是老百姓有漁網，沙灘裏的魚很快地就被抓光了。

總共有二百多條草魚、鯉魚或者其他魚，每條都有兩三斤，大的甚至有四五斤。儘管當地老百姓用撒網辦法抓走了大半，但連隊的人也有幾十條的收穫。當晚，這些魚讓大家好好地改善了一餐生活。聽說，以後每逢退水的時節，人們都會守著這個窪地，抓上一些來不及隨著退水游走的「傻魚」……

除了偶爾能夠在水中抓到「傻魚」，我們有時還能意外地在熱帶雨林中抓到被嚇傻了的動物。知青**廖國釗**在**〈野味〉**中講道：

……在兵團墾荒戰士的辛勤砍伐下，原始森林一天天縮小。在宿營地舉目四望，只有山脊上還留有一排排防風林帶，猶如綠色長城般聳立著，其餘的山坡則逐漸敞開露出它們的本來面目，使許多飛禽走獸失去藏身匿跡的植被。

一天，我們砍岜來到了宿營地後山，幾十個人，主要是女知青們，正圍著一片大約一畝多地的矮樹叢做最後圍殲。天氣很好，不涼也不熱，長刀似乎也比往常鋒利，樹叢被唰唰地掃蕩著。突然，不知是誰叫了一聲「黃猄」！大家都放下了手中的活，緊張地注視著樹叢。寂靜中，只聽得其中傳來了一陣「嚓嚓」的響聲。果然有一隻二十來斤重的黃猄，左衝右突，妄圖衝出這最後的包圍。大家一邊揮動著砍刀，一邊興奮地喊叫：「捉住牠！捉住牠！」「別讓牠跑了！」

我也彎著腰，扎好弓步，密切地注視著自己周圍的樹叢；就像哨兵站在自己的防區一樣。那頭黃猄，可能錯誤地估計這兒是薄弱環節，一路直衝過來妄想逃跑。說時遲，那時快，我舉起那支從未放鬆過的長刀，朝黃猄身上只那麼一砍，不偏不倚把黃猄的後腿砍傷了。牠撲倒在地，雖還在掙扎，但卻跑不動了。大夥兒一圍而上，七手八腳，用藤條把可憐的黃猄手腳捆住。不知誰說：「快送伙房，今天午飯加菜！」大夥兒樂得又發出了一陣贊同與歡呼。

我拿著砍刀，站在那兒還未清醒過來，心頭仍然撲撲跳，我想不到自己還有相當敏捷的身手。雖然黃猄還很小，瞪著驚惶發亮的小眼睛顯得很可憐，簡直有些令人於心不忍想放生牠，但那年頭，大家的肚皮已經很久沒有沾肉了。要是遇上野味不吃，可能大家都會抗議的。這天上午，一個「有肉吃」的愉快話題使大夥手中的砍刀都變輕了。中午開飯時，每人的碗中多出了半勺子鮮美可口的黃猄肉。

在這之後，三班的知青在南山溝裏砍岜時也捉到了一條被圍困住的三十多斤重的大蟒蛇。這可是個大新聞，尤其是對那些城市來的知青們，更是新鮮。我沒有親眼見到捉大蛇的場面，但只聽說三班的潮州老鄉們真有辦法，他們用竹笠和脫下的汗衫，扣在蟒蛇的頭上，令其昏頭昏腦，迷失方向，再用手緊緊按住，令其不得逃遁。這一次，成績比捉到小黃猄還大，大夥兒當然無例外地在一次晚飯中加了半勺蛇肉。

據說捕蛇英雄（不知是幾位）有額外多半勺的優待。我記得上次分黃猄肉我沒有多分一點，雖然那黃猄是倒在我刀下的。不過，我沒有計較，因為那是碰巧的；而這一次捉大蟒，可真是憑勇氣與膽識。我沒有聽見潮州老鄉們大發議論，或許語言不通聽不清之故。

不管怎樣，大蟒的皮用二塊床板鋪開，釘好，晾曬了幾天，然後送到集上收購站賣了，錢當然歸捉蛇英雄所有。那幾天當中，過路的人見了這張蛇皮，都不由得讚上幾句。

類似這種熱帶雨林中動物「自投羅網」的趣事，自由兄弟和班裏的工友們也碰上過兩回。一次是在一片砍倒有許多「毛利果」樹林的山坳，當我們沿著四周清出的防火帶，將由樹木茅草堆成的一圈高高的「柴牆」，開始放起火燒岜之時，只見熊熊的大火之中，突然跑出來兩隻被燒傷了皮毛的肥碩松鼠。

我們趕緊拿著砍刀追了上去，一隻可憐地被大火燒傷、行動明顯遲緩的松鼠，很快就慘死在我們的砍刀之下；另一隻見勢不妙，慌不擇路地鑽回了火堆。被兇猛的大火再次將其燒傷又鑽了出來，我們很輕易地又一刀結果了牠的性命。我們這邊剛發出高興的喊聲，另一邊守候山火的知青也高喊打到一隻燒傷的松鼠。

我們就著燒峊餘下的炭火，先將三隻松鼠的皮毛烤焦，然後在溪水邊用刀刮淨，開膛剖肚，去除內臟，之後又去連隊菜地偷拔了一些大蒜、生薑，大家中午美美地吃了一餐。事後，在餘燼之中，我發現被砍倒的毛利樹上還有許多殘存的毛利果。大概是這些松鼠貪吃這些果實，結果慘遭滅頂之災。

還有一次，我和班長等人，正在山腳砍伐一片灌木，來到山溪邊休息，忽然聽到草叢中發出一陣劇烈的響聲。遁聲望去，竟恐怖地看到一條又黑又粗的眼鏡王蛇，正在吞吃一條黃黑相間的「金包鐵」，這種蛇又叫金環蛇，兩條都是牙有劇毒、咬人致命的毒蛇。

此時，由於那眼鏡王蛇剛吞下一截「金包鐵」的蛇頭，被吞的「金包鐵」正在拚死掙扎，因此粗長的蛇身急促地打得周圍草叢枝葉「劈劈啪啪」直響。在旁有的知青揮著砍刀欲上前擒拿，卻被班長厲聲喝住：「千萬不可亂來，如果這個時候那眼鏡王蛇受了驚嚇，牠會立即吐出同類，向來者做兇猛拚死攻擊，要等到牠差不多將「金包鐵」吞下之時，我們再去一箭雙雕。」於是，大家都遵照班長的吩咐，遠遠地靜觀著兩條毒蛇在草叢中翻來覆去地絞動撕殺……

終於，當那眼鏡王蛇不斷蜷曲著身子，強悍地將與牠差不多粗的金包鐵快完全吞了下去之際，班長和另外一個黎族大哥手持竹竿迅速撲了上去，他們狠狠地朝蛇身、蛇頭連抽了幾下，霎時，那條腹部脹鼓鼓的眼鏡王蛇就失去了原來絞殺的兇悍，只是依舊緩緩地在草叢中蠕動。

接著，只見班長敏捷地捏住蛇頭下面的七寸，又用力地在蛇身上捋了幾把，然後，兩人才緩緩地將那條也散架了的，但依然活著的金包鐵從眼鏡王蛇口中扯了出來。不過，這次我們全班只吃到了一條「金包鐵」的蛇肉，而那條還活著的眼鏡王蛇，班長卻交給了另一個黎族大哥拿去縣城收購站賣了……

事後，班長向大家解釋說，那位黎族大哥家裏實在困難，孩子有病正需要醫治，這條眼鏡王蛇可以值上一百多元錢，算是給他一點救濟幫助吧！大家聽了好不感動，都後悔說不該吃了那條「金包鐵」，應當給他一起拿去賣了。但班長說：「那不行，打獵時見者有份，如果全部賣了，就會壞了黎家的規矩。」

眾人聽後，自然對淳樸的黎族風俗又是一陣讚歎。

這種「巨蛇捕食，閒人得利」的好事，也曾被廣州知青**黎服兵**遇到過，他在**〈獵蛇〉**中生動地講道：

……不久，農工小楊和我又有了一次奇遇。小楊是粵西來的農工，比我們早來海南幾年，會燒磚瓦。那天一窯磚即將出窯，燃料卻用完了，小楊拉上我急忙上山砍樹，滿目青山都是我們的燃料庫。窯爐經過幾天幾夜的鍛燒，爐溫上千度，再清翠的樹放進去也能燃燒。

進山不久，我們就相中半山一棵胸徑三十公分的青杠樹，那樹質硬、耐燒、火猛，是難得的好燃料。正往山上爬，猛然發現樹根躺著一隻油光閃閃的竹簍子，像極了苗人用來裝砍刀和糧食的器物。小楊緊跑幾步要撿這便宜，走近一看，哪是什麼竹簍子，是條大蟒蛇！

這蟒蛇長約二米，粗約二十公分。見有人來，昂首吐舌怒視。我們大吃一驚，提刀在手，防備那畜生作惡。大蛇卻也作怪，只在原地作勢，口中呼呼有聲，身子卻是不動。我倆心中奇怪，再看仔細些，原來那傢伙肚腹脹大，粗得像隻水桶，可能剛吞下一隻大型動物，墜得無法動彈。

老天爺送到嘴邊的食物怎可輕易放過？但忌憚大蛇那血盆大口獠牙長舌，還有剛勁的蛇尾。那尾巴左右拍打，把周圍的雜草、小樹悉數掃折。好在小楊有長期野外生活經驗，拉著我繞過大蛇，爬到稍高的地勢，選中棵大樹，兩把砍刀上下翻飛，砍下一截兩米長、重幾百斤的樹樁。我們合力將做好的滾木順坡推下，把大蛇重重壓住。

待我們把大蛇扛回連隊，已是太陽下山時分。捕獲大蛇的消息驚動了附近的苗族兄弟，好多人跑來嘖嘖稱奇，這是近年來難得一見的蛇王啊！可惜這條漂亮的大蛇吃得太飽又被大木頭壓了，已經奄奄一息，只好把牠宰了。待剖開大蛇的肚子，才發現牠吞了一隻十多斤重的老黃猄！

按農場的規矩，不得吃獵物肚子裏的東西，我們把牠送給了圍觀的苗人。在苗人把牠拖走前，我砍下了黃猄的兩隻角。黃猄角不長，然而堅硬鋒利，也許是利角扎傷了大蛇的腹腔使牠丟命的。這麼想，也許會減輕點我們殺生的罪過感吧！

苗人歡天喜地拖著黃猄走了。蛇皮剝掉後，幾十斤雪白的蛇肉送到飯堂，全隊人美美地吃了一個星期（十九人，五個女的不敢吃）。蛇皮老廖拿到西昌賣了，換回托兒所的整套搖籃和鍋碗瓢盆。兩隻黃猄角，一隻不知去向，一隻求陳熾煦刻成閒章，曰：俯首甘為孺子牛。現在還擺在我的書桌上。

哦，這陳熾煦也是附中同班同學，在場部當炊事員，手工極好，後來赴美留學，讀到博士，想來恐怕已忘記了當年的傑作罷？

第四節　叢林之王的「豪奪」

如果說第三節中講的幾則故事，都還是展現人在饑餓面前，按照一定規則向自然界去巧取食物的話，那麼，下面幾則故事則是應當歸類於人對大自然的其他動物生靈的「豪奪」之列了。我們還是先來聽一聽知青**黎服兵**講述如何「打漁」的經過吧！

……十三連離場部很遠，深入苗族西豐大山中。聽說再走進去幾十里地，就會遇見海南第一大河流南渡江。這幾十里地無路可通，只能跟著牛群踩出來的牛路走。軍工中有個叫蹇開德的，幹活不行，打獵是行家裏手。他誇口說能找到路，可以帶我們到南渡江去。老蹇跟我關係不錯，曾把他的好獵槍借給我，我用那槍打下過第一隻獵物，一隻烏鴉。我們開始籌備南渡江之行。

首先得師出有名。建點之初，我們曾經借過苗族老鄉一隻豬殺了吃，至今已一月不知肉味。我們和連長指導員說，南渡江裏有的是魚，可以打回來改善生活。領導聽說有不花錢的魚吃，滿口答應，還問要不要多派人去挑魚。

其次是工欲善其事，必先利其器。我們沒有漁網，也沒有打漁的本事，但我們有開荒打井的炸藥雷管。老蹇找了幾隻玻璃罐頭瓶，塞滿炸藥，裝上雷管導火索，就成了威力巨大的魚砲，加上老蹇那枝長統獵槍，我們擁有了強大的火力。

三是組織隊伍。女同學雖說也對探險有強烈興趣，但絕不能帶她們去。深山老林，長途跋涉，危險性太大。結果我們三個男知青加上老蹇、副連長老廖，一行五人還有一條狗，出發到南渡江打漁去了。

海南深山的牛路是牛群踩出來的。少數民族養牛自有一套，需要牛犁田、拉車時，就到森林裏牽；活幹完了，就把牠們放回林子去，讓牠們自生自滅。時間長了森林裏被牛群踩出一條條路來。這些路通向何方，只有少數民族知道。老蹇打獵多年，也知道一些，有沒有十分把握，只有天曉得。

我是只要不幹農活，幹啥都行，何況是這麼好玩的冒險行動。林福隆和林峰則謹慎得多，每人腰裏一口磨得鋒利的砍刀，隨時準備出鞘，水壺、帆布襪、火柴裝備得十分整齊。出發了，正當夏季，樹林密不透風，悶熱得很。一路披荊斬棘，攀山越嶺。時近正午，我們終於走出密林，上了一道光禿禿的長嶺。老蹇這才長吁一口氣，宣佈：「沒走錯，快到了！」

這座禿嶺據老蹇講有其神秘之處：周邊大山密林叢生，大樹參天，這裏只有低矮的灌木林，每年夏秋之交必有山火，把嶺上草木燒光自然熄滅，從不蔓延。老蹇神秘兮兮地說，可能有潛伏的美蔣特務活動，搞破壞擾亂人心。聽得我們脊背發冷老回頭看。林福隆也在仔細觀察，但他的結論使我們安心不少：「這裏不可能有人長期生活，也沒有破壞價值。定期起火的原因是在特定時間裏具備了自燃的所有條件，如陽光的直射、聚焦，易燃物乾草的出現，堆積樹葉的腐敗升溫等。」我們想想也是，哪有那麼傻的特務，沒事一年準時來一次放火燒山。

下山再走不到兩小時，就是南渡江。初遇南渡江，沒有想像中的浩蕩大水拍岸驚濤，只有潺潺流水一線穿行亂石之間，連結著一串深潭。兩面懸崖峭壁連綿不絕，估計是曾經的江岸，上游築起松濤水庫，滿澗滿谷的大江流水只餘一串串如圓鏡般晶瑩碧澈的深潭了。

每面鏡子約有十畝方圓，俯身下望，一泓碧水深不見底。飽飲清江，洗濯焦躁之後，饑腸轆轆的打漁隊迫不及待丟下第一顆魚砲。魚砲噴著煙火打著漩沉入碧波，氣泡從潭底不斷竄起，萬籟俱寂，驕陽似火。突地一聲沉雷從潭底響起，潭水沸騰如煮，大大小小的魚蝦蟹鱉翻起白肚皮浮上水面。

篝火點起來，鐵鍋架起來，魚湯在火苗上歡唱，狗兒在江邊撒歡。在這人跡罕至之地，面對莽莽群山、幽幽深潭，我們歡享著大自然的恩賜。幽深的河谷中不時響起沉悶的爆炸聲，極端缺乏蛋白質的先頭部隊，顧不得保護生靈，直到把魚砲用光。踏著月光，挑著漁獲，我們滿載而歸。

也許我們的星座都是獵戶座吧，也許我們開墾的原始森林本就生物眾多，自從槍擊烏鴉、炸魚南渡江後，我們還有多次令人驚喜的獵獲，使我們饑腸轆轆的青春年代得到不少高質量蛋白質的補充，使我們在思想成熟的時候不致完全沒有物質支持。

類似這種豪奪式的「打漁」經歷，知青**臨江葫蘆**在〈**炸魚驚魂**〉中也有懺悔：

……臨江隊——三十九連，這個名字，在當年六師四團可說是小有名氣。不單是那裏的人，還有那清香濃郁的野山茶，更有那秀美清澈的南渡江裏的肥美鮮魚！

在那些年頭，臨江隊充滿著誘惑與吸引！很快，三十九連就成了團領導們經常來視察工作的重點。為了接待團裏來的領導，我和指導員只好疲於奔命。我也因此而成了當年那裏的「炸魚高手」，不，實際上應該是南渡江的生態殺手。

當時，為了方便炸魚，隊裏領導還和幾個盜木者做了一次私下交易。就是盜木者為我們隊造一條小船，我們就放盜木者一馬。那年頭，南渡江兩岸有一些膽大妄為的盜木者，他們偷砍林木，然後紮成木排，順江流放至海口謀利。我們那時還要經常持槍巡山，驅趕盜木者。

小船造好後，我和指導員炸起魚來就更方便了。有一次，又到了團領導例行視察，而且還是團裏的幾位「軍事」大員，我和指導員只能大幹一場了。兩人商量之後，決定這次去炸我們住地下游幾百米外的激流深潭。那是一個十多米落差下的深水潭，深不可測。因水太深，平時從未炸過這裏，估計那潭裏肯定有大魚。

那天早上，指導員不知從哪裏找來一個碰爛了底尖已不能保溫的暖水瓶膽。我就把瓶膽裝滿了炸藥，足足裝了有七八斤，然後用泥封好。就和指導員登上小船，向深潭進發。到了深潭中央，我就準備點燃導火索，當時導火索只有十五公分長，每秒燃一公分，只有十多秒時間可以划船離開，正常來說時間是足夠了，只要將船划到二十米外，就會安全了。

當我從容地點燃導火索，把瓶膽慢慢放入水中，看著它沉下，立即和指導員合力將小船划開。誰知剛剛離開五六米遠，「噗」的一下，只見瓶膽竟冒出了水面，而且能聽見導火索「嗞、嗞」地作響，直冒青煙。原來瓶膽是兩層的，裏面有空氣，因當時想的是瓶膽裏面的炸藥重量，可以將瓶子沉下水中，而且下沉速度慢些，最好能在水中爆炸，那樣的話，威力最大，效果最好。

誰知它卻浮了上來！這一下，我和指導員都嚇得不輕，我大叫一聲：「快划！」然後使盡全力猛划幾下。眼看就要爆炸，我馬上叫指導員趕緊趴下。兩人還未來得及趴好，只聽「轟」的一聲巨響，震耳欲聾，我和指導員同時看著船底的木板向上凸起，兩人就像蛤蟆一樣被彈起了有五十公分高，然後又啪地掉在船底。此時，船底已全被震裂了，水嘩嘩往上冒。因爆炸掀起的水柱，足有四五十米高，接著巨大的水柱壓下來，小船立刻沉沒了，我和指導員都被水浪撲進了水裏。

好在我和指導員及時趴下，並沒有絲毫損傷，而且兩人又水性十足，立即游回岸邊。只覺兩耳嗡嗡作響，驚魂稍定，放眼一看，果見滿江被炸起的魚兒，正順流而下。因為沒了小船，我倆就只能接連衝下水中，撈上了十多條大魚後，其他都被水沖跑了。

看看撈起的魚兒，估計也有五六十斤了，也夠招待團裏來的大員們了。雖然我和指導員還驚魂未定，但見此收穫，也還是滿心歡喜，就抬著這些幾乎用性命換來的美味，打道回府。自然，那些「軍事」大員們，個個喝得滿臉通紅，吃得興高采烈，讚不絕口！只是，苦了我只有遠遠地聞著魚香，饞涎欲滴的份了。

到了第二天中午時分，聽在深潭附近放牛的苗族兄弟來講，深潭裏浮起了兩隻大「王八」。大的有七十多斤，小的也有五十多斤。這一炸，倒關照了苗族兄弟來了頓「王八」大餐，也總算驚得值了！現在想來，居然深潭裏的百年大「鱉精」，也被我們炸翻了肚，也算是我這平生聽說的一大奇事。

因當年的無奈，短短幾年，我們把本來美好豐饒的南渡江，上下幾公里都炸了個底朝天，魚兒幾盡滅絕。現今想起，內心愧疚。實在是罪過！罪過啊！還好，我七五年回城後，南渡江又恢復了往日的寧靜。幾十年後，看著隊友發來的照片，南渡江邊依然青蔥翠綠，水清如鏡，以前因無奈和無知所造成的創傷，看來已經痊癒，幸哉！幸哉！回想往事，感慨萬千……

其實，何止是知青臨江葫蘆與指導員在無奈之下，有如此「豪奪」之舉？當時，在海南兵團各個師團人員之中，也包括自由兄弟在內，可以說是都曾用炸藥、火焰等文明社會進化的武器慘殺過熱帶雨林的生靈。這種殘忍獵取食物的現象，可以說是比比皆是，見怪不怪了。

自由兄弟有位同學調到了師部警通排的經歷就是與炸魚有關：一天中午，團參謀長到武裝連檢查工作，恰好看見伙房開飯，戰士們碗裏只是幾片清水蘿蔔。參謀長覺得有些惱怒，當即將跟隨的連長訓了起來：「真不開竅，守著偌大的一個水庫竟沒有菜吃，去，弄幾個瓶子裝些炸藥給我扔到水裏去！」

連長聽了，只好照辦，當即叫我這個同學找來幾個「國公」酒瓶，裝上雷管炸藥，然後點著，扔到了水庫之中。伴著「轟隆隆」的幾聲巨響，水面上漂起了不少大魚小魚，大家爭先恐後地趕快划船去撈，直到下午洗澡的時候，還有昏死的魚浮上來，先後撈起三四百斤魚，一連吃了好幾天。

以後，每逢團參謀長來到連隊視察，連長就叫我那位同學往水庫裏扔「炸彈」。由於近岸的魚兒都被炸怕了，不敢再游來連隊駐地的汊灣，我這位同學只有坐著小船到遠點的水面去炸。幾次下來，竟給參謀長留下了十分勇敢的印象，後來師部警通排要人，參謀長就將他給推薦了上去。

當然，也有技術不精，無魚可撈的時候。知青**481005**回憶道：

> ……說起炸魚，我也有過一次危險經歷。那時連隊缺菜，我想改善一下生活，便和同是安鋪知青的馮觀進拿了兩筒炸藥，一支雷管，及一節五六公分長的導火索，來到離連隊不遠的水庫爛橋邊上。我們選好位置，馮觀進卻不敢點火，
>
> 我二話沒說拿過炸藥點著趕緊往水裏扔……哇，炸藥剛到水面就炸了，好險哪！由於炸藥未能發揮應有的威力，只炸到一點小魚，我倆趕緊撈了回去一飽口福。後來聚會時，我倆提起那次炸魚經過還有些後怕。

在海南兵團，還有一些知青因為炸魚而意外受傷致殘，甚至丟了性命。知青〇二〇說：「我們農場有個連隊的司務長，在水庫炸魚時，由於夏天太陽猛烈，拿在手上點燃的炸藥引信看不太清，而他心中計算的時間過了

頭，扔出的炸藥晚了，結果不但手臂被炸掉，連腹部也被炸了個窟窿。衛生員聞訊趕到時怎麼也搶救不過來了，結果魚兒沒吃到，反搭上了自己的性命……」

儘管海南的許多動物或植物經過幾百萬年的遺傳基因演變，都具有獨特的自我保護功能，但是在人們——這個可惡主宰世界、主宰萬物的叢林之王的智慧長矛面前，這些防護功能都不堪一擊，最後仍然免不了遭受屠殺咀嚼之災。就說曾經螫人致命的排蜂吧，許多人見了唯恐避之不及，可有人見了就欣喜若狂。

知青**馮國森**在**〈雨衣的功能〉**中就講述了他們如何火燒蜂巢的經過：

……雨衣是我們勞動保護物品之一，而且是我們喜愛但使用不多的物品之一，像窮人過年，新衣服等到年初一才穿。沒想到，我們的軍用雨衣終於派上了重要的用場。

一天中午，為了彌補夜間割膠睡眠不足，我躺在沒有草席的鋪板上（有草席太熱），在窗外的黑色牛頭知了的呱雜聲中昏昏入睡。突然，張忠師把我搖醒，說是附近發現一窩山蜂。山蜂蜜可好吃了，又大補。我說，捉山蜂可不是鬧著玩的。一九七〇年的一天，某隊在山上開荒，男的光膀、短褲，女的小褂子、大褲衩，都在揮銀鋤、舞砍刀，戰天鬥地，臭汗如泥。這時，天空飛過一大群山蜂，雖然不到遮天蔽日的程度，但也把本來就灰暗的天空平添上無數麻點，像老天患過天花似的。一位知青覺得飛過頭頂的山蜂好玩，就順勢將開荒挖出來的帶小石子的碎土甩上天空。這群搬家路過此地的山蜂突然受到攻擊，馬上就俯衝下來，找攻擊牠們的人算帳。

不知山蜂有什麼先進的指揮系統，全體山蜂一起攻擊開荒的人們。山蜂毛絨絨的腹部卻藏著一支非常光滑的黑色毒針，且呈彎刀狀。彎刀似的黑色毒針扎進人們裸露的皮膚，疼痛無比。據說，人被三隻以上山蜂螫了，就發冷發熱，必須送醫院，否則有生命危險。人們遭受突如其來的天兵天將的襲擊，慌不擇路，抱頭鼠竄。

有人跳進水塘，全身泡在水裏，用草帽蓋住腦袋；有人沒命地往草叢裏扎，但逃不過被山蜂螫的命運；有人被山蜂追得無法，一直逃回工地的工棚宿舍，鑽進自己的蚊帳。只有幾位見過世面、飽經滄桑的老工人用山上的乾草點起一堆煙火，在濃煙旁躲避山蜂的攻擊。當時全隊近五六十人，七成受到山蜂的攻擊，十七人被抬到場部醫院救治。

張忠師說，其實山蜂不可怕。他就見過當地的一位老百姓，孤身一人，捉了一窩山蜂，割了許多蜜糖。他說那位老百姓（我們都稱當地農民為老百姓，有點夜郎自大的意思）光膀子，黑色大褲衩，頭上紮一條舊毛巾，屁股掛一隻竹籃，口中咬一把彎刀，左手持一支只冒煙不見火的火把，爬到很高的樹上，趕走了山蜂，割下蜜糖。

我半信半疑，找來另外兩位同排的兄弟商量。討論的結果是，幹！毛主席教導，困難時候看到成績，看到光明，提高勇氣。毛主席還說，政策和策略是黨的生命，各級領導同志萬萬不可粗心大意。我們雖不是領導，也得十分注意。我們預先定的策略是火攻，先人有成功的案例，三國有諸葛亮火燒新野，有七星壇諸葛亮祭風，三江口周瑜縱火。但是，火攻也要注意策略，不要像美國佬那樣選擇錯誤的時間、錯誤的地點和錯誤的敵人打仗，必然失敗無疑。我們分析，這一仗關鍵在於保護措施做足，最有效的防護工具就是我們平時很少使用的軍用雨衣。

我們四人被美好的計畫騷擾得興奮不已，再也睡不著午覺，帶上軍用雨衣、砍刀、火柴、水桶上山找那窩山蜂。山蜂窩掛在一棵樹的大橫側枝上，離地四米多。黑色的山蜂圍住橢圓形的蜂房，像一隻蜷起身子、倒掛在樹上的黑貓。我們說管你白貓、黑貓，裏面有蜜就是好貓。我們在樹底下堆了許多乾柴草，上面蓋上一層剛剛砍下的芒基草，主要是為了產生許多的煙，把山蜂趕跑，把蜜糖留下。

我們穿好雨衣，扣好雨衣的頭罩，紮緊頭罩的繩子，將那堆柴草點著。乾燥的樹枝、樹葉一下子就竄起火苗，火苗舔到青濕的芒基草發出劈劈啪啪的響聲和滾滾濃煙。濃煙直沖山蜂窩，一部分山蜂如驚弓之鳥，向天空四散而去；大部分山蜂則堅守崗位，至死不渝，活活讓火燒死，如雨點般跌落；一部分發現是我們搗的鬼，繞過火堆直向我們衝來。我們見到撲來的山蜂，趕緊趴在地上，臉朝黃土，大氣不敢出。

過了一會兒，沒有山蜂螫到我們，也沒有聽到山蜂的嗡嗡聲，才敢抬頭往樹上看。樹上已經露出帶蜜的蜂房，黑黃色。還有幾十隻蜂在圍著蜂房飛。令我們驚訝的是，地上死了密密麻麻一大片山蜂。我們堅持多年學雷鋒、學語錄才培養出一點不怕苦、不怕死的精神，而且不怕死還沒有得到實踐的檢驗。這些山蜂不知學習誰，竟然為了保衛家園，寧願活活被火燒死也不逃跑。

我們收穫了一水桶的蜜。我們一邊歡呼，一邊毫不客氣地吃起來。要知道，我們常常是一個月也聞不到肉的味道，如果不是有人探家帶點糖果來，一年也難得吃一次糖，何況這個山蜂蜜甜一百倍！山蜂蜜確實甜，確實好吃，我們在沒有水稀釋、沒有水潤一下喉嚨的情況下大吃山蜂蜜。山蜂蜜是山蜂將植物的花粉裝進蜂窩裏的一個一個六角形口的育兒室裏，加上露水、山蜂的口水一起發酵，釀製成蜜的。我們撕下一塊帶蜜的蜂房，往口裏塞，滿口甜滋滋的，渾身暖融融的。飽吃一頓，是我們當時追求的幸福生活。

可是吃多了，胃就有被燒的感覺，喉嚨有被劃傷的感覺。共同的感覺，使大家自覺停止了狼吞虎嚥。我因為吃得太猛，被山蜂蜜嗆住了，咳嗽不已，打嗝停不住。足足一個星期，我老是打嗝，我儘量少與別人說話。我的話沒有說完，喉嚨就不合時宜地發出一種只有發瘟雞才有的「咯厄」聲。我足足三個月不停地咳嗽，連隊衛生員也查不出什麼毛病。現在想來，可能是一種報應。山蜂也是形成優良環境生物鏈中不可缺少的動物物種，我們當年毀滅性地搗毀牠們賴以生存繁衍的老窩，受一點懲罰、得一點報應是應該的。

我們把吃剩的半水桶山蜂蜜帶回連隊，當時正好是準備出下午工（天氣太熱，下午三點出工）時間。其他同志看見山蜂蜜，都說沒有吃過，非得嚐一嚐。大家一哄而上，一搶而光。我們四個捉山蜂的馬上覺得臉上有光，我高興得往門前的長滿傷疙瘩的鳳凰樹上踢了幾腳。我們從心裏感激軍用雨衣，幫助我們做了一件長臉的事，由此而更加愛護這件勞動保護用品。

如馮國森所說的故事一般，自由兄弟當年也曾跟劉文光用炸藥去豪奪過蜂蜜。一次，我們沿著小溪往山嶺上砍岜，我在防風林之上的森林中，發現了一窩「洞蜂」。這種蜂比蒼蠅還小，所釀的蜜糖較酸較粘，有些像黃油。一般都將巢築在樹洞裏，由於不知道牠的學名，平時我們就只好叫牠「洞蜂」。

但這群洞蜂的巢卻築在一棵大楓樹裏面，外面洞眼很小，離地面有三米左右高。而這楓樹又有腳盆那麼粗，要砍倒它顯然很難。我們想將洞口開大些，但人又不夠高，如果爬到樹上，又無處立腳，刀斧都使不上勁。正當我準備放棄之際，劉文光突然高興地向我叫道：「有了，你去拿幾管有細有粗的竹筒炸藥來，記得把電雷管和大電池也帶上。」

我飛快地跑回宿舍，很快拿來了幾管炸藥和雷管。劉文光踩著樹椏爬了上去，將一管細的插進了洞眼之中，又將幾管粗的竹筒炸藥緊挨著樹洞捆綁細的竹筒之上，然後，將電線接到電雷管的引信上，牽著電線我們躲到了楓樹另一側安全的地方，將電池按鈕輕輕一按，隨著「轟隆」一聲巨響，楓樹頓時被炸開了很大一個洞口，裏面竟可以看到黃澄澄的蜂蜜。我爬了上去伸手一把把地掏了出來，也掏出了許多被炸死的洞蜂。劉文光拿著墊了二張芭蕉葉的草帽在下面接著，竟有半草帽之多……

臨走之時，劉文光看了看被炸開了許多樹皮的楓樹，又看了看滿地被掏出的死洞蜂，有些愧疚地喃喃自言自語：「看來，這楓樹還沒有大問題，不過這窩洞蜂可就死光光了，可惜呀，可惜……」

「誰叫牠將巢築那麼高呢？反正這種蜂多的是。」自由兄弟不以為然地說。

「你不知道，我們黎家人找野蜂蜜，從不斬盡殺絕，這樣我們才能取之不盡。」劉文光突然有些發火道。

「都是我嘴饞，下次我們就放過牠吧。」

說歸說，捧著蜂蜜，我們來到小溪的瀑布深澗旁小憩，劉文光看著自由兄弟還拎著三管炸藥，突然又來了興趣：「人家都說這水潭很深，三根牛繩都放不到底，你去挖些黃泥巴來，我們將竹筒口封一下，看看能否在這裏炸得到大魚？」

不一會兒，他用我挖來的泥巴將竹筒口封得嚴嚴實實的，我們將它們慢慢地放進水中，躲在岩石轉角處接通電池，「轟隆」一聲，深澗傳來一聲沉悶的迴響，只見一股水柱沖上二三十米高，緊接著像傾盆大雨潑瀉似地罩了下來，我們根本無法躲閃，霎時被淋了個「落湯雞」，兩人都開心地笑了起來。

「趕快去看看，有魚浮起來沒有？」劉文光見我想脫衣服扭乾，急忙吩咐道。

我們走到潭邊焦急地望著不斷翻滾的水泡，遺憾得很，除了幾條被炸死的手指般大的小魚苗，什麼也沒有浮起來，只有周圍不斷落下的水滴和瀑布嘩啦啦的響聲。

「水太深了，也太清了，沒有什麼撈頭。我們回去換衣服……」劉文光囉囉嗦嗦地解釋道。

於是，自由兄弟捧著一堆東西跟在他的後面往回走，等走到連隊，衣服卻也乾了。這是我唯一的一次炸魚，因為九連沒有水塘、水庫，只有這條小溪。調到十連後，因為有的連隊炸魚出了傷亡事故，連隊管得很嚴，炸藥、雷管收工後都要統一保管，就很難有機會使用這一高科技武器了。

還有一次，自由兄弟跟劉文光去割蜂蜜的情景更為精彩，可謂是火攻砲炸並用。當時，連隊派我和他一起跟推土機在對鵝嶺上墾荒。因為推土機很怕前面推鏟碰上石頭豁口，需要有人在前面觀察地形。而我則是跟在後面，用砍刀將絞在履帶上的枝條藤蔓砍斷，以免影響推土機的運行。這工作不僅輕鬆，而且還可以撿到一些被推土機翻出來的葛薯、山薯、竹筍等山珍……

正當推土機吼叫著開足馬力要向一片闊葉林推進之際，走在前面的劉文光突然示意推土機手停了下來。

「發生了什麼事情？」我和推土機手走上前去問。

「你們看，這裏面樹上有排蜂。」劉文光小心翼翼地撥開草叢和灌木，果然，在一根離地面有八九米高的彎曲橫越的大樹枝下，吊著一個好大的蜂脾，上面嗡嗡直響地爬著好多排蜂，估計有幾萬隻之多。

「那該如何是好？這片山林總得推掉才是。」推土機手有些焦急地說。

「這樣，我們先換一個地方作業，等中午我將這個蜂窩摘了再推這裏。」劉文光說，推土機手不敢貿然從事，只好依言換了地方。

中午，快快扒了一碗飯菜，劉文光換上一件白色的襯衣，一邊穿，一邊也叫自由兄弟換上一件白色襯衣。

「換白襯衣幹嘛？」我有些不理解，又有些不情願地問。因為自由兄弟當時很窮，只有這麼一件完好的襯衣，平時都是上縣城或是看同學時才穿。萬一給樹枝荊棘刮破了，就實在可惜了。

「因為排蜂對深色衣物體非常敏感，穿戴淺色光滑的衣物不容易發現。」劉文光解釋說。

我只好依照吩咐穿上了白襯衣。之後，他又叫我帶上鋤頭、鐵桶和幾個竹筒炸藥。而他則拿了一張竹席和砍刀等物之後，便趕著牛車，在砍過的山林中拉上了兩車好大的一堆枯枝乾草，又砍了許多新鮮芭茅、飛機草等放到牛車上拉到闊葉林邊。然後卸下簡易牛車（連隊的牛車簡單得只有兩根長長的轅木和三根橫樑。沒有輪子，像雪撬一樣由牛拖著向前滑行，很好玩），打了幾下牛屁股，讓水牛獨自慢悠悠地到遠處吃草去了，反正牛的脖子上有一個木頭牛鈴，隨時都可以找得到牠。

稍過片刻，劉文光叫我在離樹冠幾米遠的地方挖出一個長方形的人工掩體。他則圍著大樹看了半天，才將枯枝、乾草堆放在離蜂巢之下。奇怪的是，他竟鋪了五六堆之多，而且有幾堆都是遠離觸目可見的蜂巢，又用茅草向掩體分別鋪了三條引火道。

因為土質很鬆，不一會兒，我就挖好了掩體。他叫我一起蹲下來試了試後，又叫再挖深一些後，才在上面架了幾根木條，鋪上竹席，又在上面加上了一層泥土，放上新砍的樹枝，嚴嚴實實地只留著一面可以立即掀開跳下去。想了想，他覺得不放心，又在掩體周邊一二米處圍了一圈厚厚的茅草。最後，才將兩個粗竹筒炸藥一高一低地捆綁在大樹頗受重力的方向。更為奇怪的是，上面一個導火線的竹筒炸藥要短一些（因為當時還沒有使用電雷管）。

「你說不怕排蜂，可如今卻搞得那麼緊張兮兮，又是炸藥，又是掩體，好像打仗似的。再說你另外幾堆柴火和茅草鋪得這麼老遠，到時怎麼能熏得到排蜂？」我有些氣憤地說。

「你來看看，在這窩大的排蜂上面還有什麼？」他一邊說著，一邊領我在樹下轉悠。

「天哪！」順著他手指的方向望去，我看到在另兩根更高一些的彎曲樹椏下面，還有兩窩排蜂。只是蜂脾略小一些，但每窩也有幾萬隻的排蜂。由於牠們離地面很高，再加上被比手掌還要大的樹葉遮擋住，稍不細心，還真的發現不了牠們。

「你想想，如果我們僅是用煙火熏烤這窩大的，另外兩窩不把我們活活叮死才怪。再說，這下面一窩都有近十米高，上面兩窩可能就有十五六米，煙火是很難熏得到牠們，除非放火燒山。就是煙火熏到了，你又怎麼爬上去割除蜂蜜？如果我們砍樹，只要斧頭震動大樹，這三窩排蜂便會傾巢而出找你算帳。」劉文光笑著對我說道。

「看來，這蜂蜜我們沒有辦法吃得到了，還是趕快保命走吧！」我有些恐慌地說，因為自由兄弟深知這排蜂的毒性，連水牛都可以叮死。

「保命不錯，可這片山地推林墾荒怎麼辦？難道就將這片闊葉林留在中間？」

「那你有什麼好的辦法？」

「我的想法是這樣，咱們先用炸藥炸倒這棵樹，然後我看樹倒在什麼位置，先點燃引向就近蜂窩的那堆最大的枯枝、乾草，用煙將蜂驅走。如果還不行，就只好再點另外幾堆，將所有排蜂都格殺勿論了。如果排蜂撲來掩體，我們必須點燃周邊這圈茅草以求自我保護。只是要記住，你等會點燃導火線時，一定要先點上面那根短一些的導火線，再點下面那根長一點的，兩根導火線一定要點燃！否則，炸不倒這棵大樹，我們今天就要在掩體裏等到天黑才能回家了。」

「幹嘛不一次炸倒它算了。」我又有些迷惑不解地問。

「你不是要吃蜂蜜嗎？一次劇烈炸倒大樹，這蜂脾還不四處亂飛散開完了？我的想法是讓大樹慢慢地倒下來。只是你點火後，要儘快跑回掩體。不要慌，我已經將導火線留出足夠的時間。」

我不由得暗暗地稱奇，點了一支香煙走近了大樹，深深地吸了一口氣，鎮定地按照吩咐將兩根導火線都點燃了，然後敏捷地跑回掩體蓋好席子。透過竹席的縫隙，我驚奇地看到，隨著一聲悶響，那棵大樹先被炸掉了小半邊樹身，因為闊葉樹的木質本身很鬆軟，開始發出嘎嘎的響聲，向重力方向緩緩下墜，在行將要倒不倒之時，又是一聲悶響，下面又是半邊樹身被炸開了。大樹再也支撐不了上部沉重的樹冠，緩緩地倒在地上。

霎時，被驚動的三窩排蜂猶如一團團在空中急速旋轉的烏雲，忽上忽下地在樹葉中四處飄舞著，同時發出嗡嗡直叫狂怒的聲響。搶在排蜂還沒撲來之際，劉文光已經瞄準大樹倒下的方向，快速地將右邊茅草引火道點燃了。火焰一路直奔那堆離蜂巢最近的柴草而去，接著便是濃煙滾滾。

只見樹上不少排蜂像雨點般地掉到了火煙之中，在經過一番慘烈的旋轉之後，可能是排蜂無法找到攻擊的目標，其中最下面的一窩經不起煙薰火燎，發出一陣悲鳴的響聲，在蜂王的帶領下像一團烏雲一樣飛走了。沒過多久，稍上面的一窩也飛走了。只有最高處的一群還在嗡嗡四處地盤旋，有些不太願意離開的樣子……

「實在對不起了，不趕走你們，我們就沒有辦法出來。」劉文光將手中早就準備好的兩把茅草在土坑點燃，掀開席子，快速地擲向另外兩條引火道，頓時，整棵倒下的大樹都籠罩在一片濃煙火光之中。甚至可以聽到烤焦的樹葉發出劈劈啪啪燃燒的響聲。終於，那窩最高的排蜂放棄了最後的攻擊，也像一團烏雲嗡嗡地飄走了……

在確認一切都安全以後，我們點著手中一把茅草，先是走近了兩個較高的蜂脾，快速地將它們割到桶裏。然而，就在割除下面的一個時，因為蜂脾太大，我只好用手將它折斷按入桶中，沒想到，還是被殘存蜂窩裏的排蜂螫了一下，我疼痛得趕緊放下鐵桶，直叫疼起來。

「趕快拔掉毒刺，千萬不要擠壓，然後自己拉尿沖洗手指螫處，要捏著雞雞慢慢拉哦。」劉文光呵呵笑著對我叮囑。

「你這什麼土辦法？人家疼得要命，你還有心開玩笑。」我有些氣惱地說。

「不是逗你玩的，你按我說的去做，保證管用。在我們家鄉，凡是有人被蜂叮了都是先用尿液解毒。」劉文光帶笑地肯定道。

「死馬就當活馬醫吧，反正又無其他法子。」我解開了褲子鈕扣，掏出那根「水管」開始對著自己的手指撒起尿來。此時，我才發現地上竟然死了一層厚厚的排蜂，估計有十多萬隻，有的還在要死不活地掙扎著。想來這也是蜂兒的報復……

「唉！我們也太殘忍了一些，如果不是墾荒種膠，這些小生靈本來可以無憂無慮地在雨林中採花釀蜜，哪有這煙熏火燒之禍？所以螫你一下也是應該。」回連隊的路上，劉文光一邊歎氣地安慰道，一邊找來了「雙目靈」的草藥在我被蜂螫處擦著。之後，又逼迫我生吃了十多個蜂蛹。

說也神！傍晚時分，不知是尿的作用，還是草藥或生蜂蛹解毒？自由兄弟手指上的疼痛感竟然漸漸消失。總之，那大半桶的蜂蜜，卻讓我和許多知青高興了幾天。因為這種蜂蜜特甜，放一點就可以沖一茶杯開水，讓人覺得特別精神。

此後，每當自由兄弟被毒蜂、毒蟲叮咬，如果沒有其他防護藥品在身，首先想到的土辦法就是拉尿沖洗或用尿液塗抹被螫傷處，有時乾脆就塗點口水。嘿，別看這土辦法，有時還真管用！其中的藥物原理，自由兄弟也一直搞不太清楚。如果不是寫這篇回憶，我還不好意思透露這個秘傳「偏方」。不過有不有效，各位讀者千萬不要找我……

除了用炸藥、烈焰殺戮魚兒、掠奪蜂蜜之外，自由兄弟和一些兵團人員在饑餓的逼迫之下，還曾用土造獵槍、火砲這些人類智慧延伸的先進工具，殘忍地獵殺過熱帶雨林中珍稀可憐的飛禽走獸。關於這一點「弱肉強食」的「豪奪」情景，知青**黎服兵**在**〈獵槍、山豬槍〉**中也有記述：

……還是再說說野蠻的狩獵吧，在獵戶座的關照下，後來我總是會在別人獵到異獸珍禽的時間段出現。十隊老朱打的野豬、徐軍打的眼鏡王蛇、李在民打的山貓、小葛打的水獺，我都嚐過；遠赴六十里外中建農場看望妹妹，又吃上了蘇立功、林小明打的大蜥蜴。在現今視為山珍海味的東西，當時只作為補充蛋白質的需要。如果那時有充足的肉食糧食供應，我們何苦冒生命危險與野獸為敵？

農場有獵槍的人不多，每個連隊玩獵槍的就那麼幾個。有槍的人往往槍法好，膽子大，愛打獵。我在晨星農場東調西調，待過一個老連隊、兩個新連隊和武裝連，老連隊沒有多少大森林，沒有獵手，武裝連用制式步槍、機槍，跟獵槍沒關係。兩個新連隊都有一個喜歡玩槍的人和我成了朋友。農場四周的村寨老百姓，凡是成年男性都有一桿獵槍。老百姓家裏的槍很多，一家幾枝是常事，各有各的用途。這裏不分農場內外，說說獵手和獵槍的事。

我到海南以前喜歡玩槍，因為和軍隊有點關係，也有條件玩槍。有個小表姐是校射擊隊成員，也是全市有名的紅領巾射手，經常繫著紅領巾為到訪的國賓和國家領導人表演射擊技術，打氣球、打玻璃瓶百發百中，是我們的偶像。「文革」中閒著沒事，我們一夥初中生憑著對槍的熟悉，校辦工廠的車床工具自由使用，做過極其精緻的手槍，差點能夠打連發。因此，對自製槍械有相當的興致和知識。

海南的獵槍不甚精湛，無非一根鋼管加發火機構，再裝上木托而已，連瞄準器也沒有。火藥自己配製，口訣是一硝二硫三木炭，老祖宗早發明了。射擊前先從槍口灌火藥，再裝鐵砂，最後用通條塞進一團紙，把鐵砂、火藥堵在槍管底部，免得槍口向下時裏面的彈藥倒淌出來。也有不用鐵砂用一截鉛條的，那是打大東西的時候，叫獨彈，一槍能打出拇指大的洞，抵得上一二點七高射機槍的殺傷力。

那時獵槍好找，火藥不好弄，西昌公社有配給但不賣給我們，只供應當地獵民。農場的人有辦法，以物易物。幾節電池、一雙膠鞋，可以換回一包火藥。我們自己也配製，到山裏挖硝石，刨硝土，木炭自己燒，硫磺買得到。後來舉一反三，用團部醫院弄來的「灰錳氧」（高錳酸鉀）代替土硝，配出的火藥也可以用，只是煙多點。

在十三連跟老蹇進西豐大山打過幾次獵，獵獲物不多，打的多是不知名的飛禽。老蹇是湖北人，打獵的方法卻是跟粵西獵人學的。用草紮一面隱蔽用的盾牌，槍管從草牌裏伸出去，還留了觀察孔。進入草木繁密的山中，架起槍、牌，在槍前撒一把穀子大米，開始學各種鳥叫。就有傻乎乎的鳥兒跑來。一槍轟去，山鳴谷應，硝煙散處，就有幾隻鳥兒躺下。

運氣好時能打到雉雞，雖然瘦點，兩隻也頂一隻肥家雞了。老蹇彈囊裏有幾顆指頭大的鉛彈，從沒見他用過，叫他裝一次獨彈進山打個大的，愛吹牛的他從沒答應過，總推說槍管的鋼質不好，打山豬要多灌藥怕炸膛。我想，動物兇猛，怕是老蹇以前吃過虧吧？

老蹇很願意借槍給我玩，但不知是我的槍法不行還是那槍沒準頭，打不著什麼好東西，倒是打下糧倉不少老鼠。老鼠也是獵物，破肚開膛，用灶裏的柴灰揉搓掉鼠毛，放在炭火上烤，像一排小乳豬。最輝煌時一次烤十二隻，對幾個月不知肉味的我們，是一場盛宴。

到秋天，苗人圍山打獵。號角一吹，上百人把一座山團團圍住。我們在山上開荒，樂得停下來看熱鬧。老蹇耐不住跑回駐地抗槍牽狗。順手遞給我一把長刀，便混到苗人中去了。那些苗人跟老蹇很熟，讓出十幾尺範圍叫我們加入其中。於是人喊狗吠，滿山樹搖草動，滿谷風聲驟起，好不熱鬧！漫山漫坡地串了幾趟，前頭不時有槍聲響起。我們只是跟著敲山震虎湊熱鬧，老蹇槍上連發火帽也不裝，光是跟著爬山鼓噪。我想這大概就是苗人秋收後的遊戲吧？春天的遊戲是「三月三」，也爬山唱歌，只是和愛情有關，與獵殺無涉。

跟著轉了一天，只打到幾隻兔子、山雞，還有一隻比狗稍大的野豬。苗人打獵的規矩很大，叫「見者有份」。直接獵獲者可分得獵物的腦袋，其他部分由參加打獵的所有人平分。我和老蹇也同樣各得一份，什麼肚腸雜碎、大腿腳爪包了一包回來。連長指導員見了顧不得生氣，趕忙用鍋熬了全隊打牙祭，比老鼠好吃多了。沾了一次便宜，天天盼著圍山的號角響。老蹇哂笑，哪有天天圍山的？想再湊熱鬧得找別的村寨了。別的村寨離得太遠，根本聽不到號角聲，也不能老曠工吧，只好作罷。

其實打獵是勇敢者的單獨行動。到十隊認識老朱以後，我才懂得。老朱二十七歲，跟退伍兵哥哥來農場，娶妻生了一兒一女。夫妻倆和我一樣拿農場最低一級工資，兩人一月合共才五十四元，兩個兒女好像還沒有口糧，經濟上非常吃力。我常見他用大米磨粉蒸粉條，用醬油一炒，就是全家的菜。但他有一招，上山打獵。

十隊建在深山裏，人跡稀少，剛開墾的幾千畝膠林被大山深澗重重包圍，很適合野生動物生活繁殖。老朱白天幹公家活無精打采，一入夜，戴上頭燈提起獵槍，便換了一副神氣。他的槍不裝鐵砂只裝獨個彈丸，那彈丸用知青拋棄的牙膏皮熔鑄。老朱出獵獨往獨來從不帶人，一個人天黑出去，天沒亮回來，當然是空手而歸的時候多，褲腿被石頭、荊刺刮得稀爛，膠鞋穿幫露底，疲乏得邊走邊打瞌睡，不知夜裏爬過幾架大山趟過幾條大河。

可是他堅持夜夜出獵。在十連那段日子，我見他肩上扛回過山豬、黃猄、狐狸、山貓還有水獺！但從沒見老朱一家吃過好肉，肚腸雜碎腳爪是有的。聽說好肉讓老朱挑去十多公里外的集市賣了，換點錢買糧食副食油鹽回來養一對兒女，身上的衣服、床上的被褥，都靠老朱一杆獵槍換回來。

老朱不帶我進山打獵，但傳過我打獵的招術。頭燈在打獵時作用特大。苗人沒有頭燈，他們弄不到電池。老朱從電話班搞到一對特大號電池裝備起來，頭燈雪亮。附近幾個山頭就只有老朱威風的份兒了。從老朱口中，我知道了夜裏在樹林中蹲下一亮頭燈，燈光所及，遇到的動物眼睛會反光。野豬的黃綠色、狐狸的藍色、山貓的碧綠，只要看到一對眼睛發亮，操槍對準兩點光亮射去，必中無疑！遇到紅色的反光別打，那是蛤蟆，浪費彈藥。

知青喜歡玩獵槍的不少，多是玩玩而已。只有中建農場十隊放鴨的林小明打獵成癖，是知青裏的好獵手。他白天放鴨，晚上提槍漫山鑽，獵獲頗豐。我離他那地方有幾十公里遠，曾幾次去探望我的妹妹和表姐妹，夜裏吃過他打的巨蜥（金雞蛇）。

我的連隊還有個粵西知青，亦善獵。他打獵不用槍，用鐵夾和繩套，也獵獲不少，多是小型動物，狐狸、山貓、雉雞一類，統統進了我們的肚子。山貓腿骨做的煙嘴，抽不久通體碧綠透明，是十連知青的寶物。

最後說一種可怕的獵槍——山豬槍。剛到農場時看到好幾位老軍工走路一拐一拐，以為是打仗負傷造成的殘疾，時間長了才知道是退伍來海南後被老百姓的山豬槍打殘。知道後就對這種槍添了幾分警覺，靠了這幾分警覺，後來得以化險為夷。

山豬槍也是獵槍，然而是劣質獵槍。苗人獵山豬另有一套辦法。山豬愛下山偷吃農作物，要下山到河溝飲水。獵人觀察好山豬下山的路徑，在山豬必經之路埋伏下山豬槍，拉起扳機，把牽動扳機的細繩橫過路面綁緊在小樹上。山豬路過碰動細繩，扳機擊發，彈丸近距離命中！常常是一槍致命！因為山豬槍射擊時沒有人在旁，無忌炸膛，裝藥量特多，殺傷力比一般獵槍大。

苗人知道山豬槍厲害，極易誤傷村民，白天一般不掛弦，夜裏才掛，掛了弦的地點前後要把路邊的草打個結，擋在路上，提醒路過的人。但剛到海南的退伍兵哪懂？一時間各農場傷人不少。還好山豬槍厲害卻打不死人，槍口平放，高度處於四條腿動物的頭或心臟的位置，彈著點正好是成年人的小腿部位。一旦碰響，傷的都是小腿並不致命。所以，隊裏的退伍兵每次發現有山豬槍埋伏，雖然沒死人也夠惱火的，都是先解除機關，再把槍砸斷示威。一時搞得農場和農村關係十分緊張。後來苗人慢慢把埋槍的地點往深山裏撤，農場的地盤上基本消除了隱患。

兵團成立後大開荒，把勢力範圍擴展到苗人的獵區，又讓我碰上了埋伏。在一次武裝連砍岜時，我幹砍林線的活，依山勢和風向將一片林地砍出一條規劃線，全連戰士按林線規劃，線內樹林悉數伐倒做膠園，線外樹林則留做防風林。分工後兩人一組順山勢開砍。砍林線要細心，要有準頭，不能甩開大刀鑾幹。正砍著，我一刀砍到了硬物上，撥開草叢一看，露出一支大張機頭的山豬槍！

槍口正對著我們將要砍過去的規劃線！我倒吸一口冷氣，腦中閃現種種傳說中的兇險，拉著同伴退後半步，仔細觀察，找到那條性命攸關的細繩，小心翼翼避開槍口，輕手輕腳截斷細繩，拔掉發火機上的火帽，繳獲了這枝山豬槍。

危險解除以後，等不及擦去額上冷汗，我倆擺開打架的陣勢，開始破口大罵海南粗話，直到把幾年學會的海南粗話消耗完，不見一個苗人敢出來觸黴頭，才扛著戰利品高高興興下山。經過檢驗，繳獲的戰利品質量極次，難以用做獵槍，只好毀了，空歡喜一場。

知青**Zyz**在**〈太平小記〉**中回憶：

有一段時間，因積勞成疾，腰痛發作（相信知青們身體大都有這樣或那樣的毛病），得到隊裏安排了本人一項「輕工」——巡山。也就是在夜裏上山巡查，防止野獸破壞木薯、地瓜等。每到天黑以後，本人就身披帆布雨衣、肩扛半自動步槍、腳蹬長統水靴、手裏還拿著一支能裝四節大號電池的手電筒，就這身打扮開始巡山。

或風、或雨、或晴、或霧，每夜都在漆黑的林子、荒山小道轉悠，四周萬籟寂靜，只有自己的腳步聲在迴蕩，偶爾也會聽到蟲鳴或動物快速奔走的唰唰聲。走累了，找塊平地躺躺或找個樹樁靠靠，關掉電筒，仰望夜空，當皓月當空，會看到滿天繁星，有時夜霧瀰漫，四周朦朧一片。孤身一人，會有很多聯想，以下幾句即是當時想出的：

月洗樹梢
露傳微香
窮山夜沉孤影
幽谷深潭無波

人生天涯有窮時
遊子地角無盡處
年華恐匆匆
歲月莫蹉跎。

看了Zyz的回憶，自由兄弟也想起了當年在海南農場連隊時，與黎族班長符黨照和劉文光大哥巡山的經歷。所不同的是，自由兄弟當時年少無知，沒有那麼多的複雜思緒，只是覺得巡山有幾分神秘刺激。用通俗的話來說，就是相當輕鬆好玩。白天免去了烈日暴曬下的繁重體力勞動，晚上還可以挖上幾個木薯、紅薯用火煨充饑。更為有趣的是，自由兄弟還跟著班長學會了用火砲來炸山豬的狩獵技術。

當時，連隊為了改善大家生活，在鵝尖嶺的南麓向陽的一片土質疏鬆的山坡上，種上了好大的一片木薯、紅薯和花生，差不多有兩百畝的面積。眼看就要進入了收穫季節，木薯開始有刀把粗，紅薯也普遍有拳頭般的大，花生根部也是果實纍纍。我們時常望著滿山搖曳的木薯和滿地翠綠的紅薯，幻想著可以解除饑餓的情景。

然而，就在此時，躲藏在山林中的山豬、箭豬、黃猄，甚至猴子、松鼠等野生動物也聞風而至。牠們幾乎每晚都成群結隊地竄至木薯、紅薯地裏，肆無忌憚地啃吃我們的勞動果實。每天早上，我們都能看到不少慘遭蹂躪而橫七豎八的木薯桿和被拱得亂七八糟的地瓜壟，連我們準備用來榨油的花生也被弄壞了不少，有的竟整棵被猴子拔出帶到周圍樹枝上。

沒辦法，連隊領導只好派我和劉文光陪班長去巡山守夜，因為連隊只有我們班長有一桿獵槍。平時基幹民兵訓練的軍用槍枝都是由團裏統一保管，沒有非常情況是不能發給生產連隊用於狩獵。再說，連隊領導也知道班長和劉文光很有夜晚巡山的經驗。而安排我也跟去巡山，主要是照顧我年小體弱，幹不了太重的體力勞動。

於是，我們到隊裏領了三件軍用棉衣和一盞馬燈。在山坡視野開闊的高處，用木頭竹席搭了一個簡易棚子，與眾多的山林野生動物展開了一場到嘴的食物爭奪戰。白天到還好辦，我們久不久可以喊上幾聲，可以驚嚇野獸不敢前來。可是到了夜裏，這樣的喊聲竟然有些失靈，依然可以見到動物啃吃木薯、紅薯的聲音。特別是猖獗至極的山豬，最後根本不把我們的喊聲當作一回事。

無奈，我和劉文光兩人只好輪流陪著班長守夜，一人上半夜，另一人下半夜。沒有什麼動靜的時候，就讓班長睡覺，聽見地裏有山豬的響動，再叫醒班長起來。一晚，藉著朦朧的月色，我隱隱約約看到有三隻大山豬，還帶著兩隻小山豬，就在一百多米的地方拱吃著紅薯，急忙小聲地叫醒班長。可班長只是緊張地端著獵槍，叫我們趕緊拿棍子敲打鐵桶吼叫著趕走了事，直到受了驚嚇的山豬一溜煙跑走了，也不見他輕易開槍。

我感到有些窩囊地對著班長問道：「明明看見這麼多的山豬，你幹嘛不敢開槍？」

「打不得呀！這一群山豬中有三頭大的，如果開槍只能打中一頭，而這山豬性情極其兇猛，報復性很強，另外幾頭就會不顧死活循著火藥味拱來，到時大家非死即傷不可。唉，如果有枝自動步槍就好了……」班長有些無可奈何地說。

經過一番解釋，我才瞭解到，原來班長的這桿獵槍就如黎服兵曾經介紹過的一樣，是極其原始落後的狩獵武器，它只是一根鐵管下有一個擊發的扣機安裝在木把槍托上。沒有瞄準器，也不能連發，打一次就得裝一次火藥，而且火藥是從槍管射擊口用小紙喇叭筒一點一點地抖動往裏裝，槍手估計火藥裝到一定份量時，先得拿捅條將火藥捅實，再裝上一些芝麻大米般的圓珠鐵沙，然後塞上一個小紙團，再用捅條將紙團輕輕捅下，以防圓珠鐵沙滾出槍管。有時獵取大一些野獸，則放入幾顆大一點的鋼珠。

待火藥鐵沙或鋼珠裝好之後，獵槍要射擊之前，還得扳開後面的槍機，先撕下隨身帶著的一片打火發令紙置於錐形的槍管尾端，然後依靠扳機撞擊打火發令紙的燃燒，來引發槍管裏的火藥爆炸衝力將鐵砂或鋼珠打出去。之後如果再要射擊，又得如上複雜地重複一番。

說來難以置信，這種土造獵槍，其最遠射程只有一百五十多米，有效殺傷射程僅在五十米至八十米左右。如果再想打得遠點，就得冒著槍管爆炸的危險多裝火藥。一般情況下，這種獵槍對付食草類的動物，如馬鹿、黃獍、猴子等倒沒有什麼人身危險，哪怕是沒有打中，動物也會因槍聲的驚嚇而逃之夭夭。若是遇上兇猛一些的動物，如山豬、雲豹、黑熊、蟒蛇等，如果不能一槍斃命，就很容易受到猛獸的攻擊傷害。

之前，我曾纏著班長跟他上山打過幾次獵，每次他都緊張兮兮地交代我除了拿上砍刀，還要帶上一把用工字鋼砍刀自製的匕首。那匕首十分鋒利，簡直可以說是削鐵如泥，精緻的套子也是班長用黃獍皮做的，別在褲腰上很是威風。班長告誡我說這是與野獸近身搏鬥時，最後的防身武器，不到萬不得已時不要拿出來使用，以免丟失或自傷。

打獵之前，他不僅要我穿上長統水鞋（而他自己則總是穿一雙行走輕便的解放鞋），說是可以防護毒蛇和山螞蟥，還會給我全身灑上一些柚子或黃皮樹葉搓擠調和成的藥水，說是可以防蚊去邪，減少一些人身上的氣味好接近獵物。但我跟他上山幾次都是沒多大收穫，只是打了一些箭豬、松鼠、果狸之類小的動物。

最好笑的是，在跟隨打獵中，我卻兩次看到了身為黨員的班長極其迷信膽怯的情景。一次是在夜霧濛濛的夜晚，我們在森林沼澤地邊，忽然看見一朵朵的藍色的「鬼火」從沼澤地冒了出來，先在幽深的森林中飄浮遊蕩，之後便消失在霧氣飄渺的叢林之中。只見班長嚇得煞有介事地就地跪拜起來，口中還念念有詞不停地在禱告著什麼……

還有一次是月色姣美的夜晚，班長又興致勃勃地帶我上山打獵。那晚我們走了很遠，一路追尋著一隻黃獍的足跡，最後，來到一片開闊的茅草地小憩。班長說，這裏有一種灌木的果實，是黃獍最喜愛吃的食物，其堅硬的內殼敲開後好似花生般香脆可口。我們可以「守株待兔」等黃獍自撞槍口。

正閒聊之際，忽然聽到連綿不斷的深山老林之中，傳來了樹枝「嘎、嘎」搖曳的響聲，片刻，就見有幾隻黑影一路「哦、啊」、「哦、啊」嘶叫著蕩到了草地邊緣的樹上，那叫聲有如人聲冷笑般令人毛骨悚然。

「是人熊，快快趴下！」班長十分緊張地輕聲叫道，然後，不由分說地將我一把按在地上。只見那幾隻似人似猿的黑影，時而在樹上蕩來蕩去，時而在草地上蹦來跳去，其中還有一個孩童般大小的崽崽，神態憨掬可愛。我有些好奇地瞪大雙眼，也是時而看看這幾隻從沒見到過的動物，時而轉頭看看緊挨在身旁的班長，只見他全身有些顫抖地放下了獵槍，又是跪在地上不停地默默祈禱著什麼。過了好長一段時間，那幾隻「人熊」在草地、樹上翻來覆去玩夠了，鬧夠了，才一路嘶叫跳蕩著消失在密林深處。

「你幹嘛連槍也放了下來？還這麼緊張害怕？」我莫名其妙地問。

「這是我們的祖先，可是打不得的！」班長神情嚴肅地說。

「祖先？哪有動物是人的祖先？」我驚愕地說。

「沒錯的囉，你沒聽到他們的叫聲，多像人的吼叫？聽山寨的老人們說，這些祖先原先也是跟我們一起生活的，因貪心多吃多占，又屢教不改，所以被逐出了人群，至今仍在山林中生存。但是依然要受到尊敬，誰也不能抓捕獵殺。否則，那個人以後也會變成人熊……」班長一本正經地說。

後來，我通過側面打聽，才明白了那天晚上，我們看見的只不過是一群在山林中遊蕩的世界瀕危珍稀動物——黑冠長臂猿而已。因為，我們連隊所在的山嶺與邦溪黑冠長臂猿的自然保護區相連，而黑冠長臂猿的活動範圍寬達上百公里。這也算是自由兄弟在海南夜獵中的一個巧遇，只可惜月色中難以看得真切。

儘管班長是個黨員，可他依然固守著黎族同胞的許多風俗習慣。按照迷信的說法，凡是黎人出外碰見人熊都會很不吉利。當晚，班長就收拾行裝，領著我匆匆下了山。並且從這次以後，他就以種種藉口，或說是怕我休息不好明天沒有精神，或說是擔心我在山林中迷路難歸，反正是再也不肯帶我上山打獵。

但是，有一次自由兄弟卻意外地為班長的狩獵生涯增添了莫大的榮光。那天下午我在鵝尖嶺的膠樹林帶上砍青，臨近收工的時候，因為麻痹大意，我沒有看清草叢中的一塊石頭，青杠木刨成的刀把竟給折斷成了兩截。我只好爬上山頂尋找一根手腕粗的樹木作為代用的刀把。因為我知道山脊上長有許多堅硬挺直的白木。就在山坳尋找合適的樹木時，我意外地發現了好大的一架馬鹿犄角。我高興地立即扛了下來，拿到班長面前炫耀。

班長看到後，從我手中接過了馬鹿犄角仔細地端詳了半天，又用鼻子聞了聞犄角的底部，忽然兩眼放光扯著我問：「快帶我去，你在哪裏撿到這寶貝東西？」說完，他打了一個唿哨，喚回了正在草叢裏與田鼠追逐玩耍的獵狗。然後與我又爬上了山坳。在得到我的指引下，他讓獵狗就地打轉了一圈確認後，便匆匆扛著獵槍，在獵狗的引導下，消失在幽深的山林之中。

將近黎明的時分，只見班長滿身泥濘、氣喘吁吁地手持著獵槍，肩負著一頭碩壯的公馬鹿出現在連隊的操場，一聲比一聲響亮地喊著炊事員的名字，那神情簡直如同勝利遠征歸來的將士，生動威武極了！霎時，班長打到大馬鹿的消息轟動了整個連隊。人們一邊七嘴八舌地稱讚班長打獵本領是如何如何地了得，一邊七手八腳地將有二三百斤重的公馬鹿抬到了伙房的楓樹下面，開始刮毛剖腹，人人好像都忙得不亦樂乎。當天中餐、晚餐，連隊的近百號人碗中都增添了一勺子香味四溢的馬鹿肉。

而班長按照獵人規矩，只多要一副公馬鹿的陽具。之後，班長將我叫去他的房間，笑吟吟地對我說道：「這馬鹿是你最先發現的，而且是一頭罕見的健壯公鹿。等會我們將這副陽具炒來喝酒，你可要多吃一些。因為這東西特別補腎壯陽，以後你討了媳婦，保管也像這頭公鹿似地幹得對方死去活來的快樂……」

班長的打趣話語，雖然讓我有些臉紅，但是有吃不為輸，我也頗有幾分自豪地坐下，與班長開始大快朵頤起來。席間，班長一邊大口大口地喝著包穀燒酒，一邊繪聲繪色地講起獵取馬鹿的經過。他說，那馬鹿像捉迷藏似地沿著羊腸小徑翻過了幾座山嶺，最後果然來到了上次我們看見飄忽「鬼火」的沼澤地邊泉眼，在那裏舔食著有鹽漬的泉水……

就在牠抬頭看到了班長的槍管，驚恐萬狀地要逃跑之際，班長果斷扣響了扳機，馬鹿倒了下來，但緊接著又掙扎地站了起來，拚命向沼澤地裏的草叢中跑去。幸虧獵狗敏捷地撲了上去咬住了牠的後腿，不然，真跑遠了，班長絕不敢孤身一人，貿然步入可以沒過人頭的沼澤地中拖牠出來。

「難怪你整得全身上下都是泥巴，原來是這麼回事。」我充滿擔憂地說。

「可不是，我砍了幾根竹子紮了兩個簡易竹排，一個鋪在沼澤上面，一個往前擺放，輪換著往前挪，才挪近到這馬鹿身邊。當時，牠還在不停地搗動，而我此時也是又累又餓，只好咬緊牙用匕首給牠脖子上補了一刀，然後就著喝了牠一肚子的熱血，才漸漸地緩過氣力。」

「真不簡單！昨天你走後，我才想起你沒吃晚飯。想提醒你卻不見蹤影了。」我有些後悔地說。

「那可等不得，這馬鹿剛磨斷犄角，再晚一些就要跑到很遠的松濤水庫邊去了，你就很難再追得到牠。我估摸著那片森林沼澤的泉眼是牠必到之地，搶先一步趕到用樹葉將自己上下偽裝起來……」班長自豪地舉起酒碗一飲而盡。

當時，聽著班長神機妙算獵殺馬鹿的述說，我對他簡直是佩服得五體投地。可如今，看著守在棚子面對猖獗的山豬卻無可奈何的班長，我忽然有些瞧不起他的膽量。大概是看得出我對他有些蔑視。第二天清晨，班長丟下一句「要回家一趟」的話語就走了，一直讓我們心急火燎地等到下午要吃飯時才匆匆趕了回來。

原來，他是回寨子去問鄉親們討「山豬砲」去了。儘管當時的兵團炸藥很多，但是火藥卻非常難找。為了班長打獵之用，我們曾悄悄地剝了許多的紙雷管和導火線。但因為缺乏必要的製造工具和經驗，我們一時還不敢貿然製作「山豬砲」。雖然這火砲看起來很簡單，只有蠟殼中藥丸般大。但其中的引爆壓力要恰到好處，要在山豬大牙咀嚼之時才發生爆炸為最好。

聽說，平時製作這「山豬砲」，都是相當有工藝經驗的匠人。可那段時間，有少數黎、苗同胞因為林地糾紛，山寨之間曾發生了持槍械鬥，為了減少傷害，公安部門對火藥和發令紙實行了嚴格控制。「山豬砲」一時成了珍稀之物。這次班長跑了幾十公里山路，好說歹說，也只能從要好鄉親那裏討來三顆。

「三顆就三顆，只要能炸到一頭，也不枉然跑了這幾十里山路。」班長興致勃勃地挖來幾個大紅薯，每個按照四分之三比例切開，在大的那一半中間挖個拇指般大小的洞，小心翼翼地塞上「山豬砲」，又用幾根竹籤將小的一半合上。然後遁著山豬慣來的路徑，分別埋到了木薯和紅薯地裏。

是晚深夜，成群結隊的山豬又竄到了木薯、紅薯地裏，我們躲在棚子裏摒聲息氣地聽著牠們「吭哧、吭哧」拱地和咀嚼的響聲，沒有再敲打驅趕，唯恐擔心的就是砲聲不響。正在我們緊張得喘不過氣來之際，遠處木薯地突然傳來「呯」的一聲沉悶響聲，緊接著是一陣山豬逃離的騷動。

我們欣喜若狂地拿著砍刀、獵槍前去察看，奇怪，只見砲炸的地方，有好大一灘血跡，可被炸的山豬卻不見了蹤影。因為怕發生意外，我們焦急地等到天亮，才敢沿著血跡找尋。我們找啊找啊！一直找了好遠，才在山嶺的一片荊棘、茅草叢中發現了被炸死的大山豬。我和班長上去拎了拎，好沉！大概有二百多斤重。這傢伙的上半邊長嘴都被炸豁了，露出兩根長長的獠牙，還不停地從喉嚨中往外冒著血泡，樣子十分兇狠嚇人。難怪班長對其不敢輕舉妄動……

沒辦法，劉文光只好樂顛顛地跑回連隊趕來了牛車才得以將山豬拉了回去，自然又是將全連人都樂壞了，大家美美地吃了一天的野豬肉。宰殺之時，連隊領導問班長想要點什麼，班長只要了一副獠牙做個紀念，另外還要了一個豬腿，說是要回敬山寨贈砲的鄉親。過了一段時間，我們又炸到一頭近百斤的山豬，而讓人有些惱火的是，最後一個裝有炸砲的紅薯被山豬吃後，竟沒有引爆。只落在地裏，上面還有山豬咬了一口的牙印。班長懊喪地剝開來一看，原來是火藥已經潮濕失效……

沒有「山豬砲」了怎麼辦？在這之後，我們曾試著將紙雷管埋在紅薯裏，可能是山豬咀嚼的壓力不夠，紅薯吃了，雷管竟沒有炸。為此我們苦苦思索著對策。「對了，用電雷管來炸！」一天，班長興奮地說，「我再去借幾個山豬夾埋在地裏，將電池安在夾上，只要山豬一吃有雷管的紅薯，拖動夾子反彈接通另一端電源，雷管就會在其嘴裏爆炸。」

於是，我們當晚在不同地點分別埋下了幾個「雷管砲」，在較大的紅薯裏，還放了兩個雷管，分別連在幾個山豬夾上，根據山豬喜歡一路向前拱食的習慣，我們先在前面埋上幾個紅薯，再將電雷管紅薯小心翼翼地埋下，最後將電線兩端分別接到大電池和山豬夾上。當晚，又是「砰、砰」的兩聲悶響。

第二天，我們興奮地到處尋找，只見其中的一個紅薯被炸得稀巴爛，而另一個裝有雷管的紅薯卻不見了，只留下一根導電的膠線，地上也可見少許山豬受創的血跡，但就是不見挨炸的山豬。可能這傢伙在將紅薯吞下嘴巴就扯動了電線引起了雷管爆炸，而另一個紅薯裏的雷管也跟著炸響。為了找尋炸傷的山豬，我們帶著獵狗追了幾個山嶺，結果追到一條小溪邊，獵狗失去了嗅覺，也就只好垂頭喪氣地轉身回來。許久，我都還惦記著這傢伙不知是死是活？班長說，從這傢伙的腳印分析，起碼也有一百多斤。實在讓人心有不甘。

當晚，我們索性裝起了竹筒炸藥，埋藏在山豬、黃猄經常要來的邊緣路徑。在牠們竄來吃得正歡時，突然接通電源起爆。雖然只炸死一頭反應遲鈍、跑得較慢，只有二十多斤重的小山豬，但這種威力巨大的連環爆炸，使山豬和黃猄之類的動物領教了人類的強大和不可戰勝，從此紛紛避之於很遠的雨林之中，再也不敢輕舉妄動地前來覓食了。

只有討厭的田鼠卻不知死活地竄來竄去，開始啃食即將收穫的花生和紅薯。我們又想出了煙熏、狗追的辦法在山野中忙起抓捕田鼠遊戲，每天都能抓獲十多隻拿來燒烤，以至於最後見了鼠肉就有些反胃。就這樣，我們一直守了三個多月，直到所有木薯、紅薯和花生都收回連隊，才戀戀不捨地結束這段巡山狩獵的日子。

如今，不知是厭倦了都市的繁雜，還是討厭工作的煩惱，自由兄弟想起這段巡山和狩獵的日子，腦海中就會湧出一個奇怪的念頭：當初真應該繼續留在農場，好好向黎族班長學習和練就一身狩獵的技巧，然後就清靜優閒地到原始熱帶雨林去放逐自已一生，管它金錢名利，管它天塌地陷，那種自由自在地遊蕩的生活，才是快樂和幸福的。唉，真是得無限感激寬宏而富有的熱帶雨林，使我們當年在饑餓的圍困面前，有了取之不盡的食物，並且使我們的青春充滿了神奇而浪漫的回憶……

當然，在講述這些故事之時，自由兄弟心裏常常充滿著愧疚。因為太多的熱帶雨林動物，甚至是珍稀動物，在我們的巧取豪奪之下，都可憐無辜地送掉了性命，實在是罪孽深重。但是，當時我們也只有用這種近似野獸般的「弱肉強食」頑強生存法則，才得以戰勝日夜纏身的餓魔圍困，保持青春堅強的體魄，去完成繁重如山的墾荒植樹勞動。但願今後，我們不再為此而慘殺人類的朋友——那些可愛的熱帶雨林生靈！

類似這樣的無奈和愧疚，在許多知青心中都揮之不去。知青**李新苗**在〈**獵蛇**〉中也講述了他和同伴獵食的原因和懺悔：

> ……海南熱帶雨林中潛藏著各種各樣的蛇類，牠們有的兇猛劇毒，有的碩大無比，令人生畏，令人談蛇色變。然而在特定的時空裏，事情卻又會出現相反的情形。
>
> 在那個上山下鄉接受「再教育」的年代裏，我們年輕的一群告別了學校，告別了父母，來到了海南茂密的黎母嶺北麓下的一個農場戰天鬥地。由於國家當時的經濟環境，再由於「割資本主義尾巴」，那時連隊的大伙房常常是幾個月都飄不出一次肉香的，鹽水泡飯亦是平常之事。但另一面卻是大開荒、強突擊搞得熱火朝天。由此，這一群知青便成了「餓鬼」一族了。
>
> 記得，那是到農場的第一個夏日，那天烈日炎炎，我們四班正在一片低窪的山坑田裏收割水稻。正當我們歇息的時候，突然間對面山坡上有人用海南話驚呼：「蛇、蛇！」其叫聲在山澗中形成了清亮的迴響。聽到喊聲，我不假思索地反身操起了坐在身下的扁擔，一陣風似地隨著大夥兒跑向了對面的山坡。
>
> 在那裏，養豬的桂梅姨手指拿著一叢數月前砍倒的小樹告訴我們，她正準備割取枯樹叢上爬著的黃花藤用作養豬飼料，無意中卻發現了樹叢底下一條大蛇正在睡大覺，於是情急之下她便大喊了起來。她一邊說著一邊用手比著那蛇有茶杯那般粗。我們一聽，全都樂壞了，心想這大傢伙肯定是大南蛇（大蟒蛇）無疑了。只要牠無毒，憑著我們這麼多人，還怕鬥牠不過嗎？這可是送上門來的肥肉啊！
>
> 我操起扁擔走到了前頭，繞著那倒臥的小樹叢轉了兩三圈，沒發現什麼敵情。一心要開葷，焦灼之間，提起扁擔對著樹叢我就橫掃了起來，乾脆實行火力偵察。猛然之間，只聽「嘩啦啦」一陣聲響，一條

黃黑花紋，吐著舌的大傢伙從樹叢的底下竄將起來，騰空而起，來勢洶洶，目標就直指我而來。

一見獵物出現，我心一樂：「太好了，找的正是你！」在毫無畏懼、毫不遲疑的情形下，說時遲那時快，我那橫著的扁擔瞬間又猛地反手打了回去。這一擊雖然未使上十足的力氣，亦沒有打中要害，但那勇猛的勁頭卻比那「黃黑」還兇。「倏」的一下，「黃黑」掉頭竄出了樹叢，沿著山坡草地像枝箭一樣逃逸。

見此情形，人們發出了大聲的吶喊，班裏的同伴拿扁擔的就只有我與來自大埔的老羅，其他人則手持鐮刀，男男女女像發了瘋一般尾隨「黃黑」追去，就像是追著一桌豐盛的美餐一樣饞不可耐，絕不鬆手。在約跑出二三十米後我終於趕上了這逃竄之「肉」，一棍下去，正好打中了蛇腰。

由於這一下是由上往下敲，用足了力氣，這一下可把「黃黑」的腰打折了。長長的軀體頓時像舞龍一樣上下翻騰了起來。但牠困獸猶鬥，嘴巴幾乎張成了一百八十度，齜牙咧嘴地晃動著腦袋，顯得十分地兇悍。眼看獵物跑不了啦，我們也本能地向後跳離了幾步。隨後，老羅瞅準機會一個箭步衝前一棍打在蛇頭上。跟著我也上去了，兩根扁擔雨點般砸了下去，只一會兒工夫就把個張牙舞爪的蛇頭打得稀巴爛。

當我們高高興興扛著戰利品凱旋時，隊裏馬上來了許多圍觀的大人及小孩，當中一位海南籍姓王的老工人從人叢中鑽進來一看，倒抽了一口冷氣，然後大叫：「啊呀呀！你們真好命啊，你們打的這並不是什麼大南蛇，而是咬一口就要你命的最毒最毒的眼鏡王蛇啊！」聽此一言，我才回想起來，當那長蟲竄起來的時候，蛇嘴大張，蛇脖子上還確確實實曾扁起像碗口般大的一片。只有在此時我才真是有些害怕。

翌日，知青彭文強把那蛇皮鋪釘在一塊床板上吹曬，去了蛇頭、蛇尾，兩米長的床板一面沒鋪完，床板的另一面還掛了近三十公分呢。

來到農場轉眼間已是第三年了，那時我任一個生產班的班長，十幾個人管理著五百多畝的中小苗林段，每天的工作幾乎都是沒完沒了地砍芭及控萌，與海南瘋長的雜草（幾乎兩個月就能長得比人還高）搏鬥。那天的上午，雨後初晴，牛公嶺下一塊次生林裏濕漉漉的，到處都掛滿了露珠。工人們每人手持一把一米多長的彎頭砍刀，我們的任務是要砍掉這片長滿山麻及三菱草的次生灌木叢，以保證橡膠中小苗的健康生長。

勞動開始了不到一個鐘頭，一陣恐慌的叫聲就從靠近陡溝邊傳來，接著汕頭青年小林驚慌失措地拖著刀邊跑邊喊了起來：「班長、班長，不好了，有蛇、有蛇，有條好大的蛇！」處在三十米開外的我稍一猶豫，提著刀就跑了過去。

來到了陡溝邊，我定睛一看，不禁又驚又喜。在青翠濕潤的三菱草叢裏正緩緩地蠕動著一條黃黃鈍鈍碩大無比的大蟒蛇。說話間蛇已見身不見首了，牠繞過了一棵棵小山麻樹，半身已探下了陡谷。此時若用刀去砍，蛇頭無法打到，而勢必會令受傷的巨蟒瞬間就沒入亂石雜草遍佈的谷底，那麼難得的美味將成泡影。在別無選擇的情況下，二話不說我扔下了手中的砍刀，飛身就撲了下去，雙手準確無誤地一下子就揪住了巨蟒的尾巴。當然，在這同時，我也做好了準備，一旦大蟒回過頭來攻擊的話，我想憑著我多年在學校運動場上練就的敏捷身手自信還是來得及撒手逃命的。

一把拖著大蟒的尾巴，我轉身就往回拖。不想，這笨傢伙見尾巴被人抓住，驚慌之間非但不會反擊，相反地卻只會拚命地往前拱，與我比起了拔河賽。由於草叢的濕滑，三下五去二，我已經將這「傻大」倒拖出了有四五米遠。正當我打算乘勝前進的當兒，忽然間那「傻大」任憑我如何用力都拉牠不動了。原來這傢伙不盡傻，在草棵上牠使不上勁，於是就死死地纏住了一棵山麻樹，用力一捲，一伸一縮，就這樣形勢立時發生了逆轉。大蟒強大的拉力讓我難以招架，幾乎就要鬆手了。

我大叫：「還不趕快幫忙！」遺憾的是，當時圍上來的幾位工人都十分緊張，只有動口聲援的而沒有誰敢下手。情急之下，我瞥見了草叢間橫臥著一條枯木，於是我狠命地把握在手裏的蛇尾一下子按在了枯木上。這樣，我與「傻大」的角力暫時形成了均勢。然而好景不長，漸漸地亡命的大蟒纏著的山麻越來越多，伸縮也越來越頻，角力的天平已向「傻大」傾斜，眼看著我就要支持不住了。於是我又大喊：「快打！」「快打」，一言驚醒夢中人，那些早被蛇肉饞急了的一群，旋即衝到了前頭，一陣亂刀之下，很快就將那負隅頑抗的大蟒制服了。回到隊裏一稱，這傢伙居然竟有三十餘斤重。

現在回想起來，那個「傻大」也真是可憐，按照現在據說，應該屬於一類保護的動物。然而，在那個非常饑餓的年代裏，人與野生動物之間的關係亦只好是「身不由己，各安天命」了。

第七章　潛行於群山峻嶺間的騷動與壓抑

第一節　青春的萌動與缺失

在粵海知青網上，自由兄弟曾看到過網名「福頭」所攝的一張十分動人的珍貴照片。作者說明是一九七〇年四至五月間，攝於原海南兵團四師十三團八連（現白沙縣大嶺農場八隊）。照片上的遠景是連綿的群山，近景是幾排簡陋陳舊不堪的茅草房，茅草房間沙石泥土的空地上，五個身穿背心，捲著褲腿的年輕小伙正在快樂活潑地踢著足球。雖說是黑白照片，又年代久遠，但仍然可以看得到幾個小伙的臉上，似有孩童的天真，又有少年的淘氣，甚至可以隱隱約約地聽到他們傳球時歡心的叫喊。

那照片散發的青春氣息和韻律，猶如山澗的小溪，堅韌地跳躍在群山環抱的世界，什麼也無法封閉阻塞它歡愉的腳步，令人不禁為後來的國家隊教練米盧感到惋惜。他苦心誘導，耐心啟發，卻怎麼也教不懂後來中國男隊領悟「快樂足球」的真諦，真讓人幾分汗顏。而我們的兵團小伙卻在一天的勞作之餘，沒有綠茵，沒有大門，沒有贊助的李寧牌球衣，也沒有高昂的出場費用，然而卻將「快樂足球」演繹得淋漓盡致……

其實，這就是我們當時知青生活的真實寫照。儘管各方面條件相當艱苦，但個個都是青春年少、精力旺盛的時期，大家身上都有一種莫名其妙、說不出道理的騷動。由於那時沒有電視，也沒有歌廳，知青排遣這種青春活力的方式也很為獨特。對於這一點，知青**1968hfz**在**〈打一場窩囊架〉**中有一段令人捧腹的生動描述：

……知青剛到農場時，幾乎都還是十六七歲的娃娃，在那個年齡，為一點小事哭哭啼啼是女知青常有的事，為一點小事就打架也是男知青常有的事。男知青聚在一塊，就像一群好鬥的小公雞，常常會有莫名其妙的，打得毫無意義卻又勢在必打的架。不信？說件事給你聽聽。

知青一到農場就上山砍岜開荒，山上草木叢生，草木叢中總有鷓鴣出沒，經常砍著砍著，面前的草叢裏就會噗噗噗地飛起一隻肥大的鷓鴣來，撥開草叢必定可見臥著幾個蛋的鷓鴣窩。男知青早向老工人學會了捕鷓鴣，當下把鷓鴣窩周圍的草木砍去，只留下架著窩的那一點草叢，做了記號。

一到晚上，同住一起的幾個知青就打著電筒，拿著一個籠雞的像鍋蓋的竹籠，摒著氣息悄悄摸到窩邊，拿起竹籠對準鷓鴣窩猛蓋下去。竹籠裏面只要有一陣撲撲撲的掙扎聲，大功就告成了。捉到鷓鴣，撿了鳥蛋，大家便興高采烈回到駐地，或把牠先關著，或當夜就把牠活生生地拔了毛，洗淨開膛斬成細小塊煮粥，美美地吃上一鍋鷓鴣粥。

有一天知青鄧兵他們又捕到一隻鷓鴣，煮好了粥，同房間的四個知青高高興興圍著粥煲蹲著，開始各自用自己的匙羹在鍋裏舀粥舀肉，四把匙羹都往一個小鋁鍋裏擠。鄧兵先撈到一塊很不錯的肉，旁邊的殷宏見了，就用匙羹把那塊肉撥回鍋裏，實在只是開開玩笑的意思。鄧兵不服氣，也撩撥殷宏的匙羹，撥來撥去，鄧兵把殷宏的匙羹撥進鍋裏了，殷宏便把鄧兵的搶過來，鄧兵又用力搶過去，一來二去，兩人竟都火了起來。殷宏站起來，先把鍋一腳踢翻了，撲上前抓住鄧兵，兩人馬上就扭成一團地撕打起來，在狹窄的房間左衝右突，把房間的家雜碰得嘭嘭響。

另外兩個人眼見到嘴的東西給踢翻了，怒火中燒又無可奈何，估計撕打一時半刻收不了場，便厲聲喝令他倆到屋後的橡膠林裏去打。他倆也真的聽話，一邊扭打著一邊往膠林轉移。在開闊的林地裏，兩人一時在地上翻滾著，一時又跳到一邊對罵。罵著罵著，罵出火來，兩人重新又扭成一團。另兩個吃不上粥的則在一旁大聲為鄧兵吶喊助威，因為粥是殷宏踢翻的，他們要看到鄧兵大獲全勝心裏才解氣，可是鄧兵老是占不了上風。打著打著，鄧兵忽然大叫暫停，原來鄧兵在扭打中把塑膠鞋的帶子給扯斷了，穿不穩了，腳上只剩下一隻鞋，看上去很狼狽。殷宏一聽叫喊，也就鬆了手，跳到一邊。

鄧兵趕忙撿回那隻爛鞋，一邊氣喘吁吁地罵：「我操××，你小子別走，等我換了鞋再打！」邊罵就邊往屋裏跑。殷宏也在鄧兵背後罵：「我操××，我走了是孬種，你小子要不敢回來再打，你就是小狗！」鄧兵跑回房間，在床底翻來翻去，一時翻不出鞋來，心頭的火氣倒在翻床底時消退了一大半，心想：「這是幹啥呢？犯得著打架嗎？」殷宏蹲在林地裏吐著口水沫子，等著打第二輪架，等著等著，火氣也不知不覺消退了許多，心也想：「何苦來呢？剛才怎麼就打起來了呢？」

過了片刻，鄧兵出現了，殷宏連忙站起，擺出一副嚴陣以待的樣子。誰知鄧兵卻大聲對他喊道：「我找不到鞋換，今天算便宜了你小子了，你小子想打，明天我奉陪到底！」殷宏聽了，也裝硬一番，實在雙方早無鬥志，話語早就鬆鬆垮垮，再無怒氣在裏面了。兩人不軟不硬地又對罵幾句，各自就朝不同方向散了。當晚兩人互不理睬，都對另兩人特別多話，特別熱情。但是過了一晚，第二天，殷宏和鄧兵又親密地說起話來，好像都忘了昨天打架的事。

在有些人看來，這兩個小伙神經有些不太正常，沒事找事，好好的一鍋鷓鴣粥沒吃著，反而白打了一架找累。其實，對於當時大多數只有十五六或十七八歲的兵團知青來說，這是很正常的生理和心理反應。隨著體內的荷爾蒙激素增多，他們的外形和心態都在向一個男子漢轉變，追求獨立的人格，渴望他人的尊重，甚至會時時產生征服他人的無意識挑釁舉動，確如一群好鬥的小公雞。當宣泄完內心這種莫名的衝動之後，又會復歸於平靜。

知青**Zhuoming**在**〈自娛〉**中所說的小片段也能證明這一點：

……當年，年輕人那種旺盛的精力促使我們不時挖空心思地自我尋找樂子。某晚，難得一見的「師宣」來連隊演出。返回宿舍後，夥伴們還意猶未盡。於是關起宿舍門，每人胸前塞上兩團毛巾，球褲往頭上一罩算作長髮，燈影下扮作少女模樣，也學著節目中〈洗衣歌〉的藏族姑娘「得嘞、得嘞、喲嘿！」地跳起來。

情到濃時，廣文（化名）更在床上墊上棉被，學著「紅色娘子軍」的吳清華來了個「倒踢紫金冠」。哪知，金冠沒踢成，倒是把床板給蹭斷了，整個人結結實實地摔了個狗啃屎！連那「芭蕾」腳也給崴了。那狼狽相，讓我們足足笑了老半天……

除了喜歡自我表現、自我折騰，以消耗體內迸發的精力之外，這個時期的男女知青還會對異性產生強烈的好奇和嚮往，只是女生在傳統的習慣勢力壓抑之下，會表現得含羞一些，而男知青們則表現得大膽狂妄一些。但有一點是共同的，就是都想得到同齡異性的關注，特別是為之神往的肉體……

自由兄弟記得剛到連隊時，連隊的人員也喜歡打球，只不過打的是排球。儘管一天勞動十分疲憊，可是傍晚收工，都要在操場上班與班之間、軍工和知青之間，有時還分地區來個對抗賽。那排球打得有模有樣，精彩紛呈，甚至是扣人心弦。開始，女知青只是旁觀喝彩，後來也有膽大的下到場中，於是那球就忽然變得溫柔起來，而且總是往那些女知青身邊或頭上落，逗得那些女知青跳來跳去，有時衣服扯高了，還會露出少許雪白的腰身，常常逗得滿場歡笑。

起初，自由兄弟還以為是知青大哥們有意出那些姐姐們的「洋相」，後來才明白，男女知青在一起本身就有一種異性相吸的青春騷動。沒有女人的世界，是沒有歡樂的世界；而沒有男人的世界，也是不完整的世界。偏偏那時到連隊的女知青不多，只有占總人數的四分之一左右，於是，許多女知青便成為男知青，甚至退伍兵關照的對象。當然，這其中還有更深遠的打算，因為當時兵團領導可能是出於對知青年齡尚小的考慮，還不允許知青過早地談戀愛。

這些不經意間流露出來的男歡女愛心理在知青**1968hfz**所說的**〈意外收穫〉**故事中得到更為透徹的印證：

在六八屆知青沒來之前，農場的生產隊在五一、國慶日偶爾會搞些文娛節目。但那時的工人都沒有什麼文化，最高文化的是十幾個讀過初小的退伍兵，他們每次的文娛演出，只會唱些山歌或搞些小玩笑。比如叫一個人裝著傻頭傻腦地坐在一張板凳上，另一個人先把一塊爛麻袋纏在傻子的脖子，然後拿一把大火鉗，往傻子的頭上亂鉗亂剪，再用一把刷鍋用的竹刷子滿頭滿臉地亂刷，以此引得觀眾一陣哄笑。

知青來後，就有了相聲、三句半、舞蹈、小組唱、大合唱、小話劇、樂器演奏等許多文娛節目。每逢大節日（兵團時八一建軍節更隆重），連隊裏演完，還會挑出一二個好些的到團部匯演。要是有個把節目在匯演中得了獎，隊長就高興得臉都發紅，自然更加支持知青搞文娛節目。其實在那政治至上的年代，搞文娛宣傳就是搞政治，知青們要搞，隊長不敢反對，不敢不給時間。而知青們所以熱中於此，也有不想去曬日頭幹辛苦活的意思。

有一年九月，知青們又照例開始忙忙碌碌地準備國慶文娛節目，其中有一個三十多人演出的叫做《全世界人民聯合起來》的大合唱。節目排練指導是一個叫春玲（化名）的，白白胖胖，長得不怎麼樣，但騷味十足的六六屆女知青。春玲以她的藝術眼光在全隊五六十個知青中挑選出男女各十來個人，然後分配角色，女的不用化妝，只須站在後面大聲唱。男的站前排，要化妝成亞非拉各色人等。沒有各民族的服裝，春玲就叫大家演出時用各自的被單、毛毯、枕頭巾等代替。

然後準備伴奏的樂隊。知青手上只有一把二胡、一把秦琴和幾把口琴，與雄壯的大合唱相比，樂隊顯得太弱。結果就增加了許多的敲擊樂器，比如一個大的汽油桶，幾隻大膠桶，幾個臉盆，幾個飯盆。安排已定，然後就開始每天下午進行排練。先花了幾天排佇列，教唱，男女聲二部合唱的配合，樂隊和唱歌的同步配合。亂了幾天，慢慢地就有點樣子。到了一次比較正式的排隊合唱時，男知青就顯得特別地亢奮認真，似乎很快就進入了藝術表演狀態。

男知青的表現如此之反常，其實是因為大家無意中看到了騷味十足的春玲肚皮。她站在前面打拍子指揮，每當她的雙臂高高舉起很誇張地揮動時，衣服就會往上拉，就會露出一截雪白的肚皮來。男知青看在眼裏，迷在心頭，嘴上唱著，眼睛都直勾勾地盯著春玲的肚皮。男知青往春玲的肚皮看，也就顯得特別地乖巧認真，她怎麼教，他們就怎麼學，而且好像不知疲倦，唱了還堅持再唱；不像那些女知青，嘰嘰喳喳，老說要歇歇，老愛抬槓。

在大合唱時男知青雖然個個都看到了春玲的肚皮，本來都不好意思說，唯有鄧兵一回宿舍就不知羞恥地大聲讚歎起春玲的肚皮來。他的一聲讚歎便馬上惹得大夥亢奮不已，開始熱烈地議論起來。議論到了高潮處，有的竟談起體會：「長這麼大，還沒見過女人的肚皮，見了春玲的肚皮，渾身都燥熱了，現在閉上眼睛，那雪白的肚皮好像還在眼前晃著。」第二天，鄧兵那傢伙又恬不知恥地向眾人宣佈說他昨晚夢遺了，說不知怎麼回事，睡夢中又夢見了春玲雪白的肚皮，不知怎麼架起來的高砲就射了……

自從鄧兵公開說出他因見春玲的肚皮而夢遺之後的日子，有幾個人也湊熱鬧似地陸陸續續公佈了自己因春玲的肚皮而夢遺的新聞……

在現在的人看來，這鄧兵等兄弟確實大膽得可愛，哪個不挑，竟然對著白白胖胖，長得不怎麼樣，但騷味十足的高兩屆的學姐動起了邪念。其實，這根本怪不得他們。在那時，不管是學校、兵團，還是政府、社會，對青年的生理知識教育都是空白，而父母又不在身邊可以傾訴。當時也沒有更多的渠道可以宣泄內心的激情，樣板戲中的高大形象的革命男女，又都嚴肅得讓人不敢想入非非。於是，正在處於生理、心理轉型期的知青，只有靠自己的天性去本能地領悟男女之間的歡愉，所以看見春玲學姐的肚皮而夢遺也就不足為奇了。

而且，說實話，絕大多數的知青，甚至連逐漸成熟的自由兄弟夜晚夢境相遇「偷歡」的對象，其實都是朝夕相處、暗戀心儀的兄弟姐妹，只是大多數人都不好說出口來罷了。記得有一次，自由兄弟參加妻子原來的農場知青的聚會，席間，一個男知青藉著醉意，半是坦然、半是玩笑地對著一個風韻尤存的女知青表白說：「那時，你長得十分青春靚麗，我幾乎每一次晚上做夢都會向你開砲！在我的印象之中，你永遠是那麼的楚楚動人，而不是如今這副徐娘半老的神態……」逗得滿桌人都哈哈笑道：「實話！大實話！」

是的，這位知青大哥講的應該是內心的實話。因為青春發育期的記憶是最為鮮活深刻的記憶，也是永恆定格的記憶，任憑時光的流逝，也揩不去，拭不去！自由兄弟想來，這也就是我們對農場，對初戀，對一起生活的知青戰友、場友有那麼深刻的記憶猶新的感情原因之一吧！而這一青春情結一經繫下，就會封存心底，很難解開，甚至會相伴終生。

自由兄弟曾聽農友講過一則故事就頗能證明這點。他告訴我，與他同隊有個知青好友，曾經寫得一手好文，人也長得十分英俊，還會吹拉彈唱，可謂多才多藝。可是回城後只有短暫婚姻，又離異獨居了，至今還是光棍一條。旁人都不明白他為啥這樣生活？經過一番旁敲側擊，才知道他心儀的仍是以前與他在農場宣傳隊曾相戀過的知青女友，依然幻想著當年男伴女唱的美好情景……

無奈那女方回城後已嫁為人婦，而且夫君是高幹子弟、政府官員，兩人職業春風得意，生活十分風光。但這位可憐的好友明知如此，依然癡心不改，苦等至今。甚至還託人傳話，希望對方家庭解體，與他重結秦晉之好。搞得那女方啼笑皆非，好不尷尬。熟悉的農友也不知怎樣勸說才是。

對於這種近乎「單相思」的癡情，自由兄弟頗為理解同情，但是也無良策。因為這屬於一種「上山下鄉」青春期的心理缺陷後遺症。如同許多從戰場歸來，曾受了較大刺激的將士一樣，餘生很難走出戰爭創傷的陰影。曾經經歷過那段歲月的不少知青都有體會，由於當時在學校和農場，都缺乏青春發育期生理和心理知識的引導，有的知青在他或她第一次出現男人或女人獨特的生理特徵時，竟會產生巨大的心理恐慌，甚至認為自己得了什麼莫名其妙的怪病而不知所措。

由於一些知青不知道如何保健應對，又難以啟齒請教，少數知青便會在這個時期，因心理恐慌的壓力而出現各種怪異言行。極個別的知青還會因為發育期的內分泌過多或混亂，得不到及時治療，而克制不住內心的衝動和渴望，做出違法越軌的事情。有的儘管能夠克制自己，但如果意念中鎖定了某個對象，便會終生陷入對其胡思亂想的幻覺之中，也就是我們所常見的「青春期精神病」，俗話又稱「發花癲」。上述那位癡心的農友，恐怕就是這種心理因素在作祟。

自由兄弟所在的九連，當年也有一個綽號叫「南糖」的安鋪知青，「上山下鄉」前，曾與學校的一個「柳青」小姑娘一起跟人學唱過粵劇，其實並無感情。但「南糖」到農場後，由於青春發育期的情感得不到引導，於是就可憐地將這位「柳青」姑娘作為他感情寄託和宣泄的對象，整天瘋瘋癲癲地與人說那姑娘在家鄉等他回去。為了滿足他幻想中與「柳青」同臺演唱的場景，他總是纏著要自由兄弟陪他一起練唱著〈帝女花〉等舊的粵曲，還變態地扯尖嗓音、手舞足蹈扮唱女角，逗得我常常捧腹大笑。平時，這些舊的粵曲都無人敢唱，但當時連隊人員見他精神有些錯亂，也就隨他亂吼，並沒有人去追究告發。可惜後來他病退回城時，聽說那位自己苦戀的姑娘早為人妻，不禁十分絕望，最後竟用一根繩子上吊了卻自己的一生。實在是可悲可憐！

自由兄弟連隊還有一個健壯如牛，綽號「方傻」的知青，一天黃昏之際從縣城回來，走到岔路陡坡時，忽然看到一個黎族少婦蹲在路邊小解，而且正對著山路爬坡的上方。當他第一次這麼近距離看到女人迷惑的私處，一股控制不了的青春衝動，使他竟餓虎撲食般衝了上去，強行將那黎族少婦拖入了路邊的草叢，然後迫不急待地扯開了女方的衣褲，足足折騰了一個多小時之久……

據說，當「方傻」又一次興奮地在女方體內發洩完了男性的慾望，從那少婦赤裸的身上心滿意足地站起來之後，忽然在山風中打了個冷戰，他害怕女方會尾隨自己跟到連隊，竟然愚蠢地又彎腰用拳頭將正在若無其事扣衣穿褲的少婦擊昏在草地，然後光著膀子，搭著上衣逃之夭夭。結果，昏倒在路邊的少婦被巡山狩獵的村民發現。此事很快就驚動了整個山寨。

當晚，眾多的黎族山民點著火把，扛著獵槍，帶著那少婦來到了連隊，很快，就將「方傻」從宿舍認了出來。幸虧團部的保衛人員乘車及時趕到，不然，連性命都難保。當保衛人員問「方傻」：「為何會幹出這麼丟臉的事情？」「方傻」有些後悔地說：「我也不知道是怎麼回事，當時看見那少婦私處，就只覺得自己下體那根東西像充血似地腫脹得難受，非得幹下去才會感到舒服。沒想到後果會這麼嚴重！」事後，海南兵團軍事法庭以強姦婦女罪，判了「方傻」八年徒刑。

這，就是青春無知的代價！

遺憾的是，當時兵團各級領導對於知青這種青春期的生理和心理變化，普遍缺乏細心瞭解和人性關愛，甚至將知青中所表現的怪異行為斥責是小資產階級思想作怪，結果使一些患上青春期心理疾病的知青喪失了最佳治癒時間，釀成了難以挽救的人生悲劇。知青**成真**在**〈王接紅〉**中就講述了這樣一個令人痛心的故事：

> ……偏僻荒蕪、一無所有的新連隊，剛建起的兩間茅草屋，屋牆上的泥巴還是濕的，地也未乾，就迎來了一群廣州二十一中的知青。知青中有一個叫王接紅的女孩，是工人家庭的女兒。她單純、樸實、天真爛漫，一雙秀目透著清純，閃現出聰明和靈氣。她能歌善舞，還是游泳好手，每當連隊編排節目，她總是爭著上臺。她好強，動輒會與人發生口角，頂撞起來。
>
> 日子一久，周圍的人煩她了，同她一起來的同學也不喜歡她，甚至不願與她同住一間茅草房。後來，我要求連隊把她分配到我住的那間瓦頂屋。我和另兩名女知青是連隊的先行者，優先住了瓦房，王接紅搬

來住，實在是一種優待。她很高興，開始時好快活，收工回來就唱歌，真像隻樂不知苦的百靈鳥。她對生活充滿熱情，對學習特別用功，晚上在油燈下讀毛選、誦詩詞，天天如此，從不間斷，以致對某些篇毛著和詩詞，竟可倒背如流。

有一次，她邀我同她一起唱歌，我說：「我五音不全，唱不好，還是你唱給我們聽吧。」於是她獨自對著窗外藍天唱了起來，全是兒時我們都唱過的童歌。她唱得很傷感，好心酸，極投入。唱了一首又一首，反反覆覆，竟不知疲倦，直到聲音哽塞了，眼淚從她的眼中流下。她的神情憂鬱、迷惘、悽楚。「你想家了嗎？」我問。順手遞給她一條手巾。她不理我，繼續唱，又一首、一首……，我的心都被她唱痛了，唱碎了，於是一起哭了起來。

不幾天，她突然來到我的床邊，支吾了半天，才對我說，想回家探親。「你來了沒多久，連隊怕不會同意。你還是再幹一段時間吧！」我寬慰著她。她不再吭聲，臉上表情木然。她回到自己床邊，低下頭，寫了起來，寫了撕掉，再寫，再撕，寫到後半夜，昏昏睡著了。

第二天，我從她床邊的碎紙片中發現，頭天晚上她是在寫探親報告。她想家，想得很苦，想得無法自拔。我好可憐她，因為我也一樣想家。我又納悶，性格開朗的她，為什麼想家想得這麼苦，這麼難以自制。也許她不適應這種惡劣的生活環境，也許她吃不消如此沉重的勞動，也許另有困惑。其實，我們的心境是一樣苦的，只是我們各自默默地壓抑著。當時，我太年輕了，太不懂世事和人性了！只以為她是單純的思家之情，卻沒有覺察到她情緒中悄悄開始的某種變化。

她變得與以往不一樣起來，常常離群獨處，進而自言自語。她不洗澡，也不洗衣服，甚至不洗臉。收工回來，把衣服往蚊帳頂上一扔，第二天又把沒洗的衣服穿上，漸漸蚊帳頂上全是些穿了換、換了穿的衣服，發出一股難聞的氣味，人也有臭味了。我還以為她是下工回來太累，偶然這樣的。一天，我實在忍不住了，問她：「王接紅，你怎麼總是不洗臉、不洗澡、不換衣服呀！屋子裏都臭了。」她衝我一笑，未予置辯。第二天照樣不洗臉又出工去了。

不知從哪一天起，她變得又懶散又好鬥，大家都是肩扛鋤頭、砍刀走，她卻把鋤頭倒拖在地上走。她走得好慢，像是散步，邊走邊四處顧盼，有時還停下，望著荒林或蒼天發呆、發笑，到工地，太陽已升上半天。別人一天可以挖二十五個穴，她卻一個也挖不成。她這裏走走，那裏看看，半天都砍不出一塊地。

其實那時她已病了。可悲的是，我們之中誰也沒有想到她是有病，連隊的衛生員也沒有看出異常來。連長對她的批評指責日漸增多，說她懶惰散漫、不守紀律、不合群、搞不好團結等等。而她聽憑別人怎麼說，依然故我，毫不見改。我們這群天真純潔的知青，一點醫學常識也沒有，更不懂青春期的精神病是怎麼一回事，只是覺得她變怪了，怪得沒有道理，怪得可憐，無可奈何！

漸漸地，她變得更加暴躁和怪異了，竟敢穿著文胸站在光天化日之下，看的人都羞得滿面通紅，她卻毫無羞澀之心，只是一個勁地傻笑。一天中午，她在屋裏讀毛選，聲音激昂，令旁人實在難以忍受。我只輕聲說：「你小聲點。」她就衝我喊起來，並用粗話指天罵地。我不得已，大聲喝了她一聲。她突然對一個沒有指責她的夥伴重重揮拳一擊，那位知青鼻樑上的淺表血管被打破，血流如注。

住在隔壁的連長聞聲趕來，王接紅卻嘻皮笑臉、旁若無人地望著連長。男知青們也紛紛來到我們屋中，都指責她心硬手狠。直到此時，我們仍然沒有覺察到她已有精神病，而且病得不輕了。出於正義感，大家一致同情那位挨打的知青，把憤慨對著王接紅。她毫不示弱，使出勇士般的兇猛，掙脫眾人跑到操場，站在陽光下大聲喊著：「人不能低下高貴的頭，只有怕死鬼才乞求自由。」又怕人，又氣人。我們沒有理她，任憑她自個兒在那裏宣泄。當時，我們能看出點什麼就好了，一定會給予她更多的同情、理解和關心，事情也許不會向更壞的方面發展。可是她什麼幫助也得不到，終於精神崩潰了。

不久，我被調去師部醫院。當我開始有一點醫學常識時，我想到了王接紅，真是不寒而慄。醫院最偏僻處，有一所新開的精神病科，那裏四周環山，厚牆高窗，門戶深嚴，鐵鎖重重，只要一見到它，就會想到「監獄」兩個字。不幸的王接紅，真有一天被關進這裏，她的青春、她的一生就徹底斷送了。

那一年，我探親回來，專程回到連隊，探詢王接紅的情況。連長告訴我，王接紅已更加反常，不吃飯，整天一聲不吭。我告訴連長，王接紅可能精神有病，要趕快送醫院治療。連長答應抓緊辦。

我回到醫院不久，在門診部見到被粗繩捆著的王接紅，她已經完全失常了。我走近她身旁問：「王接紅，你知道我是誰嗎？」她看我一眼，拖長聲調說：「我知道你是成真——」我問她：「你感到哪裏不舒服？」她神情誇張怪誕地說：「我沒有病，我不吃飯，肚子痛，他們就把我捆起來送到這裏。」她要我送她回連隊，還喋喋不休地說了一大堆不著邊際的話。我馬上明白，她已得精神病，是被送來治療的。我們的同命人哪，誰都無意要傷害你啊！看到王接紅顛三倒四的樣子，我心裏有說不出的疚痛……

後來，我聽說這個曾經秀目清純、能歌善舞的姑娘送回連隊後，竟一絲不掛地在水庫裏浮起來。或許是失足，或許是自殺……

對此，知青**下里巴人**在跟帖中歎道：

……好可憐喲，催人淚下。我場七二和七三年間每年都有一二例知青自殺事件（那些自殺未遂的更多），有喝農藥的，有上吊的，原因亦不複雜。有極度想家而感到前途渺茫自殺的，有被各種路線鬥爭上綱上線挨批鬥而含恨自殺的，有被冤枉為小偷自殺的，有被指責「亂搞男女關係」弄得抬不起頭蒙羞自殺的。

連我們這些信奉「好死不如賴活」的人如今想來都覺得害怕，倘若再待個它五六七八年，還不知能否待下去，前幾天校慶見到幾個當年偷渡去香港的知青，他們都說，待不下去，又不想死，唯有頂著「叛國投敵」的罪名孤注一擲，好在香港也回歸祖國了。

第二節　壓抑式的「紅色管理」

是的，下里巴人兄弟說得不假，當時在極左路線的影響下，海南兵團也同全國一樣，不僅忽視了知青正常的青春期發育生理和心理引導，而且以政治掛帥，以階級鬥爭為綱，對兵團全體人員，尤其對知青進行了全面的紅色「管制」。唱歌只能唱《毛主席語錄》歌、樣板戲和抗戰歌，看書只能看毛主席的紅寶書和指定的革命書籍。關於這一場景，自由兄弟記憶猶新的莫過於每天的「唱紅歌」和「天天讀」……

由於海南天氣炎熱，每天清晨六點（冬季為六點半），天剛濛濛亮，我們就要被急促的鐘聲從睡夢中驚醒。然後抓緊起床，穿衣，刷牙，洗臉，吃飯，半個小時之後，大家集中到了操場，先揮動著「紅寶書」敬祝毛主席「萬壽無疆」、敬祝林彪「永遠健康」之後，便在連隊領導的帶領下，扯開喉嚨唱起了「鼓舞鬥志」的紅歌。這時，寂靜的山谷中響起了一片聲響，參差不齊，又充滿了南腔北調；有男聲，有女聲；有低沉渾厚的老年哼唱，也有刺耳尖細的少年叫喊；有海南、廣東、廣西等地的地方語調，也有四川、湖北、河南等地的鄉音。聽起來簡直就是一曲多器樂或多聲部的大雜燴。

自由兄弟常常是一邊「濫竽充數」地不停張動嘴唇，一邊在心裏感到好玩好笑。大概是當時正處於與「美帝蘇修和一切反動派」四處為敵，準備打仗的緊張時期，我記得當時唱得最多的是「大刀向鬼子們的頭上砍去」的抗戰歌曲，還有是「我們是工農子弟兵，來到深山」的革命樣板戲中的唱段，而在工地上，唱的是「下定決心，不怕犧牲」等語錄歌。而每當唱完這些歌曲，最後人們都會齊聲地大喊一聲：「殺——」或「衝啊——」之後，人們都會像自嘲似地開心笑上一陣……

參加過合唱的人都知道，要唱好一首歌，這起頭領唱的人要十分準確把握領唱的音調。如果音調起高了或低了，合唱者都會跟著跑調，甚至無法唱完整首歌。有一次，嗓音相當不錯的指導員到團部開會，由五音不全、咬字不準的海南籍連隊副職起頭領唱。大概是想鞏固昨晚由他聲淚俱下主講的「憶苦思甜」大會成果，他偏偏選了一首平時大家都很少唱的音調低沉的「小常寶控訴了土匪罪狀」唱段，而且起頭就低了兩個音階，並且將「小常寶」唱成了「燒散跑」。結果，大家跟著他的音調唱著唱著，全都變成了「唸歌詞」，有的知青還故意學著他的海南普通話腔調，逗得大家忍俊不禁，全都笑了起來。

「什麼態度？什麼態度？你們這是什麼政治態度？」那副職氣急敗壞地吼了起來，並厲聲將鸚鵡學舌的一個知青叫出了佇列，嚴厲斥責道：「唱這首歌要充滿階級感情，可你卻故意搗亂，這是活生生的階級鬥爭動向……同志們，我們要不忘階級苦，牢記血淚仇！」那副職說著說著，突然振臂高呼起來。眼看一場「唱紅歌」就要演變成了批鬥會，不料那知青毫無懼怕地反駁道：「不是我們不想唱，而是你起頭就沒有起準，怎麼唱得下來？」

「那好！現在由你起頭，讓大家再唱一遍！」那副職看著大家都是一副沉默蔑視的神情，感覺自己做得有些過分，也就勢給自己找了個臺階……

「起就起，但是大家先要跟我一句一句地唱上幾遍，然後才能合唱。記住，千萬不要將小常寶，唱成『燒散跑』了。要充滿階級友愛感情啊？」那「活寶」知青說完，眾人又是一陣大笑。之後，在那知青的教唱之下，大家又折騰了半個小時，倒也真的像模像樣地將這一唱段唱出了水平。後來，指導員回來聽說了此事，每逢學唱新歌，都要叫這位知青先教會大家唱熟，倒也落得個「因禍得福」……

除了每天早上「唱紅歌」之外，連隊每天下午開工前還要進行「天天讀」。因為當時的海南兵團，正處於高舉毛澤東思想旗幟時代，學習毛澤東著作的熱潮正一浪高過一浪。不知從什麼時候開始，團裏規定上上下下都要天天集體讀毛主席的書。每天要讀半個小時至一個小時。可以在連隊住地上工前讀，也可以在工間休息時讀；可以以班組為單位集體讀，也可以全連集中一起讀。但是必須保證時間，做到「雷打不動」。

為了「保質保量」地完成這一政治任務，當時的兵團人員每人都備有毛主席著作，或是「單行本」，或是

「簡讀本」，但連隊大部分人員都是「語錄本」。一到「天天讀」時間，大家都要將毛主席的書帶去，不管是識字的還是不識字的，都要跟著領讀者一起讀。一般是先讀幾條語錄，或是毛著某篇文章中的某一段。讀完後就進行討論，談認識，講體會。有時還要結合實際，聯繫自己，狠鬥私心一閃念，所以大家又稱為「鬥私批修」會。關於這一場景，海南兵團一師五團十二連（現定安縣境內的中瑞農場）的知青**譚敦輝**在**〈膠林「鬥私批修會」〉**中對一九六九年在連隊勞動時，參加過的一次膠林「鬥私批修會」有生動的記憶：

> ……下午約三點半，連裏全體戰士（農場工人）人人都帶著一把砍刀，或手裏提著，或肩上扛著，汗流浹背地從各林段走來，要到指定的一塊較平坦的膠林草地上集中，開「鬥私批修會」。不知別的團隊怎麼樣，我們連隊已經開過幾次這樣的會了。這是一種別開生面的會議，通常是在下午林管一陣子後，工間在林段裏用一個小時來開會。
>
> 為什麼要這樣來開會？用指導員的話來說，是為了貫徹毛主席「抓革命，促生產」的指示，也即是說生產要搞，革命工作也要抓好，要做到革命與生產兩不誤，而且要通過抓革命來促生產的發展。工間用一個小時開會，是占用了一個小時的生產時間，但通過會議提高大家的思想覺悟，會激發出極大的工作積極性，反而會獲取更大的勞動效果。
>
> 那時我們連隊這個指導員正是個「學毛著積極分子」，他不僅是個勞動能手，還很能做政治思想工作，這樣的會議也許是他做政治思想工作的一個發明。這一次的林管工作是砍萌（這裏說的「萌」是特指膠林中的雜木草叢，砍萌就是砍掉這些雜木草叢），所以大家都帶著砍刀來。記得上一次這樣的會議，那天下午的林管工作是施肥，所以那一次大家是帶著扁擔、糞箕來參加會議。會議的內容是「鬥私批修」，所以會場上帶有一定的「火藥味」，當時我就覺得這樣的會議很像電影上演的戰爭年代的「戰地會議」。
>
> 會議開始了。指導員首先帶領大家朗讀幾條《毛主席語錄》：「抓革命，促生產」；「要鬥私批

修」；「因為我們是為人民服務的，所以，我們如果有缺點，就不怕別人批評指出，不管是什麼人，誰向我們指出都行。只要你說得對，我們就改正」；「我們大家要學習他毫無自私自利之心的精神」。

接著，指導員說明了這次「鬥私批修會」的主題。他說，原來膠工割膠時收集的膠線、膠塊，都全部上繳給收膠站，但有的膠工圖省事而懶得去撿拾這些膠線、膠塊，致使其丟在地上浪費掉。後來，為了調動膠工的積極性，使他們把膠線、膠塊都撿拾回來，農場採用物質刺激的方法，規定膠工收集的膠線、膠塊歸自己所有，然後再賣給收膠站。結果，大家為了拿更多的膠線、膠塊賣到更多的錢，除了撿拾那些自然形成的膠線、膠塊外，還紛紛人為地把膠水造成膠線、膠塊。這樣，膠線、膠塊是都給撿拾回來了，膠工也得到了私利，可損害了公家的利益。現在團裏（一九六九年四月一日兵團成立後，農場按部隊的建制更名為「團」）認為，提高膠工撿拾膠線、膠塊的積極性，只能通過做政治思想工作，提高大家的思想覺悟的方法來調動，不能用物質金錢刺激的方法來調動。因此，重新規定，膠線、膠塊要全部無償上繳收膠站，可是至今仍有些膠工還沒有上繳完。針對這種情況，這次「鬥私批修會」主要是批判物質刺激、金錢掛帥的修正主義路線，鬥掉我們頭腦裏的「私」字，在思想上牢固樹立起「公」字來。

指導員姓覃，覃指導員在說這番話的時候，很是激動。這件事情與每個膠工都有關係，我注意觀察了大家的表情，大部分都還顯得自然，沒有看出誰有緊張、害怕的情緒。許多人額頭上還冒著汗，但那不是緊張、害怕出的冷汗，而是剛從工地上趕來，因勞動而出的熱汗。

「下面開始發言，誰先講？」指導員講完開場白，就讓大家開始進行「批」和「鬥」。

「我來講。」第一個上場的是陳玉英，二班女班長。只見她從隨身攜帶來的一個布袋裏抽出一條又長又粗的膠線來，邊拎著讓大家看，邊說：「同志們，你們看，這不是膠線，是膠條，是我用竹片把它造出來的。我私心重，我向大家檢討。」接著，又從腰背後的膠簍裏拿出一條竹片給大家看。「就是這樣的竹片，我把膠杯裏的膠水倒到這些竹片上，第二天就成了這樣的膠條。我犯了錯誤，我決心改正。我要挖掉私根，全心全意為革命割好膠。」陳玉英的發言，博得全場一片掌聲。

接著第二個發言的是陳日仁。他是個割膠能手，是連隊割膠輔導員。他右手從褲袋裏掏出一大塊膠泥來，用左手指著這塊膠泥對大家說：「我造這種膠塊方法很簡單，不等膠水斷滴就收膠，收膠回家後，膠水繼續往地上滴，第二天就成了這樣的膠塊。我也中了物質刺激、金錢掛帥的修正主義路線的毒，私欲膨脹了，就做出了這樣損公肥私的事情。我願意接受大家的批評，堅決改正錯誤。」

陳日仁剛說完，李長緣就迫不及待地站起來說：「我也來檢討一下。陳玉英和陳日仁那樣的事情，我也幹過。我撿拾回來很多膠線、膠塊，只上繳了一部分，剩下那些我原來不願上繳，想留下來引火燒飯。現在我認識到了這是『私』字在作怪。我跟大家一樣，願意改正錯誤，回去就把家裏的膠線、膠塊全部上繳。」

之後，站起來發言的人，一個接一個，一個鐘頭裏共有七八個人在會上說了話。七八個人發言，沒有一個唸講稿，個個都拿出膠線、膠塊來現身自我「批」「鬥」。他們所做的自我「批」「鬥」，內容基本上大同小異。其實，事情也不只發生在這七八個發言人的身上，全連百幾十個膠工都程度不同地存在這樣的問題，這七八個人的發言可以算是代表全連膠工們做「鬥私批修」了。

最後，覃指導員做了小結。他說：「大家說得很好，我很滿意大家認識了物質刺激、金錢掛帥的修正主義路線和『私』字的危害，提高了思想覺悟。『私』字就像我們膠林裏的『萌』，『萌』長出來，會妨礙膠樹的生長，我們頭腦裏長出『私』字，會腐蝕我們的思想，影響革命和生產。我們要像砍萌一樣，經常去『砍』這個『私』字，才能保證我們樹立起『公』字的思想，為革命割好膠。」

指導員講完，會議就告結束了。開完會，大家又各自回自己的林段去繼續砍萌。

這個膠林「鬥私批修會」開得很有特色，會議形式新穎，主題鮮明，膠工們發言生動感人，指導員主持演說精彩切題，讓人受到了「深刻的教育」。這個會議永遠地烙印在了我膠林生活的記憶中。

雖然，農友譚敦輝說這一「鬥私批修會」開得很有特色，讓人受到了深刻的教育，但是在自由兄弟的印象中，這種日復一日的「天天讀」和觸及靈魂鬧革命的「鬥私批修會」，到最後完全變成了一種捱時間的形式，因為後來人們發現對內心思想暴露得越多，在運動時被批鬥的概率就越大。不信，農友qaz講的這個故事就可以證明這一點：

有一天連隊搞憶苦思甜，還要吃憶苦餐，就是用芭蕉根混著米糠來煮。當時有一位團裏最高層領導也來參加，他走到一個正在吃著的青年面前，問其好吃不好吃？該青年馬上愣住，地球似乎也停止了轉動。「好吃！」誰知這知青的回答，後來竟成了批判他的帽子：「沒有階級感情」、「立場有問題」……試想，如果當時該青年的回答是「不好吃」，其實這些帽子也一樣適用他。「貧下中農吃得？你為什麼說不好吃？豈不還是沒有階級感情、立場有問題？」我後來左思右想，也不明白該首長期望得到什麼答案？……

看了這個故事，自由兄弟不由得想起當年在兵團期間所經歷的一系列沒完沒了的政治運動。其中最為膽戰心驚的莫過於「一打三反」運動。關於這些運動的責任，許多人如今追根溯源，都將其歸罪於林彪、四人幫頭上，真的僅此而已？它持續時間之長、傷害人員之多，可以說是海南兵團政治史上之最。其對各方面所造成的惡劣影響至今難以估量，也是難以忘懷的。

自由兄弟記得當時是「村村點火，處處冒煙」。各個農場連隊隔三差五地都有大小批鬥會，先是鬥老幹部、老軍工、老農工，後是將知青也揪上去批鬥。一時間，將整個兵團的政治環境搞得很嚴峻。每個連隊的一百多人，有現行反革命，有歷史反革命，還有反黨集團，一些平時意氣相投、喜歡講些牢騷怪話的知青，也被內定為有反動組織。

有的農場甚至還派指導組對一些「運動不積極」的連隊，幫助定方案，下指標。搞得幾乎人人自危，不敢亂說亂笑的地步。自由兄弟至今想來心中還十分內疚，開始我也還裝模作樣地假積極批判老軍工衛生員老周等人，誰知運動後期要純潔連隊骨幹隊伍，以知青家庭出身劃線，我還是被免除了副班長職務，思想情緒頓時陷入了牴觸狀態。唉，這都是「緊跟形勢」的活該報應。

關於這段歷史，知青**tianyadong**在**〈深圳會友記〉**中也有懺悔的陳述：

> 跟李保珍，我有更多的話要說，我和他甚至可稱是冤家對頭。因為「一打三反」時，隊裏開批判會，有人揭發他聽美國之音，我還上臺推過他一掌呢！
>
> 當時團裏要開一個全團的揪鬥大會，六千人的會場上，戒備森嚴，兩邊排好了荷槍實彈的武裝連戰士，好嚇人。揪鬥的程式都是預先排好了的：發言者上臺，唸完一段語錄就高聲宣佈：「我要揭發×××！」隨著會議主持人一聲厲喝：「將×××押出來！」在席地而坐的人海之中，將會有兩名預先接到授意的骨幹分子，適時地扭起毫無思想準備的「壞人」，順著連與連之間長長的過道，一直押到主席臺前，由兩名揹槍的武裝連戰士接過後，再擰著胳膊轉向會場。一個一個的批鬥對象就這樣陸續地從各連揪出，最終在臺前排成一行。
>
> 自從第一個「壞人」被這樣突然押出後，六千人的會場上居然連聲咳嗽都沒了！比起境外影視中常見的高叫「我要見我的律師！」的場景，那時的人們真是毫無「安全感」可言。很不光彩，命運安排我第二個上臺，分配我揭發的就是——李保珍！正所謂：點指兵兵，點到誰人做大兵，點指賊賊，點著誰人就做大賊了。
>
> 這次深圳相見，大家把酒言歡。當李保珍把全家都帶出來陪我吃飯的時候，作為當年批判他的積極分子，我的內心是感慨和愧疚的。我坦率地說：「保珍，那時我們都像給鬼迷了心竅一樣，做的事情回想起來連自己都不相信。不知你現在心裏還記不記恨？」「唉，都過去了，還提什麼……」

「其實那真是冤枉啊！」保珍夫人吳友香接過話頭說，「控萌的時候急著回去搞自留地，砍膠樹高頭的藤條就砍到了樹身上，哪裏是成心破壞橡膠喲……」聽著她為三十多年前的往事激動地分辨，我心裏一陣難過，起身舉杯向保珍說：「今天這桌是我請的賠罪飯，誠意向你道歉！」聽得王啟輝、李天保他們都笑了起來。李保珍則連連擺手道：「說哪裏話，到了這裏還會讓你請客?!」……

知青**tianyadong**還感慨地回憶道：

我是「一打三反」後期參加團工作組的，運動前期為了出成果，把各連的司務長都集中到團裏辦學習班，沒有揭發材料就要各人算「良心帳」：你家買過火水（煤油）嗎？買過鹽巴嗎？買過……這些年是不都是占了公家便宜嗎？然後再按一個月用多少火水、多少鹽巴等等，得出一個數字，再乘以當司務長的時間等於貪污數量。搞得這群人互相商量著，都按此精神上報貪污數，戰果一下子就出來了。我後期去的任務就是復核，說白了就是平反。聽到一個個司務長訴苦叫冤，我們則講些要正確對待運動之類的客套官話，然後平反了事。想來真是坑人呀！

看了知青tianyadong回憶，回想起兵團當年「一打三反」運動這種揪鬥檢舉的場面，依然心有餘悸。慶幸的是，事過境遷，當事者雖然明白一切都是大環境所迫，但還是以誠懇大度的心態，表示了內疚歉意和理解原諒。雙方把酒言歡，一笑了之。但也有更可憐的是，有些知青卻被這場殘酷鬥爭的運動悲慘地奪走了寶貴的生命。知青**zhiying1952**說：

……我們團有一汕頭知青在「一打三反」中，因再也忍受不了持續不斷的批鬥，打他的兩根扁擔都被打斷……最後只好用一根鞋帶結束了自己二十多歲年輕的生命！

已經移居美國原海南兵團一師七團的知青**johnnyhuang**也感歎道：

提起當年往事，真是不堪回首。我們連隊的知青本無分你我出處（哪裏來的），工作小休時也談笑甚歡，生活和諧。可是，「一打三反」運動開始後，從團部至連隊各個層面一定要抓出點典型來。這下子可慘了！

我連有個汕頭知青和一個本地知青不幸成了團的樣板箭靶，團政治處專門派了軍人幹部蹲點，天天搞批鬥！大的在飯堂，小的到班務，兩種批鬥會輪番來。還叫知青們要相互揭發、劃清界線，搞到人人自危，猶如白色恐怖，烏雲蓋頂！其實只不過是講了平常幾句非政治性的鬼神笑活，嗶！不得了地上綱上線，黨團幹部特批猛批……

剎那間，我連變成「黑點」！其實我們心中有數究竟是怎麼回事。好好一班知青朋友，何罪之有？批鬥會上，因為一些有良心的知青沒有發言，也遭到一些不明內情的積極極分子輪番批鬥。結果，潮洲知青陳×斌，被扣上大帽，殘酷迫害下在看管房間上吊自殺。另一海南知青韓×奇則在極其艱苦的非人待遇的監管下，艱難求生存。當時的情景常常使人同情落淚！……

知青**葫蘆皇**說：

我們原兵團第四機械廠，也有一個海口女知青在小伙房上吊了，當時還組織全廠近千名職工對著屍體進行批判，說什麼背叛祖國、罪有應得……那女知青正值豆蔻年華，不明不白地去上吊，現在想起來，不知為什麼！？回想起來實在太可憐了！

更有的知青因為忍受不了批鬥，精神徹底崩潰，成了傻子、呆子和瘋子。知青白**沙石濤**所講的**〈陳肖容就在那裏〉**的故事可以驗證這一現象：

……一九六五年，第一批知識青年來到南港生產隊，其中，最年輕的不滿十四歲。一九六六年，十六歲的廣州知青陳肖容也下鄉到這裏。等到大批知識青年下放到那裏，一九六九年成立兵團時，廣州知青陳肖容已經成了反革命在接受專政了。

陳肖容成為反革命，那時候到現在，很多人都不能理解。陳肖容白淨而怯懦，總像是害怕著什麼。一件新衣服，她總要打上幾塊補丁才穿，只要有還能補的衣服，她永遠會把它補下去的。一個鋁鍋，她用來煮飯、洗衣，甚至洗澡。她這樣的行為叫人無法理解，甚至黎族村民也不理解，常被人指指點點。後來她被打成反革命的時候，她唯一做出的解釋就是說為了避免別人說她資產階級思想。

從一九六六年開始，我們國家總是有不斷的舉國歡騰的大好日子。在一個又一個「舉國歡騰的喜訊」傳達到農場的大好日子裏，她還是穿著補了又補的破衣服。於是，有人認為陳肖容竟然跟大好形勢唱反調，這是階級鬥爭新動向。階級鬥爭的新動向呈上場部後，引起了場部高度重視。經過一番深入調查，有力地證實了陳肖容長期以來對現實不滿，有反黨、反社會主義的動機。於是，陳肖容被打成了反革命。

在越窮越革命的年代，因為穿得破爛而打成反革命，這好像是荒謬的。其實，一點也不荒謬。小小的南港隊只有百餘人，而知識青年卻就有六十多人，領導者認為管理知識青年最好的辦法就是讓他們生活在恐懼中。性情孤僻、膽小內向的陳肖容，正好充當了一個讓知青生活在恐懼中的角色。

打成反革命後，性情原本孤僻、膽小內向的陳肖容，從此就只能更孤獨地接受繁重勞動及無窮無盡的批鬥。沒有家庭溫暖，沒有朋友的安慰，她孤單地生活著。

這樣，廣州女知青陳肖容只剩下瘋了這條路了。

隨後，知識青年大返城，孤獨的、瘋了的陳肖容卻朝野山奔去。她不再理會也不再懂什麼叫做平反，什麼叫做回城。陳肖容早已沒有了父母，也無家可回，她在南渡江畔黎母嶺上過著野人般的生活……

一九九七年，曾經同隊的廣州知青專程到海島來找她，陳肖容不知何處，只有空空的群山，荒廢的膠林。

二〇〇五年，廣州知青隊友又來找她。這次，黎族人先找到了陳肖容，告訴她，廣州知青回來了，要見見她。

第二天，她真的沒走，就在山上等廣州知青。她蹲在自己用竹條搭起的小棚裏，小棚裏有一個大鐵桶，裏面放的她的全部家當。她的臉又黑又粗，滿是皺紋，從她的眼神裏看不出她是瘋子。廣州知青圍著她跟她說話，她緊閉著嘴不回答。當廣州知青多次問她願不願意回廣州時，她突然大叫一聲：「媽媽！飛機來啦！」叫完這句後，她再也沒說話。再也沒有面對廣州知青。

第三天，廣州知青再上山，沒找到她。她曾經搭棚住的地方收拾得乾乾淨淨，沒有留下住過的痕跡。

沒人知道廣州女知青陳肖容是不是真的瘋了。陳肖容有位同隊的廣州知青說：「如果她真的瘋了，還好，至少她的人生已經屬於另一個世界。」

沒人知道陳肖容跑哪裏去了。但同隊知青知道陳肖容就在南渡江畔的山野之中，就在她曾經開墾的橡膠林裏……

第三節　煞費苦心的「收繳禁令」

受到當時的歷史局限，幾乎是在對全體人員以階級鬥爭為綱、政治掛帥「紅色管理」的同時，兵團還對知青其他的文化知識需求實行了全面的「收繳禁令」。因為在各級的許多領導看來，除毛選以外的書籍都或多或少含有封資修毒素。如果發現了的都要收繳燒毀，否則，就會面臨檢討或批鬥的後果。對此，知青aosan深有感觸道：

……我們團的政治處副主任，是個湖南人。胖乎乎挺著個海量的肚子，腦袋圓溜溜的像個特大的乒乓球，鼻毛長出了鼻孔外，一點看不出來兵團以前，他在潮汕平原牛田洋圍墾部隊種水稻的革命經歷。因牛田洋發生過大海嘯死了不少人，我與他聊天時，老想把話題引向這方面，但他絕不談及。只用濃濃湖南口音的官話一再稱自己是來自毛主席的故鄉的子弟兵，雖然文化不高，但苦大仇深，特別忠於毛主席。

這副主任有一個癖好，常常「下連隊」趁著知青們上工去了就挨個挨個地鑽知青住的茅草房，不管男的女的宿舍都進。之後就四處翻翻知青們的桌子抽屜，掀掀知青們的枕頭、草席，看看知青們都在想些什麼、看些什麼和寫些什麼？

本來《鋼鐵是怎樣煉成的》這小說，我從小看過來不下十回。重要的情節如小資產階級冬妮婭和小無產階級保爾相擁著睡覺不發生任何事情，或在火車過道裏（有點像大串聯的紅衛兵）尼娜勾引無產階級戰士保爾・柯察金「當還青春的宿願」等等都倒背如流。

那天，不慎被他翻到的一本是哥們從別的連隊借回來看的書。因為「甩頭甩骨」破爛得我難以容忍，便到小河灣對面的熱帶雨林中採集了一些樹膠回來，小心翼翼粘好擱在蚊帳頂上風乾。沒想到就當了「出頭鳥」，被抓了個正著，實在有些冤枉！

不久，全團青年工作會議由這副主任負責做總結報告，這會議同時由各連隊的有線喇叭實況轉播，那副主任原話是這樣的：「……八連，直到現在還有人看蘇修的書，講煉鋼的……」

團廣播站的廣播一般來說連隊的知青們都嫌它吵耳，久而久之也充耳不聞了。星期天出團部盲流，才由政治處通訊報導組的哥們告訴我這「特大喜訊」……

知青**鄧廣慶**補充說：

兵團建制時，每月必開全團廣播大會。當紅五星帽徽、紅領章領導建設兵團時，每個月總會有這麼一兩次全團的廣播大會。一般從晚上六點開始，長官們坐鎮團部廣播室輪流講話，將中央的精神、兵團的指示、團部的要求直達全團幹部戰士。這是全隊人員最集中之時，凡是坐小板凳的肯定是老工人，知識青年們則四處找塊石頭、撿塊磚頭坐著。

連隊的小廣場中央必放桌子一張，大汽燈一盞。而連一級的長官們，是絕對不會與普通兵團戰士們一起坐下聆聽團部首長們的講話的，他們基本上自始至終都站著，目光如電，掃視著漫不經心聽講、時常交頭接耳的人們。每個連隊的連長指導員必是黨員退伍兵，農墾時期也就是個農工，「文革」也並沒有給他們帶來什麼利益。

但當兵團成立，這些早年的複轉退伍兵們便紛紛當上基層連隊的長官了。穿著由士兵服改裝後加了兩個下邊口袋的假幹部裝，風紀扣扣得捂出一頭大汗。這次團廣播大會由政治處副主任主講，講了半天，我也沒聽明白。幾年後才知道，他批判的是廣州七中的知青駱少偉私藏「禁書」，蘇聯名著《鋼鐵是怎樣煉成的》。一本真正的布爾什維克的書，他都敢批判？可見此位政治處長官的政治水平了?! 甚至可以說是有文化，沒頭腦！

知青**qaz**回憶道：

> 我到師部文藝宣傳隊的節目文學劇本創作組，當時奉命為宣傳副統帥林彪的「兩個題詞」寫過不少東西。那副統帥一倒，出於在暴風驟雨「文革」中養成的政治敏感性，我趕緊把手頭上所有的創作手稿，在茅草房後面的草叢中一把火燒了。但團工作組——政治處保衛科的林××（現役軍人，現在深圳工作），立即帶著兩個來自梅縣與興寧地區的政治學徒也來了。盤問我昨晚半夜三更的在茅草房後面燒什麼？還讓我帶他們去翻一翻紙灰，看看能不能找到一些燒剩的什麼？自然是對我「燒家信」的辯詞一百個不相信，真讓人有些頗為氣惱……

前年場友相聚，自由兄弟也曾聽到過一則深秋夜焚《紅樓夢》的苦澀回憶：故事發生在一九七二年深秋。當時某團團部總機有兩個十六七歲的姑娘，大一點的姓王，小一點的姓苗。兩個姑娘長得都清雅秀美、活潑可愛。這話務員的工作白天十分輕鬆，只是接接線、說說話，時間倒容易打發。可是一到晚上，各連隊的電話少了，時間就特別難捱……

於是，生性好動的兩個姑娘有些耐不住寂寞，便找到了警通班的班長，請他借一本生動有趣的書來看。這班長是個廣州知青，心腸又軟，經不起兩個楚楚動人姑娘的懇求，尤其是從心裏還喜歡其中的一個姑娘小王。於是竟「色迷心竅」地從箱底翻出了一本當時視為禁書的古典小說《紅樓夢》來遞給她們，並一再交代兩位姑娘閱讀時千萬注意，別讓人知道她們在偷看禁書。兩位姑娘拿到書後歡天喜地走了。

白天因為人來人往，不太方便，只有等到晚上更深夜靜之際，兩個姑娘輪流值班，才將《紅樓夢》拿出來放在總機接線鍵盤盒裏偷偷摸摸地看上一會，遇見有人經過窗口或是進門，兩個姑娘便快速地將鍵盤盒蓋上，然後裝著若無其事的神情，用筆填寫接線紀錄或是撰寫學習「紅寶書」的心得體會……

就這樣，轉眼過了半個多月，兩位姑娘連蒙帶猜、斷斷續續地將《紅樓夢》看了三分之二，眼看再有一個多星期就可以看完全書。忽然，一天夜晚，參謀長將兩人叫到了司令部裏。

「你們兩個姑娘好大的膽子！聽說夜晚值班還在偷看禁書。有沒有這回事？」參謀長怒氣沖沖問道。

「沒有呀！」年紀較小的苗蓮英輕聲地答道。

「沒有？有人已經將你們的書都交來了，還想抵賴嗎？」參謀長依然是一臉嚴肅地問道：「說說看，這書是哪個借給你們的？」

「是我從家裏偷偷帶來的。」小苗撒謊承擔了書的來歷。因為她覺得這時候如果說出了廣州知青班長，那麼等待他的結局肯定不堪設想，再說也不夠朋友。

看著兩個姑娘可憐的樣子，參謀長也感到有些為難。因為在將兩個姑娘調到團部警衛通信班時，參謀長就對小苗的家庭十分清楚，她的父親是一個公安部門的領導，根正苗紅，繼續追究下去有些不妥。於是，他用緩和了的語氣向兩個姑娘訓導：「年紀輕輕的，那麼多紅寶書不讀，偏要看這些黃色封建書籍，萬一中毒了，出了問題我們怎麼向你的父母交代？這樣，現在給你們一個改正錯誤的機會，你們去將這本黃書燒掉！」

「這可是……」小王姑娘急著想說明原委。

「行，燒掉就燒掉，免得看了中毒。」聰明伶俐的小苗悄悄地扯了一下小王衣襟，搶先接過了參謀長手中的書來，然後就往外走。

「等等，我還要叫一個人跟著你倆才行。」參謀長起身走到隔壁，叫來了一個參謀，大聲吩咐：「小張，你給我盯住這兩個姑娘，看著她們把書燒掉了才回來。」

接到命令，張參謀跟在兩個姑娘後面，來到了團部辦公大樓後面的垃圾池邊，隔著十多步遠的距離對她們喊道：「快燒、快燒，燒完我好回去交差！」

在張參謀的再三催促下，兩位姑娘一邊含著委屈的淚水，一邊很不情願地開始一頁頁地撕著手中的書籍，然後劃著火柴燒了起來。那情景，真有點好似黛玉葬花般的可憐和無奈……

「該怎麼辦才好，這可是借人家班長的書呀……」小苗心急如焚地在心裏唸叨。忽然，她看到旁邊有一堆辦公倒掉的廢紙，頓時一陣驚喜。「有了，我們來個瞞天過海……」她小聲地對小王說道，快速地將書塞到靠邊的垃圾角邊，又急忙撥弄著一大把潮濕的殘葉泥垢蓋上。那小王也配合得相當默契，拿起一疊廢紙一張一張地往火堆丟。許久，直到那一堆廢紙都燒得乾乾淨淨之後，跟隨的參謀才放心地離開彙報去……

但是，經此驚嚇，兩個姑娘再也不敢偷看禁書了，過後她們趕緊將一本殘缺不全的《紅樓夢》悄悄還給了班長，剩下書中的三分之一段落情節，便成為她們少女心中一個好長時間急於解開的夢幻……

「後來那位班長罵了你們沒有？」今年深秋聚會，我又見到那個俏麗依舊、風韻猶存的小苗，好奇地問道。

「沒有。他也是嚇了一身冷汗，況且他還暗戀著小王。還書的時候，小王也挺夠義氣，把一切過失都擔在自己身上，他還有什麼可罵的……」小苗有些感慨地說道：「直到一九七九年我回城當了幹警之後，才看完《紅樓夢》全書，並沒感到有多大的毒啊！還年年進步，現在已是一級警督，看來這極左路線才是害人不淺……」

「那班長後來追到小王沒有？」我有些打破沙鍋問到底。

「沒有，風波過後，別說我們不敢再看禁書，連男女的交往都拘謹了許多，生怕落個亂談戀愛的罪名。再後來，知青回城，便天各一方了……」

「唉！還是生活在現在的年輕人幸福呀！」看著街上穿著時尚、摟腰搭背的一對對青年男女，我喃喃自語，生出許多感慨……

是啊，萬物有時，懷抱有時，青春也有時。十六七的少女，本應是花一樣的年齡，生活應該像花一般鮮活綻放，卻遇到了那樣一個不可思議的時代時期，就連看本現今喻為四大名著之一的《紅樓夢》都要承受莫大的壓力。人生有時就這樣無奈，當我們如今再來梳理之時，才發現它最鮮活的日子已經永遠過去。雖然時光過去三十多年，但每每提及《紅樓夢》字眼，小苗心裏仍會湧現這段苦澀的回憶。

當時的海南兵團不僅收繳各類「封資修」書籍，而且禁止傳抄、傳唱各類所謂「黃色、灰色、黑色」歌曲，一旦發現，輕則批評，重則批鬥。關於這一方面，我們可以從知青**黃威樂**的**〈「梁祝」風波〉**回憶中得到驗證。他說：

> 「梁祝」事件當年掀起了一些風波，我是主責當事人，不過事件很快就過去了。事件是這樣的：
>
> 那年，一連的老同學姜建華探親帶回來一部「中華牌」手搖唱機。我倆都是音樂愛好者，苦於沒有好聽的唱片。後來幾個女知青在團部廣播站知青廣播員手裏借了幾張廣播站封存的老（革命）歌曲唱片，我們又千方百計找來了一張七十八轉的崩了四分之一缺口的黑膠唱片《梁山伯與祝英臺》，樂曲是陳剛、何占豪作曲的小提琴協奏曲「梁祝」的旋律，不過演奏卻是早年我國著名的口琴演奏家石人望的口琴獨奏。雖然缺了口，但是在那個年代難得啊！湊合著吧。
>
> 不同風格的演奏美妙無比，讓我們聽得如癡如醉。我們八連一連的知青輪流拿來聽。那個晚上，不知怎的，團政治部×主任鬼使神差地突然來八連視察，讓他聽到了這曲旋律，頓時火冒三丈，馬上召集連長指導員、副連長開會，將他們訓斥了一頓。並差遣指導員來叫我到連隊辦公室聽候主任的訓斥和處理。
>
> 我心裏有些緊張，畢竟第一次和首長正面接觸，而且是要接受處理，當年因接觸這些被認為是「封資修」的東西是很容易被扣上政治問題，上綱上線的。我到了連隊辦公室，只見繃著臉一本正經的×主任一個人。
>
> 他劈頭就問：「你是黃威樂？」我說：「是。」「你們剛才聽什麼？」「聽音樂。」「用什麼聽？」「手搖唱機。」「你們還有誰聽過這音樂？」我沒作聲。「你知道你們聽的是什麼音樂？」我說：「梁祝。」

他卻訓斥起來：「我早就聽說我們團有個知青小團夥經常偷聽黃色音樂，今天讓我碰著了，原來這個小團夥就在八連。你是主要人物，你把唱機交上來，聽候處理。」他再次問我還有誰聽過這音樂，他要查個水落石出。我一聽來「火」了，霎時，什麼緊張都沒有了，我反駁說：「我沒有聽黃色音樂！」

「那你知道『梁祝』是什麼嗎？」（嘿！當我是「傻子」，矇我。）我說：「知道，梁山伯與祝英臺是為反對男尊女卑、反抗封建婚姻制度而殉情，這首曲子是根據這個故事內容創作的，沒有半點黃色的味道，怎麼是黃色音樂?!唱機是借來的，要還給人家，你要處理就處理我！」（嘿！我當時真夠猛，很理直氣壯，因為我根本沒聽黃色音樂。）

「……」無言。稍靜了一會兒，主任口氣軟了，來了個一百八十度大轉彎，說：「其實這首樂曲我讀高中的時候就聽過，挺優美的，可是現在不讓唱了，我們當兵的連〈我是一個兵〉都不讓唱了，你們聽這個就不對。」我不語，心想：你可以這樣說，但你說我聽黃色音樂就不行！這樣唇槍舌劍了大約半小時，他說：「你回去吧，這件事怎麼處理，我們回去研究再定。」

爾後，連指導員又要我交出唱機，我沒答應。之後，我們連夜託機務連的知青駕駛員用拖拉機將唱機送到團部食堂老同學陳熾煦那裏，把廣播站的唱片還了，將事情通知了「涉嫌」知青。我還趕到一連，和姜建華、陳熾煦三人訂立「攻守同盟」，真是慌了手腳。

結果是：事件由我而起，×主任也認定我是主責當事人，那就我去承擔，至於還有誰聽過、唱機是誰的和廣播站借唱片的事我是不會說的。當時我並沒有多少恐懼，我們已經沒有家了，父親進了「牛欄」一直沒見過，母親去了幹校，兄弟妹妹各分東西，沒有什麼負擔，聽天由命吧。不過還是擔心會給我上綱上線，不知會扣上什麼政治帽子……

事件就此過了數天，沒有半點聲息，心裏七上八下，忐忑不安，不知團裏怎麼處置我。又過了一段日子，一天，連指導員找我，說團裏要借調我。我心想，終於要發配我了。我問：「去哪裏？」他說：「主任親自點名要你到團文藝宣傳隊拉手風琴，馬上打背包去武裝連報到。」哦，心裏一塊石頭落了地，事件雨過天晴了。在團宣傳隊我又多次正面接觸×主任，他卻很客氣，對「梁祝」事件隻字不提，壓根兒就像沒發生過這件事。

也許，他良心發現，得饒人處且饒人吧，何況「梁祝」根本就不是黃色音樂；也許，他在我面前說了不該說的話：「這首樂曲我讀高中的時候就聽過，挺優美的……」（如果定性我聽黃色音樂，那大主任不是比我還早就聽黃色音樂了嗎？）；也許……反正事件已經過去了，咱倆是不「打」不相識啊！

現在回想起來，政治部主任嘛，搞政工出身，在當年是要狠抓意識形態的，這是上頭的命令，也是他的工作，這能理解；不過在這個工作過程中，他的一些小動作使知青們很反感。要知道，當年我們是王屏山教育出來的華師附中學生，綜合素質是不錯的……

客觀地來說，這位政治部主任也同那位團參謀長一樣，內心並無惡意，甚至是出於無奈。他們所處的環境，所處的領導位置，所肩負的教育知青的「政治任務」，使他們不得不遵從上邊的意圖，即使心中明白，也不得不違心地將黑說成白。但從中我們可以看到，受極左路線和思潮的影響，當時整個兵團的人員，尤其是接受「再教育」的知青，各種文化娛樂生活都處於一多麼單調、封閉和壓抑的狀態……

就拿自由兄弟所在的連隊來說，全連僅有一份《人民日報》和一份《兵團戰士報》，還有指導員訂有一份不能外閱的《參考消息》。晚上有時連電也沒有，煤油又十分緊缺。於是一到傍晚，知青們只有在外稍稍聊聊天，就早早上床睡覺。而聊天時還不敢有牢騷怪話，更不敢胡說八道，免得被人打小報告說是「對社會不滿」「傳播封資修」挨上綱上線批鬥。

如今想來，其實當時的男女知青都是在極其封閉貧乏的文化生活狀態中，似懂非懂地領悟人生性愛與情愛的美妙，朦朦朧朧地度過自己最珍貴、最衝動，也是最危險的青春發育生理期的。慶幸的是，絕大多數知青靠著自己的悟性和堅韌都邁過了這一重要人生轉折，並且後來成為了頗懂人情世故的丈夫和妻子。說到這一點，除了感謝老軍工和大嫂們的關懷，還得益於知青兄弟姐妹們之間的相互關愛和善解人意。許多知青正是在這種青春騷動、異性相吸的交往中，不斷成長成熟為生性豁達、樂於助人的男人和女人，並慢慢培育了超出情愛、性愛範圍的純真友情。

在知青**成堅**大姐的博客中，自由兄弟讀到了一篇**〈兵哥「魯智深」〉**的回憶，對這種純真友情做了深刻的闡述：

回城兩年後，連裏的女友敏媚來信告訴我，「魯智深」死了。他死在一個風雨大作的夜晚，就在我原來住的那排小瓦房，被狂雷擊倒就再也沒有站起來。二十八歲的「魯智深」永遠留在了那片荒蠻的土地上。這個不幸的消息讓我傷心了很久，直到現在也不知如何才能道出我那時的心情。

「魯智深」原名梁智深。「魯智深」是我給他起的外號，後來誰都不叫他的名字，外號代替了他的真名。「魯智深」不知哪來的那麼多快樂，成天嘻嘻哈哈，和人打諢逗趣最起勁，大家總說他老大沒正經的，卻又愛聽他海侃山聊和看他裝神扮鬼出洋相。特別是上工，跟著他一路笑著去，一路笑著歸，很是輕鬆愉快。連長拿他沒辦法，他根正苗紅，又不「犯上」，又不「作亂」，沒正沒經的話不沾政治不流氣，還挺有點哲理呢！

到新連隊安營紮寨那天，來自各個老連隊的「插兄們」就坐在震顛顛的大卡車上聽他侃了一車笑話，快樂的笑聲幾乎炸得山崩地裂。車上只有我一個女的，給他惹得笑了又忍，忍了又笑，硬是不敢笑出聲來，誰知他什麼底細，笑話裏是否藏了定時炸彈。

我才跳下車，他就倒背手圍著我轉了兩圈，上下把我打量了一番，便嘻皮笑臉地問我：「這深山野嶺又沒秋千浪橋，又沒葡萄美酒，你來幹什麼？你不怕野豬把你吃了，見不著爹媽？」我好生委屈辯道：

「又不是我自己要來的，叫你來，你敢不來？」「魯智深」一時無語，好像略有所思，過一會兒，他用力一戳立在旁邊的鋤頭，一本正經地對我說：「好吧，從今後我就是你哥，你就是我妹，我保護你！」看著他那副救世主的樣兒，我只覺得好笑，心裏嘀咕，我都有了兩年多的奮鬥史，光榮的傷疤也不知落下多少了，還用你保護？我只當他在瞎開心，沒往心裏去。

誰知，「魯智深」說到做到，只當自己是哥哥，要是遇到什麼為難事，他就站出來護著我。可是我從沒把他當哥看，只以為他好事。有一天，他嚇唬我說：「你呀，要學會笑，要不你會很快變成老太婆的，變成老太婆就回不去了。」一番話擊得我直吼吼，面對那麼多的不如意，不知叫人怎麼才笑得起來。他一拍胸膛，道：「學我，你就笑得起來了。」似乎他是個快樂之神，可以主宰人。我不服氣地頂了他一句：「我要像你那樣沒煩沒惱的，定笑得比你更開懷。」他沒反駁我，聳聳肩走開了。

他從不好好叫我的名字，非要在我的姓名前加一個「小」字不可，管他什麼場合，見面就大叫我「小成堅」。我以為這種叫法有損我老戰士的尊嚴，儘管那時我還不到十九歲，長得小巧玲瓏。我詞嚴色厲地正告過他，不許他叫我「小成堅」。可他沒接受，反而叫得更響亮，他說巴不得讓全世界的人都聽見他這樣叫我，尤其要在那些分派任務不要命的人面前多叫幾聲。

遇到男女搭配分組勞動，他就自動要求和我一個組。說是兩人合作，其實是全部的任務讓他一個包攬了。領導一來，他就要我裝個樣子，還在領導面前誇我幹得賣力，領導一走，他就叫我休息。那時我三天兩頭犯瘧疾，他清楚。

誰都知道他有一位漂亮的女朋友，在另一個團，還是指導員呢。他們的戀情是在他被派到她的連隊學習時滋生起來的，兩個人好得叫人羨慕，幾乎每天他都收到她的來信。

有一天，他又多事了，神秘兮兮地問我：「你有男朋友嗎？喜歡上連裏的誰了？」我衝著他吼道：「我不知道什麼叫男朋友，誰我也不喜歡。」事實上，我也真沒男朋友，那時候，在感情問題上我屬於白癡。他聽我這麼吼便釋懷大笑，連連說：「沒就好！沒就好！」可是過不了幾天，大家傳開了，說我有男朋友，在北方，是個軍官。我耐著性子問他們這麼美妙的天方夜譚是誰編造出來的，大家都說從「魯智深」那兒聽來的。

我很生氣，怒火沖天地要找他算帳，明知他發高燒我也不管，硬把他從床上叫出來，憤憤地質問他：「你這個壞傢伙，安的什麼心，想害我不是？」他明明聽見我在罵他，卻裝著沒事，只一個勁地笑，然後把我拉到一邊，小聲地對我說：「我是在保護你，懂嗎？傻丫頭。」那時，我真不懂他的用意，恨他恨得要命，任他怎樣表示認錯，就是不原諒他。後來長大了，真正地長大了，才懂。可是，等我全懂了的時候，卻永遠失去了感謝他的機會。

有一個星期天，「魯智深」出了個大洋相。起因是連裏沒批准他的結婚報告，說要等建好小瓦房後再說，而小瓦房何日才能動工建，誰也說不清。他無可奈何，一時想不通，於是發瘋地叫別人給他剃了個光頭，拿著一根扁擔，圍著我們的小草房傻傻地滾打了三圈，一面滾打一面叫嚷：「你們看呀，我要去當和尚了。」起初我們直笑，可笑著笑著，竟笑出了眼淚。他自己也哭了，涮涮的淚水流得我們心痛，這一刻，我徹底改變了對他的態度。

沒多久，小瓦房破土動工了。那段時間，「魯智深」特別高興。我們成天拿他要當新郎了來取樂，他一點也不生氣，隨我們怎麼說去。我們都盼望早日吃他的喜糖。可是，小瓦房剛建好，才住進去沒幾天，還沒來得及吃他的喜糖，我就回城了。走的時候，我沒跟連隊任何人道別，走得像個賊。

回城後，我們沒有聯繫，漸漸地，他消失在我的記憶中。可是當得知他永遠離開了這個世界的消息時，他又回到了我的記憶中，而且每當想起他，就會感到愧疚，很後悔自己沒把他當哥哥，沒領他的好意，沒向他說過一句感激的話。

看得出，這是作者心底珍藏之作，其內心的悲痛和懷念是難以言喻的，而只有經過艱難困苦又得到關愛保護的日子，才會有這樣一種感激的心境。由此，我又想起了當年在一座陡峭的山嶺砍岜，有個女知青的腳掌不慎被尖竹樁刺傷，流了好多血，根本無法步行下山，結果是男知青們輪流揹著、抬著將她送到衛生所，大家沒有半點取笑，反而都覺得很坦然自豪。而連隊的女知青每到月底也會常常送上幾斤飯票給男知青，遇上星期天休息的時候也會將男知青的蚊帳、被套一併洗乾淨。因為困苦的生活逐漸教會了男女知青們要團結互助才能對付困苦，這種純真的友情有的甚至一直延續到回城後的今天……

第四節　充滿悲歡離合的「伊甸園」

寫下這節標題之後，自由兄弟竟有些茫然和心酸，海南兵團幾年，也許是當時自由兄弟年齡太小，抑或是身負「黑五類」的思想包袱，自由兄弟沒有愛過任何一個女人，更不會有女人愛我。即使是在我後來的歲月，因為家庭和社會的壓力，別人給我介紹對象之時，女方聽說我出差多，工種差，見上幾次，就找個理由與我分道揚鑣之時，我也沒有感受到什麼痛苦或難過。因為那時，只要有一副象棋、兩斤米酒，我就可以忘記一切。而我後來與妻子也是很乾脆俐落地確定婚姻關係，當時唯一苦惱的就是沒錢請酒。於是，至今，我也沒有體會過那種愛得死去活來的滋味。

但是，在自由兄弟的記憶之中，我所在的九連，可能是連隊領導通情達理，還不到一年的時間，就有相當多的知青大哥、大姐好了起來，甚至連平時工作、吃飯都像兩口子似地恩恩愛愛，親熱得不得了。據說，最後成為夫妻的都有八九對。與我們一起去的同學和廉江知青，都或多或少談起了戀愛或與異性有相互好感的經歷。如我前面所說的安鋪知青大哥莫華清和朱觀娣，與同鎮的大姐黃少華和吳月英相愛時，還讓我感到失落了好久。

本來，因為同是一個縣來的緣故，再加上我的年紀在連隊最小，這兩對安鋪來的大哥、大姐總會疼愛地給我一些關照，除了連隊加菜時多勺上幾片豬肉，有時還會悄悄地給我留上一坨香脆的鍋巴，或是尋找一些好吃的東西。可是，不知怎麼回事，這兩位安鋪哥哥就漸漸地很少再帶我去找「野味」吃了。他們有事無事總愛往兩個大姐姐的宿舍裏鑽，而兩個大姐也一到他們的房間聊天就是老半天，還經常幫他們洗衣洗被，那種粘粘糊糊的樣子讓我看了很不舒服。有時晚上還常常在宿舍找不到他們的蹤影，真是有些氣人……

後來，聽其他的知青議論，我才知道這莫華清愛上了黃少華大姐，而吳月英大姐也喜歡上了朱觀娣大哥。唉，這都是伙房結下的情緣。沒有兩位「重色輕友」大哥的帶領，我肚子餓時，只好獨自去偷連隊的花生和木薯充饑。再後來，我被調到了十連，漸漸與他們也就少了來往。再再後來，我頂職回到了鐵路，要在新的困境中掙扎，也就更少想起這兩對安鋪大哥、大姐了……

很長一段時間，在自由兄弟的理解之中，男歡女愛，就是找老婆結婚生孩子。說個笑話，直到一九八八年，我在宣傳部負責組織大型歌舞《理想之歌》撰稿編排和人員抽調工作，兩個跳舞的姑娘因為都對男一號演員產生了好感，竟爭風吃醋、茶飯不思地影響了排練，我勸說的方法是要其中的一個姑娘看看是否能再選擇喜歡另外的小伙子。

不料，那姑娘聽了半天勸解，突然嗆了我一句：「你以為愛上一個人是這麼容易的嗎？傻瓜！」搞得我有些莫名其妙又無可奈何，最後還是與導演商量，將兩人節目錯開了事。這，也許是那個時代，留給自由兄弟不太懂得愛情的一個缺陷吧！

直到最近，看了許多海南知青兄弟姐妹的回憶，我才有些意外地體會到，當時由於種種原因，兵團竟然有相當一部分知青不能談戀愛，或者是不敢談戀愛，甚至談了戀愛也會因種種緣故而遭到阻止和壓抑，有的還會因此走上了不歸路，最後演繹出許多悲歡離合的故事。以至於我不得不專門安排一節來收藏他們的動人心魄和催人淚下的愛情故事……

在海南知青**鈕海津**的**〈清清小溪十八彎〉**的一文中，我曾讀到過一則催人淚下，講述知青與當地黎族少女相愛的故事：

……小溪淺，無論我們怎麼躺下也會露背露什麼的，就像一頭頭黑豬戲水，此謂之泡豬。好多好多的故事就從泡豬中發生了，好多的，我只講一個。

小梁和小陸是與我同居一間茅屋的知青，咱仨總在一起泡豬，共用一日之中最令人神往、令人心怡的時刻，或傳家信所言，或道當天見聞，或戲水中飄物，或打騎馬水仗，在那無所適從的日子裏很是解憂。當然，小聲評議蹲在小溪南岸看我們泡豬的黎族少女，是我們的每日話題。

剛來小溪泡豬那陣子，真不習慣，很為洗澡時有近在咫尺的異性而尷尬。被她們觀摩時，我們羞得無地自容，抬不起頭，翹不起身。憋久了，只好求還未下水的同伴們扔條水布來裹身，狼狽地逃出小溪，在草叢裏穿好「三角幾何」，再回到溪邊洗淨工裝。其實，心裏也感刺激，只有這時才覺得下放海南島並非全是無味的時分。

怪，這裏的黎族少女都像啞巴似的，每當我們跳進小溪裏泡豬時，她們就陸續從山裏來到溪旁，三五成群地坐著看我們這些漢人，漢男人。很無聲無息，很目不轉睛，趕也趕不走。日子久了，她們就從我們當中選中重點對象，幾乎是每天進行長時間、近距離的詳細的觀察，占領了我們泡豬的全過程。有一位瓜子臉的黎族少女，選中了小梁為重點對象。而她，也就成為咱仨的每日話題之一。

她與她們一群，穿的是一身湛藍色的開胸背心和直筒裙，繡在衣服上的紅黃線花深奧莫測，露出的乳房和小腿以及光腳丫讓你想看又不敢看。她看到小梁被我們按到水裏打屁股時，她常用手背捂著笑開了的嘴巴。小梁說此時的她「很甜」。我們縱容小梁「開展一幫一、一對紅」的活動，小梁則使勁地向我們潑水，於是水仗再次打響。打得興起，就越站越高，什麼都露出來了。幾米之外的南岸傳來吃吃的笑聲，我們不約而同地又坐入水裏！一天的苦楚盡在小溪流去之中。

年紀輕輕的有什麼苦楚？有的。我不是說勞動的苦——儘管那種強度對我們來講太殘酷，太不人道。我們的苦楚來自政治壓力，來自思想痛裂。小陸的家庭是資本家成分，來海南島之前父親被活活打死，母親則被逼瘋。小梁的家庭是貧民成分，他來海南島反而增添了疾病之中還在賣豆腐的父母的經濟負擔，一家五口平均每人七元錢的月生活費本來是由他負擔五分之三的，而不來海南島則視為不忠表現，他和父親在「下鄉學習班」裏熬了十幾天熬不下去了，才不得不表示效忠。

我嘛，父親被關在走資派大牢裏，被造反派打得死去活來，幾次告訃而又未訃，他未死在白軍、日軍、蔣軍手裏，生命卻在造反派的手掌翻與不翻之中；母親在我和弟弟到兵團來的那天，是被造反派用繩子牽著趕到學校上車地點與我們告別的。我們都是帶罪來到中國人民解放軍廣州軍區海南島生產建設兵團接受再教育的，要脫胎換骨，用勞動的汗水洗盡自己出身的污垢。藉著這種思緒搶大錘、劈利斧，改天換地，勞心勞力的沉痛程度不言而喻。小溪，夜燈下的小溪成了我們洗滌汗水、淚水的涼床，岸邊看我們泡豬的黎家姑娘成了撫平我們身心創傷的溫柔。

自從我聽說明年工農兵上大學除了「層層推薦」外，還加一了條「憑考試成績決定錄取」的消息後，心中死灰復燃。白天仍出大力、流大汗誓把荒山變膠園，夜裏則躲在被窩裏打著手電筒啃數、理、化課本。這些書是跑了幾十里借回來的，由於不懂的地方無人可指正，只好反覆地、大量地演算習題，以求貫通。書讀得很不瀟灑，因此泡豬的興趣也沒了。往往是趕到小溪裏三下五除二地擦擦身子，略感已淨便狼狽地竄回茅屋偷讀去也。精力有限，我無暇顧及朋友，把個小陸、小梁撂到了一邊。好久了，總有兩三個季度了吧，一夜，當他倆濕漉漉地帶著那個黎族少女悄悄地回到茅屋並反插門梢時，我終於才知道他倆和她戀愛上了！

我坐在床上，木瓜似地看著他倆安頓她；小梁讓出自己的床鋪讓她睡，自己要和小陸搭鋪。她搖頭又擺手，表示不用睡床，指指地上做做動作表示還是按黎家習慣坐在地上抱膝而睡。他倆無奈，在地上鋪上一張報紙，她點頭笑了，坐到報紙上抱膝而笑，輪番地望著我們，還是笑。

一夜無事。當晨號吹響時，我們從床上跳起，收床、打飯、備刀、扛鋤、排隊、入列、受訓、呼號，最後高唱戰歌開赴工地。黎家姑娘留在茅屋裏。半路上，原先整齊的隊伍已成土匪上山狀，三三兩兩地蠕進。我想起臨出茅屋前小梁打著繁多的手語教她「不要站起來、站起來會被別人發現、中午我們輪流回來給你打飯」等等，忍不住放聲大笑。我們三人一直相互捶到工地，肩膀也被捶腫了。

她和我們三人共同生活了五六天。

你們一定以為我會接下來寫些深入報導的了。真可惜，知青那個年代，前期一點也不羅曼蒂克。儘管她很想我們當中一位同她結為百年之好，但小梁和小陸只是茅屋藏嬌而已，他倆很認真，很滿足。真是這樣的。

一天，我們放工回來，黑漆漆的茅屋裏再也沒有一個撲面而來的黎族姑娘了。

又一天，我們放工回來，黑漆漆的茅屋前蹲著一個黎族老伯。看到我們高高大大地走近，他咧開大嘴笑著問哪一位是「梁同志」。但見此公：手裏提著一隻紅冠大公雞，腰裏別著一把獵刀，刀柄上插著一枝綠葉。我們癱了，這不就是老戰士們常說的「黎族阿爸拜女婿」的實況演出嗎?!小梁嚇得無影，小陸驚得無蹤。我戰戰兢兢地用黎話向老伯致意：「撈塔撈控！」（意即吃飯飽，是當時黎族人最好的問候語）老伯笑著對我說些什麼我一句也拾不著。怕事情鬧大，我叫老伯第二天再來。

如是兩次，小梁、小陸照跑不誤。紙終於包不住火，連隊像滾水一樣開鍋了。事因第三次不是老伯獨個兒笑瞇瞇地來看我們，而是一大夥攜刀舉槍、怒目提眉的壯黎殺到連隊來也。連長領著一大夥老戰士向來賓們點頭哈腰遞煙敬酒，熬到團部派來的專車趕到，又由團長帶著一大幫科長向來賓敬酒遞煙哈腰點頭，最後以一百元鉅款作息此役。來賓們一撤，首長們霎時反笑為怒，咱仨像小羊似地被五花大捆，批鬥會從夜裏開到天明……

我獨自坐在小溪裏泡豬已經三月有餘了。三個月以來她是頭一次出現在溪邊，靜靜地坐下來，靜靜地看著我。她想哭，我也想哭。小梁已永別人世，上個月經兵團醫院證實他不是裝瘋後，才允許他回廣州治療，在「紅衛五號」海輪途經香港水域時，他從船上奮力跳入大海想向那邊游去，可是未能游出船沿翻起的捲浪就被漩渦拉進了船底。小陸被發配到海南島中部，那裏正在挖一條準備貫穿五指山腹地的戰備長壕，他的來信只有六個大大的草書：很苦很苦很苦。我用毛巾拭淚，在黑幽幽的綠蔭下，在黑粼粼的溪水中……

另一則是知青**鈕海津**在**〈黑漆漆的孤枕邊是你的溫柔〉**一文中以第一人稱講述的一個刻骨銘心的故事：

……在海南島，最令人神往的時刻是三起：夜幕掛起，月亮升起，蟲兒嚷起。二十年前週末的我們，在這個時候沿著草香，拐著長滿血泡的腳丫登上小山坡，圍坐成堆，傾長訴短，好生熱鬧。

上島已經兩年了，勞作、學習、生活，還有年齡的長大以及荷爾蒙的激增，我們一改過去那種封建割據的場面，男知青和女知青能盤腿對視、呀呀罵俏、對流感情了。儘管開頭是集體活動，但爾後也慢慢地分裂出個體戶來了。知青戀愛史總算從初級階段漸入中級階段。

想當初，大夥兒血氣方剛，精力全倒在勞動和學習上，早晨天未亮就爬起來早讀、早請示，白天在工地上大幹十來個鐘頭，晚上點著煤油燈晚讀、晚彙報。如此兩年，兩年如此，你說疲也不疲？戀愛，滿足了知青們從一心一意接受再教育至三心二意地轉變期間的精神與物質的需要。

於是戀事鵲起，可歌可泣地發生在我們連隊。

那是鳥啊，歸僑學生，芳齡十九，眉清目秀，屬我管轄的四班戰士。對了，要交代一下，那年頭咱們愛給夥伴們起外號，號源來自京劇樣板戲和幾部老是映來映去的片子。因為她的模樣長得酷像蘇聯電影《列寧在一九一八》裏一個小女孩，在列寧同志辦公室畫畫的小女孩。電影裏，列寧同志指著畫面上的草狀物問她：「那是草嗎？」她答：「那不是草，那是鳥啊。」列寧同志笑了，抓起她握筆的手在紙上重畫：「鳥啊鳥啊，鳥不是這樣畫的。」我們在一工地上尋開心的時候，就把上面的對話用電影配音演員的音色學出來，哈笑之時，那是鳥啊總會現出羞澀的美容，煞是好看。

那是鳥啊在印尼的首都雅加達念中學時，她的中產階級父母已為她在業餘時間安排她讀完了音樂、舞蹈、美術、吉他、手風琴、二胡和笛子等功課。她的多才多藝在我們連隊的某某思想文藝宣傳隊裏大派用場，我們皆成了她的跑龍套者。一天夜裏，那是鳥啊把我那首發表在《兵團戰士報》上的階梯詩〈心，飛向北京〉譜了曲子。一點鐘左右，她用石塊扔響我們的房門後，抱起吉他哼起了輕訴之歌，好動聽好動聽的。我、讓列寧同志先走（小陸）、不見鬼子不掛弦（小梁）三個人只穿著三角褲趴在黑洞洞的門縫裏朝外窺視。但見她如月光下的仙女，飄飄然，白燦燦。正看得來勁，聽得出神，我屁股猛地一疼，被不見鬼子不掛弦一腳踢出了門外。

原本我是發誓不在兵團裏談戀愛的。打那以後，卻和那是鳥啊有來有往，甚至一個作詩，一個譜曲，集成《海南知青組歌》傳開去。流毒當然甚廣，終於引來兵團專案組專了我的政。七鬥八鬥，我只供我自己而不招供同黨；於是被施以重刑，發配到採石場掄大錘。

打石，得光著上身幹，烈日之下也不能戴帽，以便掄起大錘時利索無阻，狠命地砸下去才能驚天動地，破石裂岩；還得著長褲，以防大錘擊石飛濺起細小鋒利的礫片刮去膚肉；並且得穿一雙破皮鞋，以免利岩鋒面割破腳底。打石是重體力活，誰上去幹誰就非脫幾層皮、掉幾圈肉不可，除非你不想完成指標。

然而這麼重的活，卻一不加糧，二不加菜，憑一桶白開水苦熬十幾個小時，你說死也不死？多少次從石場下來爬不回連隊，就在拉石的牛車上死狗般地睡到第二天開工。那是鳥啊給我送飯，她每頓只留一兩飯自己吃，其餘的飯連菜全部扣在我的飯盒裏。看著我狼吞虎嚥的模樣，她眼淚唰唰地往地上掉，甩起小辮子唱了好多條語錄歌激勵我。如果不是她的飯和歌，我或許絕不會像昨天和今天那樣在困難面前無所畏懼的。

可是一個月後，那是鳥啊不見了。有同學告訴我，她被揪到團部辦學習班去了。團部專案組的吉普車闖入連隊，叫值班排長把那是鳥啊從工地上帶回來，只准揀兩件換洗的衣服就上車走了。

我失去後援，累昏在岩石上好幾次。

二十多天後，那是鳥啊回到連隊。「我要調到新連隊去了，」她跑到採石場來告訴我，「但是不准我們再有來往。」她替我擦去背上一層汗泥：「也不准通信。」她挪開我搭在她肩上的手：「否則要加重處罰。」她餵我一片芒果：「你一定要離開兵團。」她的淚眼望著地上：「不要管我。」

沒幾天，我又返回四班當班長了，手下的戰士不是十五人，少了一個，那是鳥啊。

十多年後，我在任職的一家中國某某報社接到一封她寄自美國的信，信云十多年前，她為了解救我，在學習班裏「勾搭」上主持專案的某政委，她求我不要記恨她不理不睬我的那幾年。落款的簽名是很漂亮的一行才女秀書：那是鳥啊。

看完鈕海津講述的兩則男女戀愛故事，自由兄弟的心忍不住隱隱作痛。如果說上一則故事是因為年輕好色、缺乏自制，占了便宜又不敢負責，有些咎由自取的話（但也不該如此殘酷批鬥，將人逼瘋致死），那麼下一則故事的主人公因文獲罪，就實屬荒唐，而更可鄙的是那個政委乘人之危侮辱女知青，實在是罪不容恕！

與鈕海津所說的兩則故事相比，知青**1968hfz**在**〈結婚〉**中講述的故事，就更讓自由兄弟感傷不已：

……二隊有個叫吳運來的趕牛車的男人，是來自粵東小鎮的知青。不知何故，他自己說是因為窮，三十歲了還是光棍一條。直到兩個多月前，隊裏有人替他做媒，介紹一個湖南農村妹子給他，對方才二十出頭，條件卻低得不能再低，只要讓她有飯吃就行。運來答應了媒人。不久，媒人傳話說，那女子家裏沒意見，女子下月初就來。

運來是窮光棍，什麼都沒有，突然地要成家，不得不日夜忙碌起來，首先要做的事是要像已成家的人那樣，搭一個用作廚房的茅草屋。運來日夜趕工，上山割茅草、砍樹椿；搭好了茅屋，又要砌爐灶；爐灶砌好了還缺一隻鐵鍋，運來眼下只有一個黑不溜秋的變了形的小鋁煲。搭茅屋、砌爐灶只要花力氣就行，鐵鍋要用錢買，一隻鐵鍋十幾塊錢，運來想來想去捨不得買，他最後想到去別人的茅屋裏偷一隻。偷本隊的不行，容易被人查出。他決定到鄰近的連隊偷。盤算好，運來就在一個夜晚跑到五隊，撬開一家茅屋，摸到窩在灶裏的鐵鍋，端起就走。剛出了門，想想既然來了，不能只拿一隻鐵鍋，又轉回，摸多了一把菜刀，趕緊離開。

正鑽出茅屋，卻迎面撞到兩個人，對方見他面生，手裏又提著一隻鐵鍋，鬼鬼祟祟，慌慌張張，便厲聲喝問。運來拔腿就跑，那幾個人拔腿就追，三幾步就把運來連人帶鍋絆倒在地，一邊都大聲叫喊：「有賊啊，抓賊啊！」一下子惹來了一大幫人，眾人推推搡搡地把驚恐萬分、面如土色的運來押到隊部。隊長來了，審問片刻，又搖電話到場部政工辦，說五隊抓到一個持刀盜竊的壞人，請示如何處理。政工辦的說，這麼晚了，先關一夜吧，明天早上再派人處理。於是眾人又將運來推推搡搡地押到一個倉庫裏關起來，在外面上了鎖，各自才回家歇息。

第二天早上，隊長分派完各生產班的工作，想起昨夜關在倉庫的賊，便又叫上兩個人，一起去查看，以防這個賊狗急跳牆。隊長掏出鑰匙開了門，卻赫然見那賊直條條地吊在樑上，早死得硬梆梆了。幾人大驚，趕緊搖電話到政工辦報告。政工辦來了人，查了不久，就知道死了的賊是二隊趕牛車的吳運來，偷的是一隻鐵鍋，一把菜刀。

最後，政工辦的來人在調查結果寫：「……二隊職工吳運來……偷盜被抓，畏罪自殺。」問二隊隊長農場有無運來的親屬，答：「無，正準備結婚，尚未登記，算不得親屬。」政工辦的人請示場領導後，便吩咐五隊隊長：「看能否找幾塊木板釘口棺材，在附近找個荒地埋了？」

說來也巧，埋了運來的第二天，湖南妹子就到了，她腋下夾了一捆舊棉被，四處打聽後找到做她媒人的遠房親戚。媒人只好把實情說了，女子聽了，就嚶嚶地哭泣，說無回去的盤纏。媒人也無法，只好向隊長報告，隊長說：「既來之則安之，隊裏的苟富不是還打光棍嗎？把那女子介紹給苟富吧。」光棍苟富長相不好，鼻樑塌得厲害，塌得眼耳口鼻都被拉近在一堆了，運來窮是窮，還不醜，苟富又窮又醜。隊長親自把苟富叫來，問：「想娶老婆嗎？」苟富忙答：「做夢都想。」隊長就把他帶去見那女子，問那女子：「你樂意嫁給他嗎？」女子瞧瞧苟富，皺了皺眉頭，又點了點頭。

隊長做事利索，馬上開了張證明蓋了章交給苟富，說：「給你兩天假，現在就帶她到場部辦登記。回來再到倉庫領半副床板，把你原來睡的那副拼在一塊，湊合著過吧。」「哦，對了，運來搭好的那個茅屋他不用了，就給你用吧，灶頭缺的那口鐵鍋你可要自己掏錢趕緊買回來，千萬別像運來那樣去偷啊。」隊長一一叮囑吩咐，苟富拚命地點頭，千恩萬謝之後，就喜顛顛地去辦自己的喜事了……

1968hfz還補充道：「……此事百分之百發生在我們儋縣的老農場。那年頭農場是農村人嚮往的去處，為有一口飯吃而嫁到農場的農村姑娘多得很。苟富雖醜得嚇人，但嫁給他有口飯吃，所以那姑娘見了免不了深深皺了一下眉頭，又無奈地點了點頭。後來，社會經濟好了，吃飯的問題早解決了，他們已有了兩個兒女。生活雖好了，苟富卻沒有變俊，而且更醜了，那女的也開始理直氣壯地嫌苟富的醜。聽路過廣州的農場老工人說，她後來與一位比苟富俊氣許多的光棍兼賭棍好上了，而苟富也過上有實無名的光棍生活。」

看了這則從大喜到大悲、荒誕而悲慘的故事，自由兄弟的心更是隱隱作痛。結婚，本來是人生最大的一件樂事，卻因為買不起一隻十幾塊錢的鐵鍋，而上吊自殺地走上不歸之路。未當新郎，先見「閻王」！誰之罪？誰之過？都因為一個窮字啊！

而那位腋下夾了一捆舊棉被，連回去的盤纏都沒有的湖南妹子，也是因為一個窮字，才嫁了又窮又醜的苟富。想來也真不怪她後來與一位比苟富俊氣許多的光棍兼賭棍好上，扮演了嫌醜愛俊的現代潘金蓮角色。俗話說：「愛美之心，人皆有之。」雖然從道德層面是不應該如此，但這種因為貧窮或權勢等原因，而逼迫結成的婚姻，比封建時代的包辦代替更為可惡和無奈……

如果上述幾個知青愛情、婚姻帶有悲劇色彩，那麼，**馮國森**在〈**男大當婚**〉中所講述的故事則充滿了詼諧幽默、溫馨歡樂的氣氛：

> ……廣西是我們的隊友。廣西的年紀比我們大一點點，家在農村，找老婆比我們早。
>
> 我們在農場的時候基本上是沒有人談戀愛的。一方面是生活艱苦，想吃一頓肉都難，還想娶老婆？一方面是前途渺茫，到底將來怎樣？在何處謀生？向哪方面發展？都是無解方程。還有一個原因是當時領導對男女交往的要求比較高。我們武裝連，要求男女在一起時，要保持一米五以上的距離；談戀愛必須在透亮的地方，夜間談戀愛必須在籃球場，兩人保持一米五以上的距離且兩人中間必須點一盞煤油燈。
>
> 我們認為這個規定好，是領導對我們的關懷和愛護，用口頭制定的制度，給我們思想上建築了防線，不犯錯誤。過去有個說法：千萬不要犯錯誤，如果一定要犯錯誤，寧可犯經濟錯誤，也不要犯男女關係的錯誤。如果談戀愛不小心，就容易犯男女關係的錯誤。領導已經為我們想得非常周到，男女保持一米五以上距離，就排除了男女拉著手指頭的可能性，有效地防止不健康的想法從手指頭的延伸。
>
> 如果一個男的有什麼不健康的想法，會從身體內部向手指頭擴散；如果這個男的拉著一個女的手指頭，不健康的東西從男的手指頭傳染給女的手指頭乃至擴散到全身，變成兩個人的思想都不健康，那就非常容易犯錯誤。當時，犯錯誤這個詞有非常深遠的涵義，指代一些不便說出口的意思。多少年後我在廣州

某部隊的大院看電影，戰士們坐在帆布摺疊椅子上，橫豎對齊，抬頭挺胸收腹（不知是否提臀？）目不斜視地看著。當銀幕上的皇帝拉著還不是太后的宮女往後花園跑的時候，一名戰士驚呼：「壞了壞了，皇帝要犯錯誤了！」

廣西很想犯一個拉著一位女的手指頭的錯誤，可是沒有機會。全連三十多個女的，好像沒一個有想與男的拉手指頭的心思。家裏的父母認為廣西已二十好幾的年齡，再不找老婆就會耽誤生孫子。就在家鄉託人介紹了一個女的，要廣西回去探親。廣西回家鄉，一見到這個女的就對上了眼。在家鄉登了記，帶回農場來了。人帶回來了，結婚證給領導看了，但是，許多生活上的問題來了。

一對新人，在哪睡覺？連隊都是集體宿舍，總不能跟大家一起吧。為了解決這個問題，領導把一間房子騰出來，讓這間房子的人擠到別的房間去。又號召大家用休息時間砍條子（細長的小樹或者樹枝的稱呼），用簕竾的葉子編草席。條子砍回來了，席子編好了，就在那間騰出來的房子中間將樹條子並排地插入地裏，紮成一個柵欄，中間紮兩道橫杆固定，再掛上簕竾葉子編織成的草席，築成一堵隔牆。房子被樹條子和草席隔成兩間，一間給廣西和他的新娘子，一間留著看誰「扎根」就給誰。

「扎根」原意是「知識青年扎根邊疆」的意思，但是「扎根」一到了老百姓的嘴裏，就有了比較深刻的涵義，就有了大家心知肚明又不便說出口的意思。因為中國漢字的根，語義深奥，既粗俗又高雅，既具體直接，又抽象虛擬。廣東韶關的一座叫做「陽元」的山，非常具像。某國患有男性生殖器崇拜癖的遊客一見到這個高聳入雲的傢伙驚歎得雙腿哆嗦、雙膝跪地頂禮膜拜，佩服得五體投地：這玩意才是人類的始祖啊，這個才是人類的根啊！

廣西是率先扎根的青年之一，就在那半間用樹條子和簕竾隔成的屋子裏安了家。沒有地方做飯，不要緊。收工回來，兩口子各自端著自己的飯碗，外加一隻勺子，往食堂方向前進。家裏沒有條件設灶臺，沒有地方安放飯桌，無法冒出裊裊炊煙，只有兩口子時不時坐在床頭、床尾冒出對生活的感慨和歎息。沒有大床，就用兩副單人床拼起來。

那時候的知青「單人床」，最簡單的是在地下（屋內是原始的泥地，沒有鋪磚或者打水泥）打四根樁，替代床腿的功能，然後在兩根樁的上面釘一根木棍，成了兩條腿的長凳。然後在兩張少胳膊、缺腿的長凳上放上鋪板，就成了我們進入夢鄉的幸福港灣。廣西結婚沒有大床蚊帳，就用兩張單人蚊帳，各剪掉一面，缺口相對，用針縫起來就成。廣西和他的老婆在這樣的大床和蚊帳裏，取得了豐碩的成果，生了兩個兒子。兒子出息到都讀了大學，這是後話。

連隊領導已經非常周到地安排了廣西結婚的半間房子，大床有了，蚊帳有了，可廣西還沒有與新娘睡在一起。廣西覺得，雖然扯了結婚證，雖然十多天前已經是合法夫妻了，就這樣住到一起好像不太合規矩。廣西找我，說能不能幫忙，搞一個結婚的儀式？何況還買了六斤喜糖，說什麼都要分給大家吃。

我說：「別沒事找事了，你把結婚證往門上一貼，兩個人就可以睡到一張床上，誰敢說個不字！至於你們睡不睡進一個被窩，不會有人過問。大家天天學大寨，累得半死，沒有多餘的力氣說三道四。至於那點喜糖，你放在家裏，有人來就剝兩顆，沒有人來就留著自己吃。晚上躲在蚊帳裏，你給老婆剝一顆，老婆給你剝一顆，多幸福的生活！」

我還舉例說：「有的知青探家帶回好吃的，擔心與別人分享，都是躲在蚊帳裏悄悄吃的，這事有先例。」廣西認為那是另一碼事，再三要求，請我帶樂隊在他家門口熱鬧一下，也方便給大家分喜糖。

我無法推辭，只好召集樂隊的兄弟晚上到他家門口熱鬧。我們連隊的樂隊也是團宣傳隊的樂隊，人數不多，水平不高。水平高的被歌舞團挖走，被師部宣傳隊、兵團宣傳隊調走。我們這支民族器樂為主，外加一架手風琴的樂隊，在廣西的家門口咿咿呀呀地響了起來。我們把熟識的〈咱們工人有力量〉、〈一條大河波浪翻〉、〈我們走在大路上〉、〈我騎著馬兒過草原〉、〈學習雷鋒好榜樣〉、〈南泥彎〉奏完了，還演奏了〈北風吹〉、〈紫紅頭繩〉、〈楊白勞〉。

奏完〈楊白勞〉，有人說不合適吧，人家結婚大喜，你搞出楊白勞喝鹵水，還死了，不好。我們想，還會合奏什麼呢？南霸天的狗腿子「老四出場」的音樂我們會，「鬼子進莊」的音樂我們會，胡傳奎的「亂世英雄闖四方」我們會，但都不合適。我們想，《紅色娘子軍連歌》我們也可以，就合奏了一遍。有人提議，如果我們奏樂，讓阿才來跳大刀舞，那就很精彩。

阿才來了，卻拒絕跳舞，說你們「玩我的笨七」（被玩弄、耍猴的意思）。舞是不跳了，糖果是要吃的。阿才吃著廣西的喜糖，聽著我們還算可以的合奏，沒有出現前些日子一聽到音樂就按捺不住的衝動，因為他對大家的玩法有了較高的革命警惕性，不容易上當了。至於阿才如何被「耍」，我很想寫出來，但是一直聯繫不上阿才。假如阿才現在是一個單位的頭頭，我寫他的一些文字在網上一發，對他的領導人的光輝形象是否有影響呢，要徵求過阿才的意見再說。

當廣西的六斤糖果被吃得差不多時候，我們的演奏趕緊打住，祝賀他們夫妻恩愛，白頭到老。廣西兩口子對樂隊的這班兄弟非常感激，感謝為他們操辦了一場革命的婚禮。

看了馮國森的帖子，Zhuoming忍俊不禁地跟帖道：「真實！似曾相識。與我場一位潮籍知青的婚禮極其相似。不同的是他的婚禮上還有幾斤餅乾，且每一塊餅乾都被小心地掰開兩半。別怪他，那年頭真不容易！而如今的他卻是位大款。」

是的，馮國森的這個故事和Zhuoming跟帖所說的故事的確讓自由兄弟倍感溫馨。在那麼繁忙的天天學大寨，大家累得半死的情況下，連隊領導為了解決廣西的人生大事，想方設法把一間房子騰出來，又號召大家用休息時間砍條子（細長的小樹或者樹枝的稱呼），用簕竻的葉子編草席，將房子隔成兩間，一間給廣西和他的新娘子做新房，一間留著看誰「扎根」就給誰。

而「活寶」馮國森又領著一大群小伙用民族器樂、外加一架手風琴的樂隊，在廣西的家門口咿咿呀呀地熱鬧了半天，逗著、笑著吃完了「廣西」的六斤喜糖……這樣生動而又省錢的特色婚禮，別說廣西十分感激，就是我和許多人看了都是十分感動而又嫉妒的。難怪，「廣西」挺爭氣地生了兩個又挺爭氣的兒子。試想，沐浴著連隊領導的親切關懷，又仗著一群小公雞般的知青一番熱鬧起來的喜氣，「廣西」那晚肯定是高興透頂、幹勁衝天！

是啊，許多海南知青兄弟姐妹都會記得，那曾經是如花似玉、意氣風發的日子，那也是情竇初開、魂牽夢繞的日子，儘管兵團各級領導對知青在談情說愛方面設置了許多藩籬禁界。但是，有男女的地方就會有情愛、性愛，何況還是風華正茂、青春年少的我們，自然是重重關山鎖不住愛情花朵的綻放。但這種綻放的花朵，由於種種主觀、客觀的原因，很多都是無果而終；有的甚至是還沒綻放，就於花蕊之中就被掐斷了，只留下多情自古傷離別的永久纏綿或淒婉……

在常人看來，男人一般對感情比較粗心，一經過去，就不會想起，因此往往有「癡情女子負心漢」之說。其實不然，女人愛在心窩裏，男人愛在骨子裏。女人愛男人不需要理由（其實還是要的），男人愛女人必須要有理由，或者要找出理由。一旦認為對方值得去愛，就會刻骨銘心地珍藏終生，只是輕易不會再流露出來罷了。當年，與自由兄弟同去海南的知青阿輝的戀愛故事，就證明了這個道理。

阿輝是與我同一鐵路沿線小站長大的孩子，只不過比我大兩歲，早我一年讀中學。那時，我在玉林讀初一，他已在南寧讀初二了。每次放假回來，他都會繪聲繪色地給我們講上一大堆首府文化大革命的奇聞趣事，什麼幾千人的集會，幾萬人的遊行，原來某某高官被紅衛兵揪出來掛牌遊街、威風掃地，某某小人又突然榮升要職、叱咤風雲等等……

儘管他只有一米六幾的個子，但因為能說會道、見多識廣，所以在我們的眼中形象也特別高大，走到哪裏總圍著一幫站區的小孩，連他的弟弟也比我神氣許多……然而好景不長，轉眼到了一九六八年的冬季，這革命就革到了許多小老百姓的頭上。這阿輝的父親竟也被人戴著高帽遊起街來，還挨打被關，說是舊社會曾經當個鐵路小站的站長……

阿輝在學校聽到這個消息，頓時鬱鬱寡歡。由於也受到歧視，頓感失落，整天是吃不香、睡不好，老覺得心胃氣疼，短短一二個月的工夫，人就不明不白地瘦得皮包骨頭。他母親急得不行，帶著他四處尋醫問藥，最後去到全省最有名的醫學院。醫生說他的胃腸長了瘤子，說是要開刀切除。糊裏糊塗在他的肚子上拉開了兩個長長的口子，可打開一看，什麼都是好好的，一點毛病也找不到，於是只好又急急忙忙地縫上。

當時，還不興追究醫療事故責任，只是免了阿輝的手術費，給了一些營養品，待阿輝傷口癒合後，就打發家人將阿輝接回家靜養了事。可憐的阿輝每天帶著一臉蒼白的倦容，在親友的攙扶下，搖搖晃晃地在家屬區裏走來走去地鍛鍊身體。不時還有調皮的孩子掀開他的背心，好奇地看看他的刀痕。那刀口很是恐怖，癒合處凸起一道透亮的紅肉，兩邊依稀可見縫合的線印，像是肚皮上叮著兩條長長的、晶亮發紅的蜈蚣……

而阿輝也早已經失去了往日飛揚的神采，只是有氣無力地說上一聲：「莫搞，莫搞。」再不然，連說也懶得說，任憑小孩用手撫摸著他的刀痕處……見到阿輝這副模樣，我們在暗暗替他惋惜之際，也為他的今後感到擔憂，不知道他還能不能康復起來，甚至背地裏還有人議論說他沒有多長的日子可過……

然而，誰也沒有想到，就在我們一九六九年秋去到海南生產建設兵團二三月後的冬季，阿輝也拖著搖搖晃晃的身體來到了農場，而且還分在一個新建的連隊。驚訝之餘，我抽空走了幾公里的山路，來到了阿輝的連隊。一見面就高興地緊緊摟住了這個鐵路「老鄉」，雖然他氣色好了一些，但整個身子依然軟綿綿的沒有力氣。稍一用勁，就可以輕飄飄地抱他起來……

原來阿輝見我們一起玩的夥伴下農村的下農村，到農場的到農場，站區冷冷清清的好不寂寞。那些不懂事的孩子天天像欣賞怪物似地圍著他，實在好不心煩。於是，阿輝軟磨硬泡，說服了家人和招工人員，也報名來到了海南兵團，並如願以償地分到了與我們同一個農場。來後才知道我們幾個並不在同一連隊。初來乍到的阿輝也不好再提條件，就隨遇而安地來到了剛建點的連隊……

臨別，看著正在忙碌地蓋著茅草房宿舍的連隊農工和知青，想著新建連隊工作生活都十分辛苦艱難，我不免為阿輝的身體擔心起來，很想告知帶他的老軍工多擔待一些。誰知還沒等我開口，那老軍工就用濃厚的四川口音說道：「放心走囉，我們會好好照顧你這個小哥們的。他的身體狀況連隊領導已經交代，我們不會讓他累著！」

果然，過上一段時間我再去看望阿輝，他的臉色竟然出人意料地紅潤起來，心情也好了許多。原來，那四川老軍工處處關照阿輝，髒活、重活及累活，從不讓阿輝沾手，只是要他打雜跑腿，高興就多做一點，不高興就站著說笑。阿輝吃不得冷食、硬食，這軍工就叫老伴常熬肉粥、菜粥給阿輝吃。阿輝傷口洗不得冷水，這軍工就叫女兒每天燒上一鍋熱水……

開始，那軍工的女兒還羞羞答答地任憑阿輝自己打熱水提到澡房去，可是，看到阿輝每次都是半桶半桶地提得都十分吃力，便乾脆搶過鐵桶，將水提到澡房裏，然後，就著洗家人的衣物，一併將阿輝的衣褲也一起洗了。天長日久，兩人熟了，也就不再客氣，連吃飯都有說有笑。有時阿輝收工晚了，那姑娘非得等到一起方才吃飯。因為那阿輝能說會道，蜜糖似的甜嘴哄得老軍工一家都十分開心……

本來，這老軍工及家人最初只是按照領導的吩咐和出於對知青阿輝的同情給予一些特別的關照，並沒有更深一層的想法。然而，就在第二年的夏天，農場決定在距連隊不遠的大峽谷興建一個養牛場，連隊領導為了照顧阿輝的身體，將他調去養牛。這養牛場只有五個人，卻有兩排房子，每個知青住著一間。場長老頭又常常不在牛場過夜。那軍工的女兒一如既往地放心不下阿輝，每天傍晚都要過來照料一下阿輝，幫助燒燒熱水，洗洗衣服……

或許是那天阿輝喝多了一些包穀燒酒，或許是空蕩蕩的山谷過於寂寞壓抑。總之是那天傍晚姑娘剛剛走進房間將阿輝的衣褲放進桶裏之時，衝動的阿輝就一把將她抱住了。姑娘先是本能地掙扎了幾下，之後便是溫順地撲在他的懷裏。兩個年輕人的愛情之花就這樣悄悄地綻放在空靈的峽谷之中。這種膽量和勇氣以及進展速度是我們這些知青兄弟，根本不敢想像和不敢作為的壯舉……

阿輝和那軍工女兒的戀愛關係明瞭之後，我曾見過那姑娘幾次。每次都是養牛場的小牛犢被凍死或是摔下懸崖傷殘了，阿輝打電話叫我去吃牛肉時見到的。大概是知道我是阿輝在農場屈指可數的鐵路「老鄉」，姑娘對我招呼得十分熱情周到。先是將大塊的牛肉架在炭火上烤著，又忙著煮好一鍋熱騰騰、香氣四溢的草菇鮮湯，再擺好碗筷、佐料，斟上一大碗包穀燒酒，然後就靜靜地坐在炭火旁聽著我和阿輝胡吹亂侃，那神情簡直美妙極了……

這是一個典型的四川姑娘水靈靈的模樣，秀氣端正的臉龐上，撲閃撲閃的大眼洋溢著青春迷人的微笑，彷彿渾身上下都散發著不可抵擋的少女芬芳和誘惑，讓人常常情不自禁地偷偷直嚥口水。我總算明白，難怪阿輝會那麼快墜入情網。

更為難得的是，這姑娘的賢慧細心。每次，我在吃飽了，喝夠了，搖搖晃晃地站起身來之時，她就會將我的防身砍刀和廉價香煙拾起，再取下一大串烤好的牛肉遞到我的手中，然後與阿輝一起送我走過橫跨深澗的鐵橋，目送我邁著踉踉蹌蹌的步子爬上峽谷半山的公路。而我此時，看到他倆相依相偎的遠影，都會帶著幾分嫉妒和幾分祝福。

春夏秋冬，轉眼又是一年。大概是連隊領導的關照，阿輝竟比我還早回來探親。他如實向父母談及了與那軍工女兒戀愛的經過。看到自己羸弱病體的兒子在軍工家人，特別是姑娘的周全照料和愛情滋潤下，竟變得像一頭小牛犢似地結實，父母高興得簡直合不攏嘴，聽說給姑娘家人帶了不少的答謝禮物，還費盡周折買了一輛鳳凰牌自行車和一塊上海牌手錶作為定情信物。

得知喜訊，我曾好幾次在電話中要阿輝將自行車騎來讓我學學，可他總是找理由搪塞過去。我知道他是怕將車摔壞了讓那姑娘心疼，也就作罷。再往後，我因家庭包袱受了挫折，情緒十分低落，又恰逢獨生子女的知青可以照顧回城，便整天想著此事。功夫不負有心人，一九七四年的秋季，我終於如願以償回到了鐵路，忙著在新的艱難中掙扎，也就和阿輝少了許多來往……

大概是次年的春節，我看到了姑娘陪伴著阿輝的母親行走在站區的街上，一副婆媳和睦相處的動人情景。因離得太遠，又怕誤會，我也就忍住了打招呼的舉動。我想，經過這次婆媳想見，阿輝很快會請我喝喜酒的，到時再多表示點感謝的心意也就行了。

誰知一年又是一年，直到我調離小站也沒接到阿輝的邀請，倒是聽說他獨自頂職回到鐵路，先當了幾年時間的運轉車長，後來在父母的一再催促下，總算與柳州的一個大姑娘成了家。而我們這幾個同去農場的知青戰友，他誰也沒有告訴。之後，連個聯絡的電話、地址也沒有。

斗轉星移，日月如梭。就在我們與阿輝失去聯絡三十年，幾乎將他淡忘之際，他卻又像幽靈似地突然出現在我們的面前。那是二〇〇四年三月的一天，我在局黨校學習，恰逢當年曾一同前往海南兵團，後在桂林鐵路某單位任武裝部長的老同學老張也到校進行培訓。好友相見，自然喜不自禁，兩人決定一起到大排檔小喝幾杯，敘談心中感慨。

正走間，桂林同學突然指著前面一個踽踽獨行的老頭喊了起來：「兄弟，你看那個是不是阿輝！」

「是他，沒錯！」我也驚喜地叫了起來。

於是，我們兩人加快了步伐，出其不意地來到他的身後，一起將阿輝抱了起來，驚得他手足失措，嘴裏不停地嚷嚷道：「幹什麼？幹什麼？你們這是幹什麼？對一個窮老頭打劫！」待到看清楚是我們惡作劇時，阿輝也是喜出望外地笑著朝我們分別擂了幾拳，問：「你們這是去幹嘛？」

「走，喝酒去！」我們不由分說，一人架著一條阿輝的胳膊，就將他拉到路邊的一家酒樓。待到包廂坐定，感慨一番「老了，都老了！」的話語之後，我觸景生情，點了幾個炒牛肉、烤牛肉、蘑菇湯的菜後，三人先要了三瓶啤酒，片刻之間就喝了個底朝天，感覺那啤酒還不夠癮，就要了兩瓶四十六度的金劍南開始愜意地喝了起來。

席間，我們又講了好多相互知道或不知道的過去和後來，又講了好多相同或不同的喜怒和哀樂。開始，我們還儘量小心翼翼地不涉及個人的隱私情感，可是酒喝多了，大家也就把握不住了……「媽的，我還以為你後來會與那姑娘成家，想不到你後來還是將人家甩了，真沒良心！」我冷不防冒出了一句，連我自己都有些意外，話剛出口，就有些後悔。

「是沒良心，該罵！」奇怪的是，阿輝沒有生氣，反而淚水盈眶地低聲自責道：「每當我想起這事，心裏面就特內疚難過，有時甚至心如刀絞，夜不能眠。如果是現在，無論如何，我也要將那姑娘帶回來，憑她的機靈勤快，哪個地方找一間鋪面，開個小店都能養活她自己。可那時，遷不了戶口，找不到工作，連生個孩子都是黑人黑戶，就醫、入學，還有一大堆的口糧、布票供應等問題，就憑我四十多元的工資，怎麼養活全家？」

原來，自那姑娘回去沒過多久，農場裏的知青開始回城風起，看到站區陸陸續續回來的農場、農村知青，阿輝的父母也動搖了讓兒子和那姑娘結婚的想法，開始聯繫將阿輝調回鐵路的事宜。而阿輝，看著日漸稀少的知青夥伴和沒有多大變化的連隊場景，也動了調動回城的念頭。每當夕陽西下、暮雲塗金之時，阿輝就會坐在大峽谷的岩石邊上，對著南流的江水發呆，這情景讓那洗衣的姑娘好不心疼。

終於，有一天晚飯過後，那老軍工緩緩地放下了酒杯，淡淡地說了一句：「阿輝，你別為難，還是調回去吧！你就當在這裏認識了一個好妹妹，只要今後好好地活著，對得起這份情誼就可以了。」老軍工的話沒說完，阿輝就哭了，那姑娘也哭了，連姑娘的母親也不停地抹著眼淚，大家都哭得十分傷心。尤其是阿輝，真羞愧地狠不得鑽到地縫中去，他不知今生今世怎麼感謝這細心照料他的老軍工全家，特別是那陪伴過他許多日日夜夜，給他快樂歡笑的姑娘……

也許是舊情難忘，阿輝回來後憂鬱寡歡地跑了幾年車，沒再跟別的姑娘接觸，心裏總想著怎麼將姑娘調回來。但是求路無門，一直無果。等到聽說那姑娘已經嫁給一個鄰近農場的幹部之後，才在父母的再三催促下，與柳州一個大齡姑娘成了家。成家後的阿輝幾乎將農場的往事都封閉起來，這也是他刻意與我們沒有聯絡的動機所在，他不願意見到我們這些知情的「證人」，怕舊事重提，傷心作痛……

「後來你與那姑娘還有什麼來往嗎？」桂林同學偏不知趣，有些打破沙鍋問到底地又往阿輝傷口撒了一把鹽。

「為了表示感謝，過節時我曾寄過一點錢。她成家後，我還寫過幾封信，但再沒有回音。我知道，在她的眼裏，我已不是她的男人。受到人家關照，占了人家便宜，卻負不了責任。丟人喲！」阿輝突然淚如雨下抽泣起來。許久，才強作歡顏告誡：「還是你們落得個輕鬆，回來後沒有情感拖累，並且奮發混上了個幹部，可要珍重喲，這男女之間的情債是今生今世也說不明、還不清的事喲！」

阿輝說著說著，竟搖搖晃晃地起身離席，朝我們擺了擺手：「謝謝你們的款待。聊了四個多鐘頭，我又得回家聽那臭婆娘的一番囉嗦了。平時在家總受不了她的嘮叨，老說我沒有出息，就愛貪玩。你們也別找到家來……」說罷，就徑直走出門去。等到我們醒悟叫服務員結帳後追了出來，眼前川流不息的人群、車輛中，哪裏還找得到阿輝的影子？

我們此時才意識到自己的粗心，兩人都忘了問阿輝的電話號碼。不，就是問了，這古怪的阿輝也不一定再願意跟我們重敘舊事！因為那是一道刻在他心靈深處劇痛的傷痕！別再去碰了，但願阿輝能在餘生的歲月裏，漸漸減輕一些內心的愧疚！因為那並不是他的過錯，而是荒唐歲月極左政策的必然結果。也祝願那善良美麗的姑娘後來在海南的日子，一切都過得很好！很好！

流光溢彩的大街上，隱隱約約傳來李春波所唱的〈小芳〉歌聲：「村裏有個姑娘叫小芳，長得美麗又善良……謝謝你，給我的愛，今生今世我難忘懷！謝謝你給我的溫柔，伴我度過那個年代……」是啊！我突然感到有幾分心酸，真想由衷地說上一句：「那未過門的嫂子呀！不光是阿輝，連我們這些患難與共的知青兄弟，今生今世都對你心存愧疚……」

然而，與阿輝等人相比，當時兵團一些農場和連隊，受極左路線影響，最為苛刻的就是莫名其妙地實行了一條不准男女知青談戀愛的「土政策」。這種「近在咫尺，卻遠在天邊」人為粗暴的隔離政策，讓許多相愛的男女知青心中都十分痛苦。知青**吳膺惠**在**《知青年代的愛情》**中感歎道：

> 情感受難重生的人，如果回望，一定可以觸及人性的深度。經歷了上世紀六七十年代知青運動的人們，一定不會忘記那段歷史給我們留下的苦難和創傷。我和我的知青朋友們最難以忘懷的是在那特殊時期

影響了我們一生的愛情。

那時候，談戀愛常會被當作資產階級思想來批判。幾乎所有談戀愛的人都得偷偷摸摸，似乎有一種犯罪感。與我一起「上山下鄉」到海南島的一對戀人，在去海南島之前就志同道合，雙雙報名「屯墾戍邊，建設寶島」。孰料，在「廣闊天地」裏只有接受再教育的權利，沒有談戀愛的自由。他們的正當的戀愛被斥為「資產階級思想嚴重」而被批評，他們的戀愛只好進入「地下」。每當被發現一次，就得挨批一回。又因為工作和生活條件的艱苦，這位女知青幾度痛不欲生。

一九七六年的路線教育工作隊在「反擊右傾翻案風」的同時，也整頓「歪風邪氣」，就連青年的談戀愛也不能放過。有的被開大會批評，有的被整夜地批判，錄了口供整成材料上報，搞得人心惶惶。我所在單位的一對廣州知青就被折騰了幾個通宵。往往善良的人、清純的人是最不善於自衛的，在當時的政治高壓之下，竟然沒有人拿起法律來捍衛自己的合法權利。

後來，兵團黨委號召廣大知青「扎根兵團，建設寶島」，稱願意在海南結婚安家的為「永久牌」，否則就是「飛鴿牌」。我當時在連隊表現很出色，被評為先進青年，學哲學的標兵。但是，當領導知道我外地有戀人時，立刻摘掉我頭上的「桂冠」，我的入黨討論也被取消了，考過試填了正表的上大學的資格也被剝奪了。指導員批評我給青年們帶了壞頭。在共青團整風中我被整哭了，我獨自哭倒在連隊那棵大槐樹下，哭命運的坎坷，哭自己失卻的人格和自尊。是工作隊的女隊員小楊找到那兒把我扶回去的。這一連串的打擊讓我的精神跌到了崩潰的邊緣，讓我失去了一段風雨之戀……

看了吳膺惠愛情受阻的痛楚回憶之後，自由兄弟內心不由沉痛地想起了農友在網上講述的幾段有關知青戀愛橫遭批判指責和慘遭非人待遇的經歷。

農友**成真**道：

我們團曾有一個未婚先孕、「既成事實」的女知青，臨產時也得不到「人性」關愛。嬰兒產在苗圃地裏，產嬰時的劇痛使那女知青將十個腳趾都磨爛了，回城後的境遇一直都很慘！我很同情她們，很憎恨那個扼殺人性的年代！

知青**aige**說：

我們四師一團也有一女知青（韶關的）上吊。故事與「成真初戀」幾乎一樣。但她沒挺過去。可惜啊！

網友**抱不平**說：

講到知青未婚先孕，我在此講個真實事例。一個廣州女知青在兵團時期與一男子有了關係帶有身孕，被發現後簡直成了大逆不道，鋪天蓋地的指責簡直讓其無地自容。有一天，男的將她揹到膠林深處，雙雙上吊而亡，幾天後才被人發現。入葬時，還不讓兩人並排，只能頭腳顛倒。過後團領導在大會上講到此事，也是以聲討的形式予以批判抨擊。此事絕對真實，紅田農場的人都知道。

摘錄和引用這些留言時，自由兄弟的心一直在流血，尤其是後一則雙雙上吊身亡及入葬時不讓男女並排，只能頭腳顛倒的故事，簡直讓我淚如泉湧，心如刀絞！我竟找不到任何詞語來形容內心的悲憤、悲愴和悲涼，彷彿覺得黑暗的膠林深處隱隱約約傳來了令人毛骨悚然的淒厲鬼叫。這種慘無人道的做法，真是難以讓死者瞑目啊！

安息吧！我的兄弟姐妹，自由兄弟在此祝願你們在天國的愛情之花能自由自在地綻放，沒有風雨的摧殘，也沒有惡魔的蹂躪……

類似的阻撓，在知青Leemiao自述的**〈下鄉三十八周年祭——我的愛情故事〉**中可以得到證明：

……三十八年前（一九六八年十一月五日）是我赴海南下鄉的日子，九年多的艱苦勞作結果帶回了滿身的傷殘。農場前幾年的艱辛尚易度過，但後幾年當大量知青回城之後，精神上的痛苦卻是最難以言表的。所幸的是艱難的日子同時也給我帶來了我的真愛。

那是一九七四年初，下鄉已經第六年。由於農場連年突擊會戰，勞作異常艱苦，而又食不果腹，身體嚴重透支，我終於不幸染上了死亡率高達百分之九十以上的壞死性重型肝炎。我面如死灰、昏昏乎乎的，被人用擔架扔在大貨車上，拉到了師部醫院，看來已是凶多吉少。

結果，卻因醫療及自身等諸多因素，活了下來。其中的一個重要的因素，恐怕就是由於一位癡情姑娘（七二年本農場高中畢業參加工作）的無微不至的關懷與鼓勵。數月之後，我康復出院了，不久我們雙雙墮入了愛河。

後來，我們的戀情公開了。然而，卻一致不被看好，幾乎遭到了來自雙方所有親友的反對。理由十分簡單，那時知青回城已成大勢，中坤場的知青運用各種渠道已走了大半。反對我談的親友自然是怕我因此回不了城；反對她的親友則是一來擔心我的身體狀況，二來擔心我終歸要走，她會吃虧，家庭也給她施加了極大的壓力。

情況更糟的是，不知為何，這原本純屬我兩私人的問題，卻驚動了「組織」。我們不管是上南坤街或是去屯昌縣城，都有人跟蹤，並直接向農場政治處×主任彙報。×為此找了她多次談話，並明確要求她與我終止來往；本人私人往來的信件也遭到了檢查。憤怒之下我寫了兩封信到農墾法院，無奈都被退回了領導那裏，我反倒被訓了兩回。藉著反擊右傾反案風，作業區書記竟指令工作組調查我們，並與「偷聽敵臺」、「看反動書籍」、「和北京勞改犯（指某北京知青）勾結」等嚇人的罪名相聯繫，還日夜監視我們。結果是，經培訓準備調去教小學的她被解除了調動；代理連隊部分管理工作的我也被調回了生產班。在多方巨大的壓力之下，我們沒被嚇倒。也許是逆反心理使然，兩顆年輕的心反而貼得更近，變得更為堅強，我亦抱定了即使扎根也絕不離棄的決心。這樣，我正式向遠在廣州的父母發出了戀愛的通告。一時，父母親也慌了手腳，不知所措，趁著姐姐從四川回穗探親，急令大姐前來海南探聽虛實。實際上，姐姐那次的到來就是個欽差大臣的角色。

大家看到的那張照片，正是因姐姐的到來，我約了不避嫌的好友張良棟、區浩成作陪，慧玲也約了她的表姐作陪談話，過後在場部留影。所幸的是，三十年過去了，我們這對患難夫妻始終恩愛有加，配合默契，得到了所有的親友們的讚許。

另一則知青愛情故事也是**古國柱**編的**《定格往事情懷》**留影集提及的：

……與此幾乎是同時發生的，十分相似的，同樣發生在中坤農場的故事。這就是文中曾提到的北京知青許龍駒與汕頭知青林莉華的愛情故事。已回城的許龍駒因「政治上的原因」被北京有關部門押送回中坤農場，放到了豐收隊「監督勞動」。在勞動生活中，他與林莉華相戀了。他們的戀情同樣受到了「階級鬥爭觀念」特別強、以整人為樂事的某農場領導的橫加干涉，甚至不惜動用組織手段撤銷林莉華的豐收小學校長職務。乃至當許龍駒重新回城後，來函商調也被扣壓。欣慰的是，這對有情人後來終成眷屬……

因為家庭或組織上的阻撓，當時兵團男女知青間的甜蜜浪漫愛情，有時竟然會演變為反目成仇的悲劇。知青**譚敦輝**在**〈埋在膠林中的愛情〉**中回憶道：

這是三十多年前的真實故事，這是一場血淋淋的愛情悲劇。他叫小X，她叫小G，都是來自廣州華僑補校的知青。他們愛情的種子，或許早在學校的時候就已經培育了，而真正萌芽、成長、開花，卻是在他們走進膠林後才開始發生。

來到農場後，他們被分配在農場東西兩頭的生產隊。雖然兩個隊相離十幾公里遠，儘管中間隔著高山叢林，可他們相會的時候，卻從未嫌過路遠，從未怕過山高，從未怨過林密。在節假日裏，人們經常看到他們形影不離，當然不是在影劇院裏，不是在公園中，不是在街道上，不是在咖啡廳內，而是在小伙房中，是在小溪流邊，是在膠林深處。他們的愛情始終在膠林生活中進行。

要說他們的愛情是一朵花，那是一朵山花。這朵山花與膠樹一起同在一塊土地上成長，曾一起沐浴過陽光雨露，曾一起經受過強風暴雨。他們的愛情履歷裏充滿了膠林生活。膠林生活十分艱苦，可他們在那膠林生活的艱苦歲月裏，又比同伴們多一份愛的甜蜜，比同伴們多一種快樂、幸福的生活。春山脈脈，秋水依依，很多時候，膠林生活中的艱難困苦都被他們釀造的愛情蜜糖水所溶解。

當他們沉醉於愛的懷抱的時候，曾以為膠林中潺潺流水的小溪是在為他們歡吟；曾以為膠林中在枝頭上啼鳴的小鳥是在為他們歌唱；曾以為膠林周圍爛漫的山花是在為他們開放。當他們陶醉於愛的甜蜜的時候，曾忘乎所以，未曾想到過周圍是「天堂」，還是「地獄」。他們比同伴們早一步演奏了一首膠林愛情進行曲。同伴們羨慕過他們，周圍的人們祝福過他們。

可是，很不幸，他們沒能把他們的愛情進行到底，最終被愛神拋棄了。就在他們的愛戀已趨成熟，即將走進婚禮殿堂的時候，天上突然飛來個「棒打鴛鴦」的橫禍。那一次，他們相伴回廣州去探親，據說是準備與家人商量婚事，可沒料想卻遭到小G家人的極力反對。人們當時還不知道其中的真情，只看到自從那次探親回來後，他們就打起了「冷戰」。小G被迫接受了家人的勸阻，十分不情願地向小X提出分手的要求。她把他們的感情「關了禁閉」，逐漸減少了與小X的約會。這樣做，當然痛苦，但這也是出於無奈。

而這婚愛突然的變故，可把小X推落進了痛苦的深淵。失戀後，小X生了「心病」。雖然每天都與同伴們一起進飯堂，上林段，或一起割膠，或一起林管，或一起挖魚塘，或一起伐木砍竹，可他總說自己孤獨。在節假日，他常到他們曾經約會過的地方，一坐就是半天，獨自一人追思他們曾經有過的情愛。晚上常發單相思病，三更半夜了，仍不停地給小G寫情書。在那些日子裏，人們看到小X因為失戀，性情變得孤僻了，時常落落寡歡，神情落寞，茶飯寡味，對許多事情都興趣索然。

看到小X在情網中苦苦地掙扎著，領導與周圍的人們都很同情他。為了幫助他把這瀕臨懸崖的戀愛挽救回來，農場領導把他調到小G所在的連隊小學去當教師，讓他創造更多機會去接近小G。領導這一幫助，確有一些效果。兩個人同在一個連隊裏，自然會經常見面，見面多了，「耳鬢廝磨」，已經冷卻了一段時間的情愛又開始升溫了。

可是就在他們的愛戀火花即將再次點燃的時候，小G的家人又專程從廣州趕來阻撓。不知何故，小G的家人就是堅決不同意他們成婚。小G家人特別告誡，小G要是與小X成婚，小G家人就不認她為G家人。這不啻是為小G設置了一條難以逾越的「三八線」。小G不敢拂逆家人的意旨，忤逆不孝，便再次澆滅了他們的愛火。

面對小X，小G有千言萬語想傾訴，可心中無奈，臉上發訕，不知說什麼好，只單言簡語地說：「你走吧，我們的情緣完結了。」婚愛的一再挫折，深深地刺傷了小X的心。借用詩人的詩句來說，這時候小X他因為陷入情網太深，不能自拔，腦海中颳起了十二級強颱風，心裏湧起了滔天白浪。

他陷入了茫茫的情思海洋。他左思右想，總想不明白：自己的命運為何如此乖舛？愛神對他為何如此殘酷？他的相思病一再發作。他愛小G，愛得深沉，愛得淋漓盡致，愛得專一，以致常對人說，他這一輩子生活中不能沒有小G。沒有小G，就將沒有他的生活，小G是他的生命。戀愛儘管一再遭到挫折，可小X一直沒有放棄過對小G的追求。小G家人回廣州後，小X又多次向小G家人寫信，懇求G家人把小G還給他，可是每次請求都遭到拒絕。

面對小G，小X可望不可即，常常是小G明明人在眼前，可他卻覺得她遠在天邊。後來，小X對人說，他們的愛已經病入膏肓，不可救藥了。他的情思逐漸走進了死胡同。他在一個本子裏曾胡亂地寫著，小G永遠是我的，不能讓給別人。世上既然不讓我們在一起，就讓我們到地下去做夫妻好了。實際上他的情思已被扭曲變態了。

終於，有一天，他的情思由變態走到了極端，他決定自當「法官」，殘酷地給他們的婚愛簽發了「死刑令」：殺死小G，然後自殺，一起殉情。他用紅墨水先後給小G寫了兩封信，暗示了他的「判決」，可小G沒有領會他的圖謀。

小X預謀在小G割膠的時候對她採取行動。一天，他將一把磨得十分鋒利的膠刀藏在身上，蟄伏在小G割膠必經的一個小山坡旁。小G知道小X十分愛她，未曾想到過小X會對她採取這樣的行動，毫無防範作為。那天，小G照常與同工組的三個女膠工一起上林段割膠。割膠的時候，因為同工組的幾個膠工相近在一起，小X還無法下手。

剛好割完膠後天下了一陣雨，大家都回家去躲雨。等雨停後，小G一人先返回林段來收膠。小X看準了時機，在小G走到他蟄伏的林段，正彎腰低頭收膠水的當兒，他倏地竄出來，拔出藏在身上的那把膠刀殘忍地向小G捅過去。

小G慘叫一聲，就被捅倒到地上。小G的叫聲驚動了一個後來收膠的女膠工。那女膠工突然看到小X刀捅小G，霎時間也被嚇呆了。等緩過神來，明白發生了什麼事情，才大聲喊人救命。她不敢一人前去救命，只好急忙趕回連隊去向人報告。

小X看到小G被捅死後，才舉刀向自己身上亂捅，據說共捅了九刀，最後一刀插進喉管。當人們趕到現場的時候，他倆的屍體都已變涼了。人們看到兩具屍體周圍滿地是血。小X死前可能很痛苦，四肢已扭曲變形了。小G似乎不甘於這種結局，她仰躺在地上，仍睜開兩隻驚恐的眼睛瞪著天空。現場慘不忍睹。看著現場，人們有的唏噓連連，有的淌下眼淚，有的則大罵小X是畜牲，惡棍。

這一噩耗傳到廣州，嚇壞了小G家人。小G家人火速飛到農場，看到小G刀痕累累的遺體，悲痛極了，一直哭得死去活來，久久不能節哀。沒有看到小X家人趕來，據說是因為小X沒有親人在國內。農場按常規習俗妥善處理了他們的後事，遵照小G家人的意願，分別將他們遺體安葬在膠林旁邊的一個山坡上……

當然，現在再去評論悲劇中人物角色的是非，已經沒有什麼意義了。但悲劇的結局，卻曾給當年知情的知青們提出了一個十分現實的問題，那就是知青們的膠林愛情有無生命力？有多種多樣的答案，而其中一種答案是，有人認為，當年知青們的膠林愛情前途黯淡，生命力不強，一個重要的原因是當年膠林生活缺乏供愛情開花結果的土壤環境。

有兩首當年曾在一些知青中流行的粗野情詩，似乎可以寫照這種說法。這兩首情詩這麼寫著：「膠林靜又靜，無人談愛情；可惜同鄉女，個個嫁回城。」「密密膠林中，無處找老公；可惜同鄉仔，個個錢包空。」兩首情詩，一問一答，正反映了當年一些知青這種「無生命力」、「無前途」的膠林婚愛觀。正是因為有了這種婚愛觀，許多知青朋友在膠林歲月期間，一直不敢去談情說愛，以致後來回城後都成為「晚婚的超級模範」。

值得慶幸的是，這一切都已成為了往事。雖然想起這些往事，每每會令人傷感不已，但往事畢竟是往事，時代已經進步了，文明的陽光已照亮了人們的婚愛觀，相信類似如此血腥的悲劇是不會再重演了。回想那些不愉快的往事，只是為了提醒我們珍惜美好的今天。衷心祝福知青朋友們婚愛充滿陽光，家庭美滿幸福。

在粵海知青網上，自由兄弟還曾讀到過一則**那山那水**撰寫的愛情故事**〈阿杏〉**，其中女知青阿杏對×淒婉纏綿、至死不渝的堅貞愛情會讓每一個血性漢子都心靈震撼，今生難忘。以下是那姐的講述：

阿杏在海南去世快三十五年了，也許我是第一個為她寫追念文章的人。

一九六九年十月，我和阿杏同批下鄉到海南的廣州軍區生產建設兵團四師七團一連，她是我下鄉後第一個室友。阿杏中等身材，瓜子臉，高高的鼻樑，小巧的嘴巴，還有兩個可愛的酒窩，唯一的缺陷是眼睛不大，但偏偏是雙笑眼，那眼神寫滿了快樂。只要她在，我們那低矮的茅草房裏就飄著她的歌聲和笑聲。

那時，我們為「建設海南、保衛海南」，為「結束洋膠進口的歷史」，大面積開荒種橡膠，因土地問題和當地的黎、苗族老鄉發生摩擦，為緩和「軍民關係」，我們連隊辦起文藝宣傳隊到黎、苗寨演出。在連隊文藝宣傳隊，我倆在演出中似乎很合拍，其實我和她共同語言不多。我們雖然同居，但阿杏比我大，據說她留過級。

阿杏不是讀書的材料，卻對縫紉很內行，穿衣打扮別具一格。我們那時月薪只有二十八元，伙食去了十元，加上買生活用品等很難存錢。阿杏卻比我會省錢，吃得也少，光伙食費就比我少三元。她用省下的錢買剛面世的「的確涼」布，自己剪裁縫紉了好多合身的別致的衣服，很顯姑娘的身段。那個年代，商店根本看不到頭飾，阿杏居然用防寒的塑膠薄膜剪成「白絲帶」紮辮子，還幫我紮，拿鏡子給我照。可以想像，青春的臉蛋，兩條齊肩短辮上紮著白蝴蝶結，真的增加了女孩的嫵媚。可是我不敢紮，我和大多數女知青一樣「不愛紅裝愛武裝」，老是穿件褪色的黃軍裝，甚至把衣袖、褲腳捲起來。可是阿杏什麼都敢穿敢戴，本來就長得俊，再經過精心打扮，男生們開始對她行注目禮。

記得那是七〇年夏天吧，開荒大會戰白熱化，我們在原始森林劈山種膠異常艱苦。我掄鋤頭技術很差，但不偷懶，加上喜歡寫寫畫畫，結果榮升副班長，協助班長（原農場的老工人）做些文字之類工作。被看成有點兒「資產階級情調」的阿杏在勞動中顯得怕苦怕累，總說這痛那痛，還常常說自己發低燒，請假不出工，醫務室又查不出她有什麼病。一次看她又喊病時，我就摸她的額，可能是太低燒，我摸不出個名堂，我和大多數人一樣，心想她又裝病了。

我們連隊坐落在黎母山下一個小盆地，茅房周圍是一望無邊的油棕林，那時除了開荒勞動，還經常在這片美麗的熱帶林子裏沒完沒了地開會學習，還時興「一幫一、一對紅」，知青們分別結成對子在油棕林談心，有的順理成章就成了戀人。我和阿杏不同班但同一室住，就很天真地邀她結對子想幫助她改正怕苦怕累思想。一個月朦朦的夜晚，我和阿杏在油棕林散步，我認真地問她到底真病假病，她急急分辨說：「騙誰也不會騙你的！」我想她知心朋友不多，應該不會騙我，所以就信了她，但卻沒想到叫她去好好檢查身體。

那些天，男青年×老跑來我們宿舍說很多笑話，逗得我倆哈哈大笑。接著好幾天，阿杏都被×約出去很晚才回來，我知道他們戀愛了。我們團前身是國營農場，有大批六五年、六六年從廣州來的社會青年，他們被稱為老青年。我們六八年後來的被稱做新青年。×是六六年來的老青年，小學沒畢業，瘦小的個子，黑黑的皮膚。他和阿杏都在宣傳隊負責獨唱，歌唱得實在好，他們是唱歌唱到一起的。單純的阿杏認為×很了不起，有社會經驗，從他那可聽到很多沒聽過的事情。遺憾的是新、老青年都瞧不起×。我看她很快樂，很勇敢追求自己的愛，我說不出反對的理由。

不久，我被調到團部搞新聞報導工作。幾乎同時，阿杏到場部醫院查出患重病被送師部醫院複查，後來又被送海口市的兵團醫院治療，最後被診斷為腎癌，要做手術切除腫瘤。我是她與農場之間的聯繫人，很多信件通過我轉給有關領導。我為她找組織申請困難補助，卻久久得不到解決，原來是團場對困難補助對象要劃分成分，阿杏家庭歷史複雜，結果不能補助。

我很不平，找團長申訴。團長在部隊時曾是帶兵模範，很有人情味，他親自出面解決了，還利用到海口開會機會看望阿杏。那段時間，×偷渡去香港。去之前，阿杏是知道的，她在最需要錢治病時還把自己的錢給了×做盤纏，還寫信叫我借錢給×，說是有急用。看在阿杏的份兒上，我把身上的僅有的幾十元存款都給了×，事後×就不知去向了。

阿杏的手術做了八個小時，我當時沒時間到海口陪她，幸好她媽媽和唯一的姐姐都在身邊。阿杏傷口拆了線慢慢能走路後，醫院給了她一個星期外出假期。她以為好了，很樂觀地回了一次農場，我把她接到團部和我合鋪住。可惜那時我不懂也沒條件給她弄點好吃的，只是和她一起到飯堂吃飯，業餘時間陪她走走聊聊，她已經很感激我了。一天，阿杏告訴我×偷渡去香港。我聽了很不高興，覺得×應該陪在她身邊。但阿杏一點兒沒有怨恨×，她相信×真心愛她，還對×寄予希望。面對這麼癡情的女孩，我也不知道說什麼好。

阿杏返兵團醫院後，她那在湛江市工作的姐姐來海口把她接到湛江治療，因病情惡化，姐姐又把她送回海口兵團醫院。我利用探家機會到海口看她，一進病房，她同房的病友居然認出是我，原來她枕頭旁邊放著一本像集，裏頭有我的紅衛兵照片。我記得那是剛到農場時給她的，那時候我還沒農場的近照。大家經常看她的像集，也就認出了我。阿杏十分虛弱，已經不能起床，看著她落形的病容，我忍不住哭了。她見我哭，也就哭成一團。我那時醫學知識實在很糟糕，也不知道找醫生問問，不知道她已經接近生命尾聲了。

臨別時，她輕輕地說：「×借你的錢會還你的。」我想她始終相信×，這樣也許沒那麼痛苦，所以就順著她的話說我知道了，事實上我也從沒想過要×還錢。當時，我特別不想阿杏提起她愛著但又無望的×，於是就提議再一起翻看她寶貝的像集，那裏面有阿杏的童年、少年和紅衛兵時代的照片，真的很耐看。

但是，這麼一個美人胚子，卻逃不出紅顏薄命的命運，我們見面後不久，才二十出頭的她匆匆離開了人間。按照阿杏的遺願，她的心愛的像集也和她一起火化了，那裏面也有我的照片。

阿杏去世不久，團部有一支逃港不成被遣送回農場的隊伍，他們集體辦班，出入排隊。其中一個曾在靠近香港的海上被鯊魚咬了一口臀部，好在沒死在海裏，他走路一拐一拐的很顯眼。一天，我在那個拐子的後面，突然發現了×那張黑瘦的臉，我們四目相望，什麼話也沒說。我只是想起了阿杏那張曾經青春美麗充滿生氣的笑臉。

知青們返城後都各奔東西忙於生計，但每想起海南，我會想起永遠留在那裏的阿杏。在知青聚會時，我打聽×的下落，知道他後來還是去了香港，成家立業過得還可以。還聽說他知道阿杏死後大哭了一場，曾經想到海口找她的骨灰要幫她造墓。在上世紀九十年代初的一次知青聚會上，×從香港趕回來，人很多，我們還是沒說上話，他給了我在香港的電話。

事後不久我到馬來西亞參加一個亞太地區的會議，返程經過香港時，我撥通×家電話。當時曾想證實他是否真愛過阿杏，為什麼阿杏最需要他時忍心離去，因為他和我都是阿杏生命後期的朋友。但在通話中，我們都避開阿杏的話題。×再三要請我喝茶，我確實沒時間就謝絕了。我突然想明白了，阿杏已經遠去，證實他是否深愛過阿杏已經沒意義了。

當年十萬知青到海南，一些知青因為山洪暴發、開荒爆破、各種工傷以及毒蜂螫、患疾病等原因死在海南，阿杏只是其中一個。她到海南不久，就離開了人世，甚至連我都沒搞清楚她的家人在哪裏。

我一度很內疚，曾懷疑過她裝病，曾把她列入小市民的隊伍，沒給她更多的照顧。我想如果她活著，也許能和×幸福結合，也許她會在時裝界有所作為，然而，已經沒有了也許……

阿杏，我懷念你。

看到這裏，我已抑制不住心酸的淚水，為阿杏過早消失的美麗而年輕的生命，為阿杏患上可惡的腎癌和她一片至死不渝的癡情，也為×的無奈和他「大哭一場」至今難以癒合的創痛。透過阿杏與×可憐的愛情悲劇，我又感覺到了當年「極左」歲月的壓抑。它讓人反思良多，也感慨良多！

說句實話，×能遇上這麼一個毫不忌諱所謂「原則、立場」，而敢於資助鍾情的男子「督卒」的女子，並在自己明知來日無多的狀況下，依然惦念對方，是他無奈的青春歲月中值得懷念終生的幸事！可惜的是癡情的阿杏，紅顏薄命，青春早逝，而×又因命運重壓，遠走他鄉，讓阿杏在無盡的癡望中悄然逝去，讓人不勝唏噓，淚掬海南……

值得慶幸的是，在那個冷漠的歲月中，也還有溫暖和友情，那姐和那位團長，在阿杏生命最後的歷程，在她心靈最為痛苦的時刻，在她如花似玉青春行將消逝的時候，給予了她莫大的人性關愛和慰藉。阿杏，不只是那姐懷念你，自由兄弟和許許多多的知青兄弟姐妹也懷念你！願你在天國沒有「家庭成分不好」的煩惱，也沒有因為身體患病而被「疑為裝病」的苦惱，更不會有……

願你永遠在自己美好、執著的愛情世界裏幸福快樂！！！

讓人感到欣慰的是，海南兵團知青的戀愛中也有歷經坎坷磨難，但不改初衷的美好結局。我在古國柱編的《定格往事情懷》留影集讀到知青**周志軍**自述的愛情故事：

……文化大革命中，我到工廠串聯，認識了一個工人，一來二往，我們相戀了。一九六九年，面臨「上山下鄉」的我和他相約：三年後，如果彼此不改初衷，我們就結婚。那幾年裏，他一直都關心、支持我。一九七三年，比當初的「三年之約」還增加了一年，我們結婚了。次年，趁廣州幾個校友前來探望，我們一起合了影。於是，有了照片中的那個「小不點」，那時，孩子已經有半歲多了。在農場，有了小孩，生活、勞動都增加了許多困難，但在眾多農友的關心支持下，我都挺過來了。我的兒子是海南的山、海南的水孕育成長的，所以回廣州出世時，像隻貓仔似的，黑黑瘦瘦，只有一對閃亮的大眼睛，體重僅有四市斤多點。七五年五月我被招工回城了，有人戲說我，帶回了一個「海南仔」回家……

第八章　擋不住的流動青春慾望和歡樂

第一節　啼笑皆非地看電影軼聞

由於沒有電視，也沒有其他更多的娛樂方式，再加上許多連隊遠離縣城、墟鎮，每當傍晚收工，吃罷晚飯，兵團知青或打上一會球，或下上一會棋，就進入最難捱的夜晚時分。這時，他們大多數都是三五成群地坐在茅草房前的空地上，胡吹亂說一些當天勞作的事情，或是相互交流一些通過書信傳來的家鄉消息。直到搜腸刮肚再也找不到可以吹噓的東西之後，就各自推開黑洞洞的房門，躺在床上睡覺去了。

於是，在這日復一日、夜復一夜的單調枯燥生活中，偶爾聽到鄰隊有放映電影的消息便成了知青們打發夜晚寂寞時光、展示青春活力最好的藉口。雖說當年來來回回放映的都是那些地道戰、地雷戰、南征北戰的「老三戰」片子，許多知青幾乎熟得都能背得出其中臺詞，可是，只要一聽說有電影看，許多男女知青還是興奮不已，甚至不惜摸黑趕著十幾里的山路，去重睹「老村長」或「張軍長」的風采。

其實，當時兵團知青們並不在乎看什麼電影，只是有心去湊個熱鬧，藉以看看鄰隊的帥哥靚女，順便也到老同學朋友那裏敘敘舊，聊聊天，宣泄一下待在連隊心中的鬱悶，甚至可以說是毫無目地結伴去閒逛一趟。知青**tianyadong**對此有一段形象的描述：

……我們下鄉海南島時的文娛生活極其貧乏，能在山溝裏看場電影，是好大的一件事。大概是七〇年搞開荒大會戰時的一天傍晚，團部通知來我們吊狗隊放映《南征北戰》，雖然那裏面的臺詞我們都會背了，但周邊連隊的人們依然是望眼欲穿地等著天黑。

我的宿舍就在籃球場旁，十六連的幾個朋友放了工就趕了八里多的山路，在天快黑的時候來了。開荒的工作累人，趁著還沒開演，一間雙人宿舍橫七豎八地躺了五六個人，大家有一搭沒一搭地說了幾句話，漸漸地就在房門口的發電機「叭、叭、叭」的嘈雜聲中，都迷迷糊糊地睡著了。

不知什麼時候，耳邊的人聲漸起，到屋外牆根撒尿的湯××氣急敗壞地回來呼道：「快起來吧，電影散場了！」作為回應，門口放映隊的小型汽油發電機在吵了我們這麼久之後，也最後「突、突」地響了兩聲——停了。可想而知，床上橫七豎八地躺著的五六個知青，又該摸黑再趕八里多的山路回連隊去了……

其實，對於青春活力旺盛的知青，這些陳年老片看不看都無所謂，只是找理由自我折騰一番而已。若是遇上沒看過的新片，則是如饑似渴，不管路有多遠，都要趕去看上一場不可。有個網名**benben**的知青回憶道：

當年為了看場《賣花姑娘》，連晚飯也沒顧得上吃，一收工就緊趕慢趕匆匆地往屯昌跑。唉！誰知結果還只是看到後半場「哭戲」，等到鬱悶地再趕十多里山路回到連隊，又到差不多該割膠的時候了……

看了這位知青的回憶，想想也真是可憐。然而，這還算是幸運的事情，總算是能看到半場，沒白跑一趟。知青1968hfz講的**〈看電影的傷心事〉**中三個主角才是真正的冤枉，他說：

我和陳皮、肥仔三人同住在一個茅草房。那天傍晚收工，剛吃了鹽水煮老茄子加半斤米飯，正淌著一身臭汗就接到場部警通班小鄧的電話，說晚上場部放電影，阿爾巴尼亞的《寧死不屈》，是過路片，要看就趕緊來。

「新片子，《寧死不屈》，八點放映，去不去，你們？」我問。「去，怎麼不去？」陳皮、肥仔答著，馬上來了精神，已經站起身來了。看看時鐘，六點過了，看看天色，夏季的火燒雲還在天邊滾動著。到場部，走大路八公里，走小路五公里，小路去大路回，要走二十六里路。三人馬上動身。

我叫陳皮帶電筒，陳皮嫌麻煩，說天還大亮著呢，趕到場部還沒天黑的。聽他這麼說，也就隨他了，因為小路我們幾乎每個月要走一兩趟，要走多久，早已了然。開頭三人一路幾乎小跑，走不久就不行了，剛吃飽，顛了顛，小腹就疼痛起來。尤其是肥仔，平時飯量就大，剛把七八兩米飯撐進去就趕路，小腹刀絞似地疼，疼得厲害了，只得蹲下來歇歇。緩過些了，不敢再快，只好放慢腳步。

去場部的小路大半是經過農民的旱地和山坡，到了離場部一兩里遠時，才是一大片東西寬、南北窄的橡膠林，白天穿過這片林子窄處只要十來分鐘。平時走到這裏，心理上就會有已到場部的感覺了。

我們開始心情輕鬆地走進橡膠林。天開始暗下來，剛進膠林幾百米時，林中小路尚隱約可辨，但越往裏走就越昏暗。走到林子深處，已經是漆黑一片，伸手不見五指了，偏巧那晚沒有月光，整個橡膠林像一隻倒扣的巨大黑鍋把我們扣在裏面。沒有一點亮光，沒有一絲的風，只有我們走路撩起樹葉的聲音和蟲蛇在黑暗裏爬行跳動的絮絮聲。開頭我們硬著頭皮憑感覺的方向走，走著走著就連東南西北都迷糊了，前後左右都是行距、株距整齊劃一的橡膠樹，看不到地上的路，根本就無法辨認方向。

幾個人被厚重的漆黑包裹著，動彈不得。我們開始埋怨陳皮來，陳皮不敢吭聲，大夥在漆黑中商量著。後來，抽煙的陳皮拿出盒火柴，試著劃亮一根，黑暗裏就生出一團昏黃的光亮，照見了三張焦急無奈的臉，但看不見地面。

我提議把地上的落葉扒成堆，燒一堆火，或許可以看得見路。三個人就蹲在地，睜眼瞎地亂扒亂抓，把枯葉扒攏成堆，點著火，趁著光亮，趕緊朝認為正確的方向狂奔。跑幾十米，看不見了，再燒一堆火，再狂奔。在大家照此辦法一次次做下去，心裏充滿希望時，陳皮卻又驚叫起來，他在狂奔中把火柴弄丟了，手裏緊緊捏著的僅是火柴外盒。

一陣埋怨之後，幾個人只好在漆黑中伸出兩隻手往前摸著，一腳深一腳淺地瞎撞，也不知瞎撞了多久，前方的遠處忽有幾點昏黃的燈光在閃爍。幾個人不禁狂喜，像看見八角樓的燈光一般，油然生出神聖而幸福的感覺。我們朝著燈光，撞撞跌跌。當終於走出黑暗，來到燈亮處，才發現我們一直是橫著走的，橫著走，摸到也與場部相連的培安隊了。我們趕緊找到大路，雖無月光，更無路燈，在黑暗裏還可辨認灰黃的土路，我們又開始在大路上發瘋似地狂奔。

很快，看見了場部露天會場的燈光，也聽見了高音喇叭響著〈大海航行靠舵手〉。「完了完了」，聽到這歌聲，我們知道不妙。走近會場，果然看見熙熙攘攘的人流正扛著長長短短的木凳從會場門口湧出。

我們站在會場外牆，看著帶著一臉滿足的人群，發著呆。肥仔身子忽然軟了下來，順著牆根癱坐在地，嘴裏開始罵陳皮：「丟你老母！叫你帶電筒又不帶，連火柴都不見了，我丟你老母！害我白跑了。」陳皮心裏也正難受，聽肥仔罵，也大聲回罵：「我丟你老母！本來完全可趕到的，就是你，半路鬧什麼肚子疼，走走停停，還說我？」

劇終人散，陳皮和肥仔在我的勸說下收了口，跟著我，無精打采地走去警通班小鄧宿舍歇歇，看見他正和幾個其他連隊來看電影的知青在舀著番薯粥吃。當我們有氣無力魚貫而入出現在他們面前時，他們都驚駭得像見了鬼。「怎麼啦?!你們，怎麼弄成人不人、鬼不鬼的？看了電影沒？」小鄧問。

燈光下，我們彼此才看見各自的尊容，一個晚上的摸爬滾打，已弄得污頭垢面，手腳烏黑，被荊棘鈎破的衣服耷拉著口子。

「看個屌！」肥仔悲憤地、添油加醋地說了經過。小鄧他們聽著，笑一陣，同情一陣，末了，趕緊給我們每人盛了一碗番薯粥。

快十一點了，還得趕回連隊，回去也該是下半夜了。我們每人肚子裏晃蕩著一碗番薯粥，又開始趕路。路過剛才放電影的會場時，肥仔漫無目的又是特意地向會場狠狠啐了一口，又罵：「我丟你老母！辛苦一晚，只撈到一碗番薯粥吃」……

看了這則讓人啼笑皆非、欲哭無淚的帖子，知青檳榔為之歎惜不已：「……是啊，在海南當知青時，每逢看電影時就是我們的節日，雖然那時只有『老三戰』之類的片子，但我們依然場場去看，哪怕走再遠的路都在所不惜。錯過了像《寧死不屈》這樣的新片、好片，當然要罵娘！」

知青**應航**也深有同感道：

……開始還樂著看這故事，但看著看著就莫名的心酸直想哭。帖中所述的地理地形，就好像在說我當年在龍江農場自己親身經歷過的事情一樣。唉！那時候我們也是這樣苦裏尋樂。自己也曾是在這樣的情況下，一個人走過這樣的小路，去場部看電影。

那次多虧我沒有走錯路，只是在黑暗中撞過幾次樹幹。因為去的時候，見有彎月就沒帶電筒，沒想到進了膠林，根本不頂用，一樣看不到路的。看完電影後返回時，天上月光沒有了，只好憑著記憶感覺，摸黑趕回連隊。特別是過河的時候，簡直是趴著、摸著、探著走過去的，真是苦不堪言啊……

看了上述的故事，不瞭解內情的網友可能會以為只有男知青才那麼「瘋」，其實，女知青也一樣「顛」。自由兄弟曾聽到一個女知青跟我講起當年她和一幫好姐妹去看電影的「糗事」。她說，那天晚上，聽說鄰隊放映朝鮮新片《鮮花盛開的村莊》，全隊人像過節日一樣高興不已。許多男知青們早早就成群結隊走了，而女知青們因為洗浴、打扮磨磨蹭蹭一番，走得較晚。

當她們一幫姐妹沿著農場開的土公路走出連隊之時，明媚的月亮已經掛上樹梢，四周山嶺的景色都沉浸在一片朦朦朧朧的月色之中，很是美麗迷人，只是九月的秋夜依然十分悶熱，沒有一縷涼風。姑娘們才走片刻，便已香汗淋漓。

「這鬼天氣，熱得實在難受，再這麼走下去，襯衣後背就會被汗水濕透。不如這樣，反正現在這山路沒人，我們先脫下襯衣，等會快到鄰隊時再將它穿上。」姑娘中有人提議。「好！我們大家也學學男知青們，互相欣賞一下各自的身材，誰不脫誰就是小狗。」姑娘中又有人附和道。

「脫就脫，反正都是一樣形狀，誰也占不了誰的便宜！」果不其然，一群瘋丫頭當真脫去了襯衣，只繫著文胸，毫無忌諱地在彎彎曲曲的山路上款款而行。大家還不時地相互品評著身材、乳房，一路嘻嘻哈哈、說說笑笑地好不快活，青春嬌柔的身影在月光的銀輝沐浴下，也顯得格外優美。

然而，誰也沒有想到，就在公路的拐彎處，她們突然看到有兩個男知青坐在路邊的一塊岩石上抽煙閒聊。姑娘當即嚇得花容失色，一陣驚叫。大家一邊急忙穿上外衣，一邊慌忙狂奔不已。好一會兒，姑娘們才停止了奔跑。其中一個姑娘竟好像做了什麼丟臉的事「唔、唔」地哭了起來：「這怎麼辦才好，羞死人囉，明天這兩個傢伙將我們不穿衣服的醜事傳了出去，今後我們還有什麼臉面見人？」

「有什麼不好意思的，人家香港、外國年輕女的還穿三點式進行選美比賽，就我們封建。」姑娘中有個年齡稍大一些的不以為然道。「真的嗎？外國女的這麼開放？」「這不叫開放，這叫展示女性形體美。平時我們都被寬寬大大的衣服裹住，剛才這麼一脫，不是個個身材都挺美的嘛。」

「可是，這裏不能和境外相提並論，知青連談戀愛都不許可，哪裏還能理解我們這一脫衣行為？」「那也不要緊，我們又沒和男的在一起，如果那兩個混蛋敢胡說八道，我們就告他們是故意躲在路邊偷看。」姑娘們一邊相互議論，一邊相互寬慰。

話雖這麼說，姑娘們還是憂心忡忡地不得安寧。那場電影還沒看完，就失魂落魄地急著趕了回來。說也怪，果真如此，第二天，兩位男知青誰也沒有提及此事，或許是他們覺得大飽了眼福，沒必要說出來讓姐妹們丟臉記恨；或許是他們正坐在岩石上聊得入神，根本沒有細領略到這極為驚豔的一幕。直到許多年過去，如果不是這位女知青大膽地在聚會中向自由兄弟坦露趣聞，誰也不知道，當年，竟在寶島灑滿月光彎彎曲曲的山路上，走過這麼一群幾乎赤裸上身的「瘋丫頭」……

說到看電影，自由兄弟記得在當時海南兵團的知青中，最為神往的就是希望一睹羅馬尼亞影片《多瑙河之波》。因為影片中有一段身穿比基尼的安娜與船長擁抱接吻的鏡頭，以及這一系列讓人興奮不已的動作之前，那長著一臉絡腮鬍子船長對美貌嬌媚的安娜，說的一句調侃臺詞：「我要將你丟到河裏去……」

這部影片在大陸上映較早，而在海南卻只有海口、三亞幾個城市曾有短暫時間上映。之後，便悄無聲息。於是，一些探親回家或在海口、三亞等地看過此片的知青，當時曾將它吹噓得如何如何地精彩刺激，甚至讓人有點想入非非地企盼不已。

但是，不知什麼緣故，這部影片一直沒有在兵團各連隊巡迴放映。自由兄弟也是在回城後的若干年才看到此片的複映。遺憾的是，影片中並沒有多少是自由兄弟想像中的熱烈刺激鏡頭。相反，說起這部電影，倒讓自由兄弟想起一個埋藏在心中多年的故事。

記得我十五歲剛到連隊不久，有幾次要到鄰隊看電影時，有位平時待我不錯，大我三四歲的廣州知青大哥總是要我先傳送一張紙條給一位住在另一排茅草房的知青姐姐。之後，那位知青大哥帶我走著走著，每次快到一座過河的小橋時，就藉口要到草叢方便，然後就叫我跟其他的人快走，還一再強調說不要等他。

開始，我有些奇怪，又有些氣惱，搞不清他為什麼總在半路上丟開我獨自前行？直到有一晚，連隊的一位副職帶著幾個「基幹民兵」，尾隨其後，將他與那位知青姐姐一起抓回連隊後，我才隱隱約約地得知事情的真相。

原來，他與那位姐姐每次根本沒有去鄰隊看什麼電影，而是相約來到小橋底下，坐在岩石板上，藉著潺潺流水的聲音，兩人竊竊私語地談起了戀愛。聽說，當眾多的跟蹤者從小橋的兩側悄悄地出現在他們的面前之時，兩人竟完全沒有察覺，依然在忘情地相擁熱吻，衣冠不整地忙個不停，那一副遊龍戲鳳的神情好不狼狽……

幸虧社會經驗豐富的指導員及時制止，連隊那副職才沒有半夜敲鐘召開批鬥大會，否則，不知會引起什麼樣的悲劇慘境？但為此可讓自由兄弟忐忑不安地揹了一晚上的「告密」黑鍋。直到第二天我找到那位大哥表明心跡，欲給自己洗刷嫌疑時，才知道其中的原委。

原來那副職一直垂涎那位體態豐滿、臉龐秀美的知青姐姐，多次在夜晚找女方單獨談話，並藉口入團提職等話語欲行不軌。誰知那知青姐姐根本看不上他，一點便宜也沒讓他占到。於是，那副職便暗暗懷恨在心，早就對其行蹤進行了秘密監視。前幾次因為兩人行為還比較規矩，所以就沒有採取措施；而這次，就是要在他們要行雲雨之事時，故意帶眾人來「抓捕」出出兩人的洋相……

「既然如此，你們就不該這麼衝動啊？」我有些不解地說。

「開始我也是這麼勸誡對方，可是那姐姐倔強地說，與其失身於一個醜陋的色狼，不如乾脆獻身給自己喜歡的男人，也不冤枉了自己十多年的貞潔……」那大哥十分感動地苦笑道。沉思片刻，他又有些感慨地說：「如今，我倆的事已經是盡人皆知，以後再也不用偷偷摸摸讓你傳紙條了！謝謝你，小兄弟……」

「唉！搞不清楚，那麼好看的電影你們不看，反而讓人家看了你們親吻擁抱的電影……」我有些迷惑又有些歎惜。

「你不懂，小兄弟，等你再過幾年成熟了，就會知道這可是比看電影還要激動幸福的事情。」那知青大哥帶著幾分壞笑對我說。

可惜啊！當我初步領悟男歡女愛的奧秘時，那些知青姐姐們個個都「名花有主」了，而連隊新來的女知青又沒有年齡比我小的姑娘。於是，幻想在看電影的幽靜山路上與心儀的姑娘結伴同行或是悄然相會，以便放鬆一下在連隊小天地被禁錮的身心，便成了自由兄弟永遠的夢囈……

第二節　貧乏和閉塞中的求知渴望

儘管當時海南兵團各級領導對知青實行了比較高壓封閉的管制政策，反覆動員、清查、追繳各類「非紅色」書籍，但正如古詩所說的「野火燒不盡，春風吹又生」、「青山遮不住，畢竟東流去」一般，誰也阻擋不住年輕人對知識的渴望。許多知青之中，依然冒著被追查、批鬥的風險，悄悄傳看、傳抄和傳講所謂的「封資修」書籍。對此，知青**成堅**在**〈聽書〉**中有深刻的回憶：

……聽書是我們知青的一大發明。導致這個發明的是那些接二連三的繳書事件。

帶領我們戰天鬥地的人，每繳獲一次「戰利品」，就要憤怒地訓斥我們。他們出身好，政治上很紅，所以訓起話來嗓門扯得很大。他們再三重複著這麼一句話：「你們只許好好勞動，不許看小說。」他們只顧慷慨地往我們心裏撒鹽，卻不在乎我們的感受。

我們表面上認輸，誰也不和他們理論，暗地裏卻罵他們頭腦不化。勞動的時候，我們規規矩矩、隻字不談書的事；回到小草房，我們立即換了個樣，仍然搶著時間抽出壓在枕底的書，貪婪地看個夠。書對我們有著不可抗拒的魅力，但又隨時都有被查收的可能，為此我們再不能無所防範，於是，我們想出了蒙在被窩打手電看書的招兒，以為這樣就可以躲過狡猾的眼睛。豈料，那些繳書的人，自己就曾有過蒙被看書的經驗，這一秘密據點開闢不到幾天就被搗毀了。書本來已少得可憐，再那麼突然襲擊掃蕩幾回，從家裏帶來的書就幾乎全軍覆滅了。

沒有書，我們像斷了線的風箏，心裏飄飄忽忽很不扎實。十七八歲旺盛的生命，在勞動之餘唯有對著天空發呆。

那晚，滴滴答答的雨下個不停，大家都睡不安寧，乾脆從帳子裏探出頭來天南地北瞎聊。有說小時候淘氣挨媽媽打的，有說上樹搗鳥窩摔斷了手的，有說午睡說話讓生活老師罰站的，大家你一句、我一句撐著記憶的小傘回到了童年，回到了學生時代。天性的純真在血管裏奔流，我們越說越遺忘了眼前，越說越沒了顧忌。講學生時代離不開講書。起初大家像數家珍似地，數著曾經激動過自己的書，後來便懺悔起來。「文革」初期，我們也焚過書，那時的幼稚想起來也感到可憎，誰都不能原諒自己。

當大家不無痛惜地講到自己曾愚蠢地把自己心愛的書化為灰燼時，突然有人冒出一句話：「誰看過《基督山伯爵》的，講講怎麼樣？」她問得急切，卻沒有人作答，大家沉默不語，眼睛裏一個個睜大的驚歎號分明給了她否定的回答。

平靜了片刻，一個響亮而自豪的聲音撼動了整個小草房：「我看過，那驚心動魄的情節至今還記憶猶新。」說話的是個老高中。她一句話引起了我們對《基督山伯爵》的濃厚興趣，沉默的小草房又活躍了起來，我們像小時候糾纏一個長者講鬼的故事那樣慫恿她講這本書。老高中開始有點猶豫，我們一再保證絕不惹事，才答應講給我們聽。於是我們倏地鑽進了她的帳子裏，緊緊圍住她。聽書的秘密活動就這樣開始了，悄悄地，在一個百無聊賴的雨夜。

老高中幾乎每晚都講這個故事。時間不長，半小時左右。她很會賣關子，講到關節眼就打住，讓我們心急，七上八下地掛著主人公的命運，有時還會提出些問題抓住大家的思路。她講得精彩，我們聽得入神。世界仍是那個世界，但是因為有了書就覺得找到了另一個世界，覺得心裏暖乎乎的，充滿快樂。

一開始我們有點怕，聽書只在晚上進行。查鋪的一來，我們就改變話題，美其名曰：談勞動心得。那時興這個，我們就拿它當擋箭牌，把查鋪的騙過去。為了書，我們簡直成了渣滓洞的英雄們了。我們振奮，快活。

漸漸地，我們膽子大了起來，聽書的「地下活動」走出了小草房，擴大到工間休息。工休哨聲一響，我們就心照不宣地往田頭地腦一坐，在管我們的人眼皮底下，繼續聽書。我們有放哨的，放哨的人背靠大家，面對管我們的人。管我們的人只要一走近，放哨的用手拽拽講書的衣角，話題隨即就改變，變為了談勞動心得。

後來這個聽書的秘密在知青中傳開了，知青們都效仿這個方法，聽書的道道也越來越多。我們聽的不止一本書，講書的也不止一個人。聽這本書的時候，我是讀者，你是書；聽那本書的時候，你是讀者，我是書。講書的不只講，還加點分析和主觀看法；聽書的也不只聽，還講點感受和評價。這個「地下活動」上頭到底覺察了沒有，誰也不去關心，反正，從那以後我們再也沒聽過那種揪心的訓斥了，也不愁沒書看了。書在心中，誰也收不去。

四年知青生涯，我聽完了《基督山伯爵》、《神探福爾摩斯》，還有《茶花女》、《簡・愛》、《包法利夫人》、《珍妮姑娘》等等很多書。我蒼白的精神就是在聽書的過程中日益變得精深豐富起來的。動亂的日子結束後，我到處託人去買這些書，並把這些書逐一擺在我的玻璃書櫥裏。閒著的時候，我總愛站在透明的玻璃窗前思忖。從心裏說，我不惜花費地買這些昂貴的書，更多的不是為了看，而是為了祭奠，為了紀念。

哦，那沒有書讀的青春歲月，那聽書的偉大發明。

是的，知青成堅說得一點不假，由於反覆動員和突然襲擊的收繳，僥倖留存在知青手中的書籍就顯得格外珍貴。自由兄弟記得，一個星期六的晚上，我好不容易對天發誓地保證完璧歸趙，才從一個廉江知青手中討到了一本叫《牛虻》的小說。對方千叮萬囑之餘，只給了我一天的閱讀時間。他告訴我，他還急著要用這書與人交換看一本明代時的古書。錯過了這次交換，就得等一個月之後。

為了按時將這本書看完，並不出意外，我趁著星期天的休息時間，繫上一個竹簍，將書放入其中，扛著鋤頭、洞鍬，裝著一副上山去挖山薯的神態，幾乎一整天都躲在山林之中，才囫圇吞棗般粗略地將它看完。儘管難有很深的體會，但是從主人公坎坷曲折而又矢志不渝的經歷中，使我獲得了前所未有的堅韌和自信。我恍然領悟到有一種更堅強的真理蘊藏在歷史的腳步之中，蘊藏在明天升起的太陽之中，而極左的烏雲是絕對遮擋不了這一光芒的……

類似這種對文化知識的渴望，還可以在許多的知青回憶中得到證明。知青**黎服兵**在〈**讀書**〉中回憶：

> 一生清高自許，走到臨近退休的年輪，回首前塵，所遇奇人奇事甚多。對我人生軌跡起決定性作用的是三個人一本書，且聽我一一道來：三個人，一是北航動力系學生李英棋，是他讓我考附中，「文革」帶我徒步數千里，上井岡，訪韶山，指導我走過學生時代；一個是北影導演系畢業生李智，我當兵時他是隔壁班的副班長，當兵三月，被他強行灌輸許多政治文化知識，使我心智瞬間成熟。李英棋學飛機發動機設計，學成卻造了十年拖拉機，八十年代終於擺脫桎梏去了香港創業；李智六十年代末轉業回北京，現今音信杳然。我終生感謝他們的啟蒙。
>
> 一本書是車爾尼雪夫斯基唯一的小說《怎麼辦？》，一本傳遍海南知青的書。我讀它的時間只有一個夜晚。晚飯後從基建隊拿到書走十公里回十隊，挑燈夜讀至天色微明，門外已有另一讀者等著。在書裏學

到堅忍沉穩、理性思維、邏輯推理，明白天底下有道理的理論甚多，並非定於一尊。這本書如有生命當可以自豪，讀它的人和所走的路，以它為最。

最後一人，是這篇小文要寫的老大哥——林福隆。

林福隆是從潮州考入附中的。附中當時全省招生，各地的尖子生可以到附中讀高中。「文革」前夕，他已經讀到高三了。附中高三學生，可說眼高於頂，別說華師、暨大，就是中大也肯定不是他們的第一志願。

晨星農場要建新點，按序列是十三連。人員從一隊、六隊抽調共十九人。老工人和軍工不說了，知青一隊去了三個（司徒躍群、李唯、我），六隊四個（林福隆、林峰、黃穗明、鄭乙芬）。建新點很艱苦，沒地方住，借住苗胞的房子，糧食由場部供應，蔬菜自己解決。任務是建房、打井、育苗、種菜，基地建好了再進駐大批勞動力墾荒種膠樹。這種循序漸進的方法是海南農墾的成熟經驗，和兵團成立後大規模毀林開荒再建生活基地不同，只是苦了先頭部隊。

先頭部隊裏認識了林福隆，得以延續我的文化知識發展；人跡罕至的原始森林，使我開了眼界，經歷了許多知青沒有見過的新奇事物。林福隆好思辨、喜爭議、讀書多、英語水平很高。那時高三學生的學識水平會令現在教育界驚歎，加上「文革」三年大字報、大辯論的鍛鍊，大串聯、大流浪的開闊眼界，在一個小小的生產隊，真可以脫穎而出。然而鋒芒太露，生產隊的領導一直不怎麼喜歡他，評先進、外出學習基本沒他的份。孤寂中，他把自己的學識毫無保留傳授給我們這幾個初中畢業或沒畢業的失學少年。

茫茫原始森林中，一無課本、二無教師的學習開始了。在白天艱苦的勞作之後，夜裏穿上厚厚的防山螞蝗帆布長襪，就著熒熒孤燈，林福隆帶著我們六個知青進行著知識求索。沒有課本，他把所有帶來的書本湊起來流轉閱讀，讀一本，談一本，有引導，有爭論，有執迷不悟，有豁然開朗，有會心一笑。讀的具體書目已不可回憶，但人文和人本的精髓得以流傳，知識的斷層得以接續。

我們進行得更多的是對「文革」現象的討論和分析，使我們對社會、政治、思想、歷史、文學有了自己的理解和解釋。林福隆更以自己的人生閱歷，勸導我們放下身段和老工人相處，努力勞動不甘人後，在原始的勞作中儘量掌握科學技術，學到在原始森林生存的本領，學到農墾種膠的本領，一句話，在學校我們要掌握學習的主動權，在農場我們也要掌握墾殖橡膠的主動權。

積極的人生態度，專注的專業精神，不倦的讀書學習，成了十三連知青的思想財富。那時我除了對文化思想問題有興趣之外，就特別喜歡玩，面對崇山峻嶺、大江大河從不恐懼，山林的野性對我有極大的吸引力。林福隆在這方面則顯得儒雅有餘，桀驁不足了，看得出來，他想擺脫這片蠻荒之地的心情比我們迫切得多……

黎服兵在**〈微積分和數列〉**中，還對知青們這種如饑似渴地學習文化知識的情景做了生動的描述：

> ……再說等差數列和等比數列，是高中課程，我們初中生沒學過，任憑梁京怎麼講，我們愣是沒聽明白。一天，場電影隊來放電影，看著十六毫米電影機兩盤膠片的勻速轉動，兩位高中生靈感來了，扯著我們不看銀幕看機器。隨著機器轉動，膠片在一個盤中勻速減少，在另一個盤勻速增加，等差數列的概念豁然貫通，等比數列隨即迎刃而解。現在許多數學知識已隨風而逝，只有這數列的概念和電影機緊隨，永遠刻在腦海裏。
>
> 也有一件事是讓我們初中生長臉的。在一次閒聊中阿力認為我們的英語水平不行，三年沒有操練，能記一百個單詞就不錯。於是我們推舉馮容生跟他打賭，一小時內默寫五百英語單詞。賭注記不起來是一隻雞還是一斤肥肉，但結果還記得，是我們贏了。
>
> 這些遊戲現在看來很幼稚，很沒水平，但我認為有其重要意義。在那種困苦環境下，我們沒有自暴自棄，沒有隨波逐流，心目中最神聖的還是知識和學習。外在的驅動力沒有了，外在的環境企圖把我們改造

成頭腦簡單的勞動工具，但內在的心靈火花和長期培育的潛意識在冥冥中呼喚引導，知識的趣味和力量在默默吸引，使智慧和知識的火種不滅，使文化的傳承有所寄託。

我明白了，為什麼有史以來的愚民政策只能逞一時之威，不能長久泯滅人類解放之精神。那是人性中與生俱來的好奇心和求知慾，是人的自醒自覺自主。火花雖弱小，可以燃世界！禁絕火種的統治者，把人類關進黑暗的專制者，可曾想到，自然的雷電，心頭的火苗，是無法禁止的。

人類社會的自淨作用和自然界江河湖海的自淨作用相同，人類光明進步的傾向永遠強於黑暗反動的傾向，用不著操心，也用不著擔心，只要有信心。

回憶當年海南兵團知青對文化知識的渴求，確如黎服兵所說：「外在的環境企圖把我們改造成頭腦簡單的勞動工具，但內在的心靈火花和長期培育的潛意識在冥冥中呼喚引導，知識的趣味和力量在默默吸引，使智慧和知識的火種不滅，使文化的傳承有所寄託。」許多知青不畏壓力，冒著風險，依然想方設法、自強不息地在艱難困苦的環境中，彌補「文革」歷史給他們造成的知識貧乏，從而為日後人生的道路奠定了堅實基礎。

知青**呂雷**回憶道：

「上山下鄉」的時候，我只帶了兩件舊衣服、一床破爛的棉被，還有令下鄉知青們都很詫異的兩鐵箱書。

有人問：「都下鄉了，還帶這些勞什子幹什麼？」

我笑笑：「捨不得丟。」

對這兩箱書，裝箱時我頗費周章，想了又想，最後，一箱上面放馬恩列毛的著作，下面放中國通史和世界通史，另一箱上面放自以為值得保存的「文革」報紙傳單資料，最下面放了普希金和馬雅可夫斯基的詩集和一本《唐詩小札》。

不是說要和封資修徹底決裂、和過去徹底決裂嗎？不是說要「廣闊天地煉紅心，扎根邊疆幹革命」嗎？你還帶著這幾本別人全扔了的書幹什麼？我內心時時充滿不安、惶惑和自責，甚至有幾分犯罪感，總覺得自己的「三忠於、四無限」摻了水分，打了折扣。我在同去一個生產隊的十幾個知青中，年齡最大、資格最「老」（當過團支書），我一直痛下決心：自己雖然是個「走資派的狗崽子」，但「上山下鄉」是個脫胎換骨的機會，自己應該做出表率，要以實際行動證明，我是忠誠的！

在我們兩個「老高三」帶領下，我們這一車知青離開城市、離開親人時沒有一個人掉眼淚，是帶著歡笑、帶著歌聲馳向山野、馳向膠林的。但我在領著大家高唱「到農村去，到邊疆去，到祖國最需要的地方去」時，不時掠過這樣一個念頭：如果這些知青同伴知道了我的箱底裏，竟然壓著幾本「封資修」，他們會怎樣想？會發生什麼事情？但是，我實在是捨不得！

我只好硬著頭皮，偷偷地留著這條「封資修」的尾巴，又不得不「夾起尾巴做人」，人模狗樣地在大庭廣眾中高叫革命口號，裝得比誰都革命。人哪，真是虛偽的動物！現在看來，我當時那種做法和心理都是荒唐可笑而且是卑劣的，但這絕對真實。

到了目的地一下車，興高采烈的我們傻了眼。說是去「軍墾農場」，可我們眼前的山村比鄉下的生產隊還生產隊。給我們住的地方，是一個舊牛棚，地上的厚牛糞還沒起乾淨，匆忙中墊上一層乾草再壓上一層黃泥，架起毛竹木板那就是床了，無奈中我們只好入住「新居」。

膠林的勞動是艱苦繁重的。我們「老三居」雖然都經歷過大躍進、大煉鋼、修水利、農忙秋收等重體力勞動的鍛鍊，但那都是些臨時性的突擊任務，如今進了膠林，就得年復一年、月復一月「三更燈火五更雞」地起床割膠，風來雨去地收膠，心中的茫然失落可想而知！

「革命化元旦」之後是「革命化春節」，知青們都沒有回家，春天來了，陰雨下個不停，我們的牛棚屋漏偏逢連夜雨，大家七手八腳把鐵桶、臉盆動員起來接雨水。一天晚上我從夢中驚醒，突覺全身奇癢，急點油燈一看，不禁毛骨聳然——原來我是睡在一個巨大的螞蟻窩上，床上身上全爬滿了被雨水驅趕出來的螞蟻！覺是不能再睡了，那個不眠之夜我心中充滿悲涼。處理完衣物、被子上的不速之客後，只好躲在牛棚一角伴著油燈偷偷地翻開了《唐詩小札》，用偉大先賢的詩句來撫慰那徬徨和痛楚的心靈。

在膠林割膠，所有割膠工都是凌晨摸黑單獨工作的，偏遠的林段離有人的地方好幾公里，因此遇到毒蛇野獸是家常便飯，我們連隊的山林還出現過老虎，貨真價實的華南虎闖入我們的豬欄拖走了好幾頭肉豬，害得我們好幾個月沒有豬肉吃。每逢輪到我到最偏遠的樹位割膠時，要顯示自己「革命」的我不敢不去，也不能暴露自己害怕，只能故作輕鬆地高聲唱著革命歌曲心驚膽戰地上路。

到了林段，喘著粗氣一路小跑地割、割、割，一個人手忙腳亂地工作時是顧不上害怕的，可是當割完了整個林段，全身癱軟的時候，特別是割膠燈用完了電石陡然熄滅的時候，恐怖就會像個無形的大網把你整個人罩住，你就會從脊骨縫裏冒出涼氣來，一隻飛過的螢火蟲，一滴突然掉下來的露珠，一片無聲飄零的落葉，都會把你嚇一大跳。

這時我的救命稻草還是唱歌，歌唱厭了就大聲朗誦唐詩。有一天，我的老班長摸上山來「檢查工作」，聽見我抑揚頓錯念念有詞地背李白的詩，躲在樹後聽了好一陣，才乾咳幾聲現出真身，羨慕地說：「阿呂，你的《毛主席語錄》唸得真好聽。」羞得我無地自容。

老班長是個一九五四年參加農墾的土改骨幹，沒多少文化。一次開批鬥會，他被指定發言，他央我幫他寫好批判稿，還教他背了幾遍。不料一上臺，他就把我寫的稿子唸得稀哩嘩啦：「千鈞……就是……就是霹靂……就是……就是開新宇，萬里……就是……就是東風……就是掃殘雲……」惹得全場知青哄堂大笑，批鬥會也沒法開下去。

老班長其實也不知那天我在背什麼，卻認定我在背《毛主席語錄》，好心地彙報上去，硬說我割膠休息之餘還不忘學毛著。那時我們連隊的書記病了住院，主事的是連長楊頭，他聽了把我找去，笑眯眯地說：「聽說你在膠林割膠還大聲讀《毛主席語錄》，團裏馬上要開學毛著講用會，連裏找不到人去，就你去了。」

我哭笑不得，眼看推託不掉，只得對他說：「連長我出身不好，父母都還關著呢，你叫我去講用，不怕別人說你階級路線有問題？」楊頭一聽，出了一身冷汗，拍著額頭說：「哎呀，我怎麼就沒想到？那，那就換個出身好一點的知青去好了。」於是，這段陰差陽錯才告一段落。

我的那本寶貝的《唐詩小札》，就這樣陪伴我度過了艱苦的膠林生活。後來我調到了團部，幾經起落，又突然奉調到師部，走時匆忙，只准帶著背包，那兩箱書包括秘不示人的《唐詩小札》只得忍痛留在團部託人保管。一年後我回去找，兩箱書竟被人打開，其他書還都在，唯獨《唐詩小札》被偷走了，我痛惜不已。

許多年過去了，我還在懷念那本封面殘破的書，現在想來，偷書者也許是個識寶之人，不然那麼多書不拿，偏拿走這一本？只應了魯迅先生筆下的孔乙己那句話：「竊書不算偷，讀書人的事，能算偷嗎？」

知青**麥蒔龍**在〈**我在烏石的「私人圖書館」**〉中回憶道：

> 當年我曾在烏石農場的「七八小學」（七隊與八隊合辦的連隊小學）當老師。由於需要備課和批改作業等，我的住宿條件比連隊其他知青優越一些，住的是單間，簡易瓦房，比我調到八隊前所在的二十一隊好多了（剛到農場就被分配在新組建不久的二十一隊，一直都是住茅草房，三個知青住一間）。
>
> 直到此時，我陸續從廣州帶去的幾百本各類書籍，才結束了被捆綁在塑膠袋裏塞於潮濕床底不能見天日的命運，被整齊地擺放在一個手工粗糙的自製書架上，堂而皇之地展現在它們的主人——我的面前。當

然，它們並不是我當時所有藏書的全部，因為另外還有一些屬於那個年代不能公開示眾的禁書，它們只能十分委屈地「享受」著特殊的待遇——仍然被捆綁在密封塑膠袋裏塞於潮濕床底不能見天日。

從此，我的這間單人宿舍，便慢慢地成了八隊孩子們的「圖書館」，因為在這批書籍中，有超過三百本小孩子最喜歡看的小人書。出於可以理解的原因，這些小人書大部分都是當時出版的帶有濃烈「文革」味道的新版書，例如《邢燕子》、《歐陽海之歌》、《金訓華》、《張思德》、《閃閃的紅星》、《草原英雄小姐妹》、《愚公移山》、《董存瑞》、《黃繼光》等等。

但除此之外，我也藏有小部分「文革」前出版的「珍品」，如《三國演義》（七本）、《紅岩》、《西遊記》（近二十本）、《羊城暗哨》、《冰山上的來客》、《水滸傳》（十多本）等小人書。理所當然，這些「珍品」我是不會公開示眾的，而是藏於小木箱中，不會輕易出借予人。

我之所以喜歡收藏小人書，主要是因為我從小就酷愛美術，對繪畫十分感興趣，從幼稚園開始，就有被小朋友們圍著邊畫「公仔」邊沾沾自喜地聽讚美詞的經歷。小學畢業時最大的追求目標就是考上廣州美術學院，立志長大了當一個畫家（若不發生文化大革命，我相信自己一定會走上這條路的）。因此，蒐集繪畫水平高的小人書，便成了我從小到大的特殊愛好。

至於文字書，多是長篇小說和短篇小說集，小部分散文集和雜文集，其中一部分是當時出版的新書，如《豔陽天》、《金光大道》、《虹南作戰史》、《牛田洋》等，另外還有一些工具書、藝術類實用書和科技類圖書等。當然，不可避免地，擺在最顯眼位置的，不可能不是那些當時最時髦的擺設：《毛澤東選集》、《毛主席語錄》、《毛澤東著作選讀》和《毛主席詩詞》等，還有一些馬列著作如《哥達綱領批判》、《中國通史》、《世界通史》等政治、哲學書籍。

在我的藏書中，當時被視為「禁書」的，我記得有《青春之歌》、《紅岩》、《野火春風鬥古城》、《紅日》、《軍隊的女兒》、《迎春花》、《苦菜花》、《紅旗譜》、《家》、《香飄四季》、《三家

《這裏的黎明靜悄悄》、《鋼鐵是怎樣煉成的》、《紅與黑》、《紅旗飄飄》、《山鄉風雲錄》、《紅樓夢》、《靜靜的頓河》、《安娜•卡列尼娜》、《魯賓遜漂流記》等，還有半本又殘又破「甩頭甩骨」的《紅樓夢》，共有三十本左右，是我最寶貴的珍藏。

可以說，雖然當時我的糧食定量只是勉強夠果腹，但是我的精神食糧卻是蠻豐富的。這些禁書的封面全部被我撕去，然後用一種被稱為「雞皮紙」的厚紙代替封面封底，以做掩護。

「禁書」自然只能留給自己偷偷欣賞，連朋友都很少出借，所以當時知道我藏有這些禁書的人並不多。倒是不少知青來向我借那些可以公開的書籍，如小說、工具書等，一些實用的書也很受歡迎，如《黑板報圖案選輯》、《農村美術圖案》、《如何出黑板報》等。

但是有三本工具書我是不輕易借給別人的，因為對我來說那真的是非常珍惜的「孤本」，一旦失去就再也難以尋覓了，一本是「文革」前不記得哪家出版社出版的《實用音韻》，有了它寫起詩來查找押韻的字非常方便容易、得心應手，另外兩本是上、下兩冊一套的《中外文學名著描寫辭典》，對初學爬格子的文學青年來說，尤其有用。

小人書大都在星期六、日和假節日向孩子們開放——我有事外出時除外。每到這時，一幫大大小小的孩子，少者六七個，多者十幾二十個，聚集在我那單身宿舍的裏裏外外，或蹲或坐或站，全都在入迷地看書看畫，真有點現今深圳書城內書迷們埋頭苦讀的那幅情景。這大概是當年八隊的孩子們直至現在都對我印象深刻並保留好感的原因之一吧。

我想，至少在烏石，如此規模的「私家圖書館」是當時唯一的。這些書也曾經險些給我惹下大禍。我離開八隊調往場部中學後，有一次，我把《青春之歌》和《紅岩》這兩本書借給一位相熟的高中學生帶回家看，結果讓其母親發現了。這位老工人文化水平不高，以為孩子讀的是「黃色小說」，怕孩子給毀在這兩本書上，手足無措之下，心急火燎地拿去讓一位政工幹部給做鑑定以便決定怎麼辦。萬幸萬幸，那位政工幹部真有點水平，拿去看完之後把書還給那位母親，說：「這是兩本好書，革命書，不是壞書，孩子看看沒事。」

事後我嚇出了一身汗，要知道，那可是四人幫尚未倒臺、極左思潮尚在橫行的七十年代呵！從此我再也不敢把書借出去了。至今我仍很想找到這位「文革」中的政工幹部，對他衷心地說一聲：「敬佩，敬佩！」

我的這家「私人圖書館」結局可悲，將它毀掉的，並非當時盛行的極左路線的肆虐，而是愚昧小童的惡作劇。

我奉調往場部中學任教並肩負起組建中學文藝宣傳隊的重擔（以知青為主力的團宣傳隊隨著兵團建制的撤銷而撤銷，農場領導將「宣傳毛澤東思想」的重任託付在了五六個「孩子王」和二十幾個中學生身上），於是我從此告別了「七八小學」。我無法把我的「私人圖書館」一下子都搬到場中去，只好先行帶走了極少部分的珍藏，其他的仍存放在八隊我的那間單人宿舍裏。

兩個多月後我抽空返回，赫然發現我的那些寶貝竟被人翻得亂七八糟，不少被撕毀，有的被水浸泡黴爛發臭，有的竟與一堆堆乾硬的大便為伍，更有不翼而飛的。我狂怒，追查之下，有孩子告訴我說，是一個精神有毛病的孩子強行撬開了我宿舍的窗戶，爬進去弄成這樣子的。那傻孩子也算是我的學生，是「老留學生」，八九歲了，還在繼續讀一年級，也是我那「私人圖書館」的常客。

萬萬沒想到，他是用這種令人憤怒而又無可奈何、啼笑皆非的方式來報答我的。我又能把他怎麼樣呢，只好收拾殘局，儘量搶救回一部分尚未被毀的，將損失減到最小。臨離開農場時，除了部分實在捨不得的以外，全送給了朋友、學生中的愛書之人。

直到現在，我仍然保存著當年「私人圖書館」藏書中幾十本真正屬於珍品的小人書和其他書籍，或許，它們會陪我終生，直到我走完我的人生之路。這筆「遺產」，如果我的兒子認為不值得保留的話，它們將成為我永遠的陪伴物，在另一個世界裏伴我遠行……

但是，並不是每一個兵團知青都如呂雷和麥蒔龍兄弟的「遠見」和「富有」，能幸運地遇上好的連隊領導，能在業餘時間遨遊在知識的小河流中。因為有的知青是在受到痛苦打擊之後，才決心從逆境中奮起讀書的。對於這一心路歷程，**侯建平**在**〈我曾是一個知青〉**中有著詳細的描述：

……新來的指導員工作能力不強，原來勝利隊的軍工和農工都不太買他的帳，讓他很惱火。他一直都想找個茬整人，洩洩心裏的悶氣。也許，我正好是個合適的目標。他利用工作之便，查了我的檔案，知道我父母在當時都正在受到審查，而且，還得知我在「文革」期間參與寫過軍區某某大人物的大字報。

那時，正好全國都在清查「五·一六分子」，他認為整我正是好時機。於是，他在勝利隊大會上，頻頻點名批評我，說我父親是大叛徒，本人又是「五·一六分子」云云。他還親自到團部反映我的情況，樹我為知青的壞典型，要團部同意對我展開有組織的批判。但他的主張受到其他勝利隊幹部的反對，批鬥我的計畫沒有能夠實現。同時，他還鼓動勝利隊的潮汕青年用我聽不懂的潮州話對我進行侮辱謾罵。

這位指導員對我的一系列的攻勢使我更陷入迷茫之中，但我沒有流一滴淚。二十歲的我在經歷了很多的不幸後，早就學會不流淚了。那時，我忍住滿腔的憤怒，在煤油燈下，給母親去信。我說，我要離開海南，我不幹了。

那時，我真的很孤獨，那位我暗戀的男知青回廣州探家後，一去不來，那根隱隱約約的精神支柱也被抽走了。我不願向任何人訴苦，除了自己的家人。我越來越不願意和其他人交流，越來越不相信有任何人願意幫助我。在那段時間裏，我非常自閉。其實，我和其他一起來海南的廣州知青已經非常疏遠。每天，我在橡膠林裏完成割膠工作後，都喜歡獨自在靜靜的樹林裏坐上很久，想自己的心事。我想了很多，已不再相信任何人說的關於知青「上山下鄉」的偉大理論，我只想一個問題，我如何要走出去。

有一天，我獨自一人在橡膠林段裏沉思，對自己在勝利隊和中坤農場的遭遇越想越不通，突然情緒失控，將自己最心愛的割膠刀狠狠地插進泥土裏，手裏拿著的膠杯也摔在石頭上，砸了個粉碎。我想放聲大哭，但沒有眼淚。我當時的感覺就像法國小說《基督山恩仇記》那位陷入牢獄的主人公，處於狂怒之中。我對著蒼天發誓，我一定要走出海南，我要出人頭地，我要到北京最好的大學去讀書。

這是我人生中很可怕的一幕，多少年來，我沒有向任何人提及，我曾在海南的橡膠林裏發過一個很毒的誓言。在當時，對我來說，到北京最好的大學讀書幾乎是個天方夜譚，我的父親仍在關押之中，母親也剛剛被解放。從此以後，我走上了拒絕與工農結合的不歸路。勝利隊任何幹部走進我的房間，我就以沉默表示抗議。

回想當年，我對那位指導員的反應挺孩子氣，但命運因此把我帶上了另外一條路，我因禍反而得了福。我在痛苦中想明白了一件事，知青的最大危機不是沒有作為，而是我們受教育的權利和機會被剝奪了。兵團對知青是竭澤而漁，只用不培養。我感受到我們將被遺棄的危機感，剛來到海南時的盲目熱情消退得一乾二淨，我開始為自己的前途著想了。就這樣，我和農場工人們的近距離接觸只保持了兩年多，我開始為自己早日離開海南做準備。

我在日記裏做了個人計畫：第一，參加勞動不要拚命，要保持身體健康；第二，經常看書寫字，不要讓大腦變得遲鈍。那時，真沒有什麼可學的，為了鍛鍊記憶力，我把母親的《唐詩三百首》拿在手邊，常看常讀。我看書則看最難懂的《反杜林論》，為了就是從書中學點更多的知識。這本書我看了半天，實在看不懂，就轉而看從廣州家裏書架上找到的雜書，如范文瀾的《中國通史》、蘇聯版《法蘭西革命史》；此外，小藝家裏的那本魯迅的《兩地書》也是我的最愛。

我經常還寫讀書筆記、通信和日記。我母親非常支持我多學點東西，她來信說，與其天天牢騷滿腹，不如多看點書。這就是我養成良好的學習習慣的起點，那時我正好二十歲多一點，到現在三十多年過去了，我的用功習慣仍然沒改。不管別人如何看待我的這個舉動，我至今感激當時自己做出的選擇。

為了實現我的個人計畫，我受到不少的壓力，附中的同學對我的怪異有所議論。我最難過的是連原來同一戰鬥隊的學姐們都不理解我。我一直很尊敬的學長老古那時被貶到石灰場，常來勝利隊串門，覺得我這樣發展下去不妥，曾好言相勸。此時，正處於叛逆期的我對他的好意全不領情。我也感覺到自己越來越不合群，苦惱一番，還是沒有理會別人的看法，默默做起了獨行者。那時，我感覺自己長大了，不需要在任何人的影響下生活。

每天，我在工作時間內出工幹活，下班後馬上洗澡換衣，穿得乾乾淨淨地坐在書桌前看書。我很少與勝利隊的工人交流，連幹部上門做思想工作都不搭理，我成了小有名氣的後進知青。那位潮汕籍的指導員曾想與我和解，他來到我的房間裏，無論他怎麼努力，我都一言不發，最後，他只好走了……

六七年以後，我參加全國統一高考，報考的是外語專業，我的語文和政治答卷卻給北大招生老師留下了深刻的印象。因為大多數外語成績好的學生的中文寫作都不好，而我的寫作，無論是論證和敘述，都很清晰，讓他們很感意外。北大的老師很坦率地告訴我，他們是在很多案卷中翻出了我的資料，經過與其他學生的考卷反覆對比後，才決定錄取我……

同侯建平一樣，少數有先見之明的知青，也許在心裏預料到早晚會有高考恢復的那一天到來，於是，在困境中悄悄地提前自學起了數理化知識，使自己贏得了人生起跑時間。知青**tourist**回憶道：

> ……我去海南農場時的真實文化水平是六六年畢業的初中生（所謂的老初三），名義上的文化水平是「高中生」。
>
> 在農場（兵團）待了兩三年後，我覺得不能虛度時光，也不相信一個具有考試傳統的國家會永遠這麼

關閉大學，便開始自學老高中的教材。七三年大學恢復招生（工農兵學員），我得到群眾的推薦，但因為父親的問題而沒有去成。

七七年恢復高考時，我在廣州石油化工廠，由於有長期的準備，結果考上了。從此，讀書便一發不可收拾，本科四年，國內研究生三年，美國研究生兩年，一共讀了九年書，差不多就是「寒窗十年」了。

當時，似乎損失的十年已經找補回來了，但現在想想，時間損失就是損失了，根本找不回來的。「文革」後再讀完九年書，已經接近四十歲了，還沒做出什麼成績，一晃就該退休了。我寫這些，並不想炫耀什麼，也不想抱怨什麼。我只想以自己的經歷告訴後代，機會真的是為有準備的人提供的。如果農友們也同意這一點，就告訴年輕人吧。

知青**Yuhao**在名為「夜讀」的照片下說明：「當時身體好，每晚看書常常到十二點，第二天三點半還要割膠。越讀越覺得知識少，真想上學啊！看到那盞煤油燈了吧？當年好像只有它是最亮的。雖然它不是一盞省油的燈，每個月要花不少錢買煤油，但卻依然讓我樂此不疲。當時另一知青好友哈哈把他父親的一部相機帶回連隊，這是我學攝影的開始。一天晚上，哈哈把相機架在一疊書上，對著我，用B門曝光了一分鐘。我一動不動，大氣也不敢出，結果出了這張真實的寫照作品……」

除了讀書，還有知青忙裏偷閒練習起了寫作，其中有的詩作還曾經在兵團知青中「地下流傳」，最為著名的是**〈自然王子之聲〉**。據推薦者黎服兵介紹：這首長詩的作者係北京知青**常文虎**，寫作時間大約在七十年代初，寫作地點可能是瓊中縣大豐農場。此詩在海南中線知青中流傳甚廣，二百餘行寫盡了自然、人類的進化史，意境瑰麗，氣魄宏偉，詞彙豐富，語調鏗鏘。可代表當時知青詩作的最高水準。近日翻檢舊時筆記偶然發現，如獲至寶，特向農友們推薦。

自然王子之聲 （常文虎）

在好望角波濤中誕生，
在撒哈拉荒原上歡唱，
你與永恆的時間為伴，
你用最雄偉的聲音把歷史敘講。
……
那是荒涼冷落的星球，
在宇宙間遊蕩。
太陽以十倍的熱情把光芒撒向它那
金色的大陸
蔚藍的海洋。
水氣在藍色的天空凝聚起白雲，
火山迸出滾滾煙雲凌空怒放。
七彩光線在峽谷山巔眩目地舞蹈，
雷電長長的火花抽打著大洋洶湧的波浪。
那是生命的產房，
那是死神的帷帳。
……
事物總是走向自己的反面，

沒有什麼永恆的靜止絕對的公正，
只有赤裸裸的成敗和力量！
新時代的盜火者，
新時代的普羅米修士，
他們創造了一切，
卻在黑暗中巨岩中受苦難被遺忘，
但是他們撒下的星星之火，
定將燒毀這罪惡的世界，
迎來明天東方燦爛的太陽！

由於全詩太長，自由兄弟只是象徵性地節選前後片段，以反映作者對歷史的考問和對自由的嚮往。同時，也意在展示海南兵團知青猶如當年的盜火者普羅米修士，身處逆境而不自暴自棄，依然孜孜不倦地求知的精神風貌，為知青的苦難歲月增添幾分光亮的色彩。

除了傳抄詩作，海南兵團知青中當時也同其他省市知青一樣，就是喜歡傳抄傳唱「黃色歌曲」。那些經典的世界民歌如〈喀秋莎〉、〈莫斯科郊外的晚上〉等歌曲，自然屢禁難止。就是連「地下」新創作或港臺新流行的歌曲不出半月，也會夢幻一般很快地在兵團知青中流傳開來。對此，知青**橡膠娃**在**〈文革逸事——失戀曲〉**中感歎道：

一九七二年夏天，我獲准回家探親，看過家人後，就匆匆去找女朋友了。一年多沒見面了，雖然相距並不遠，可我在海南兵團，她在工廠，幾百里路就像是千山萬水，一句話，那時人忒老實，直到連隊批准探親才敢回來。

突然出現在她面前並沒有什麼意外的效果，只是笑了笑。她喜歡唱歌，在單位裏是文藝骨幹，關注她的人自然很多，沒人想到她的男朋友是建設兵團的，為這個我曾經驕傲了好長時間呢！

隨後她和同事說了一下我們就離開單位了。那時我在她家人面前是不合法的，想說說話也得迴避著點，還好有個公園可以去，五分錢的門票進去隨便溜達。我們走到人工湖的北面，那裏是一個土坡，坡與湖之間有一片茂盛的楊樹林，雖說不大，遮擋我們兩個足夠了。

靠著一棵樹坐下後，她很神秘地問我：「有一首歌叫〈失戀曲〉你聽過嗎？」我說沒有。她說也是才學會的，隨後就低聲唱了一遍。七二年正是「文革」期間，像這種歌曲是絕對不能唱的，鬧不好就給你安上個反革命的帽子。所以，她在低聲唱，我則伸長了脖子東張西望，還好那天不是週末，又是上班時間，公園裏還真沒幾個人。就這樣，她一遍遍地唱，我一遍遍地聽，直到我能結結巴巴的全唱下來。站起來後才知道已經很晚了，遠處公園的人正在邊走邊喊：「淨園了……關門了……」嘿，喊得你走也得走，不走也得走……

回到兵團以後，我竟然發現已經有人在哼著這個歌的旋律了，真是流傳得好快呀！不過，只是哼哼，我聽了半天，愣沒聽到一句完整的歌詞，這也許是那個年代的一種特色吧？……

是啊，當時何止是一首談情說愛的〈失戀曲〉，就是連被稱之「反動歌曲」的如〈何時君再來〉、〈怒潮〉也一樣有知青在悄悄傳唱。我最記憶猶新的就是有部反映大陸知青偷渡香港的電影《大陸風雲》，據說在港才上演半個多月，影片中的插曲就有知青會唱。其流傳速度之快，簡直令人咋舌。為此，團部領導還特意在會上明令禁唱，說是要堅決抵制境外的「反動宣傳」……

不過，自由兄弟同許多知青一樣，當年對這些傳抄、傳唱都不感興趣，也從沒有想到過自學文化知識，每天只要有空就想著怎樣去填飽肚子。直到回城後，又受了許多年的艱辛磨難，才想著要讀書充實自己。如今仔細想來，這不是我們的過錯，因為「文革」剝奪了我們正規系統的讀書權利，而「上山下鄉」又使我們再一次失去了學習的機會。即便是有的知青依靠「地下流傳」的書籍學到了一些知識，但都不是規範系統和完整的。歷史，就這樣無情地造就了我們這一代的殘缺，並將伴隨我們終生，永遠也難以復原。

國人，應該弘揚我們曾經有過的「地下學習」可貴精神，但卻永遠不要再重複我們昨天的歷史，因為一個沒有知識的民族，是一個必定要被淘汰的民族；而一個處心積慮要扼殺求知欲望的時代，也是一個必須唾棄的時代……

第三節　散落在日常生活中的「碎片」

寫到這裏，自由兄弟總覺得海南兵團知青日常生活還有許多話題，意猶未盡，但又苦於素材太少，無法單立章節，於是只好零零星星地歸攏一堆，以待來日加以補充完善。在自由兄弟的印象中，每月知青兄弟姐妹最為高興的事莫過於領工資。關於這一心態**黃珊建**在**〈第一次領工資〉**有著切實的回憶：

十六歲去海南島當知青之前，我一次拿過最多的錢便是讀中學時，每月母親給的生活費十元錢左右。和同學們一起被分配到海南屯昌晨星農場第一生產隊，生性樂觀、學生氣十足的我，只知道幹活、唱歌、說笑、看書，對於自己養活自己這樣的話題好像還沒與大家深入地討論過。

一天中午，我們幾個女知青正在宿舍裏休息，我的班長老江邊敲門邊喊：「發工資囉！」我走到門前把門打開，老江對我說，這是你的這個月工資，二十二元。「二十二元？」我瞪大了眼睛，第一反應就是：「這麼多？」竟然下意識地順手把門關上，邊說：「哎呀，太多了，很不好意思。」這一舉動把老江弄糊塗了，門外的他，愣了一會兒，又敲門說：「哎，這是你的工資，趕緊領呀。」我才又整理了一下情緒，把門打開，簽名領了工資。

這邊，女知青們早已笑成一團了。這件事，後來常被我當笑料在知青、同學聚會中說起。很快便知道，我們這工資，比起到東莞插隊掙工分的同學的收入，多了很多倍。除了日常的生活支出外，我們還可用這工資到農村買些鴨蛋，到鎮裏趕集時買些罐頭之類的食品。更重要的是，基本上回廣州探親都可坐飛機呢，記得單程是四十元。

雖然幾十年過去，物質生活已發生了巨大的變化，我還是為自己及其同時代人的絕大多數曾經的單純率真感到安慰，這畢竟是一個人年輕時的本質，這本質使我幾十年來，身處大千世界中，保持了自我。

風雨同舟也感歎道：

我們第一次領工資沒有二十二元。隊長給我們算一筆帳，隊裏的豬苗錢×元，場部的豬苗錢×元，菜種×元，伙食費六元……還扣了其他，反正到手就幾元，還要買這買那的，我思想鬥爭了一下，把二元夾在信中寄回家，告訴爸媽這是我第一次拿到的工資，他們還來信表揚我。其實他們根本不在乎那點錢，只是為我自食其力和想起回報父母而欣喜吧。

瞧，多懂事、多孝順的知青，我想她父母收到這兩元錢，一定會為自己的孩子不僅自立還懂事而欣慰。

Fzz718也回憶道：

……第一次拿工資二十二大元，扣去伙食費七元（左右）後，還有十多元落袋。摸著這筆鉅款，總覺得辛苦了一個月，是該動用其中的一部分犒勞犒勞自己了。於是便在星期天走了八公里的山路到南坤去趕墟，想著買點什麼好吃的。記得南坤街擺滿水果地攤，價錢便宜極了，可我們這個看看，那個摸摸，就是下不了手，只是暗暗地嚥口水，轉悠了N個來回，最後到郵局買了十枚郵票（其實生產隊「小利群」也有賣的）便原路返回了。至於買鴨蛋，是之後的事了，記得也是下了很大的決心才出手的……

看得出，這一定是位勤儉節約的女知青。走了八公里的山路，實際上自己一分錢也沒捨得花。而與女知青不同，大部分男知青領到工資後，有理無理都要急著去吃上、喝上一餐。每逢這時，通往縣城或墟鎮的彎彎曲曲的山路上，到處可見三五成群的知青在歡快地行走。而縣城或墟鎮的國營飯店也是最熱鬧的地方。自由兄弟記得，當時的白沙縣城就一家飯店，沒單點的炒菜賣，只有麵條和咖啡。麵條只要八分錢一碗，是素麵。咖啡是一角兩分一杯，加有白糖。一壺茶是五角，但可以任意加水。

這幾天，縣城那家國營飯店的生意異常「火爆」。每張圓桌都坐著一大堆的知青，桌面擺著一些糕點、酥餅，然後，就是一壺咖啡或綠茶。知青們喝著、吃著，談著、笑著，大家藉此機會與同學好友相會，談談各自連隊的奇聞趣事。只是忙壞了飯店的服務員，要不停地燒著開水。好在那時還不興提著水壺到桌面加水，都是知青們自己代勞，否則，非將那幾個服務員累趴下不可。此時，也有一些要好知青會串到附近的黎村苗寨，到老百姓那裏去買上一隻雞鴨什麼的回來，然後「搭夥」狠吃一餐。

於是，常常不到月底，男知青們的囊中便空空如也。好在連隊預先扣下了當月的伙食費，不然，真會發生挨餓的饑荒。對於這一窘境，知青**亞東**深有感觸：

……有一次，我們路過老百姓的甘蔗地，看到正在收蔗，饞得直流口水，可是三個人的錢夾子裏總共只有二分錢和一張二分的郵票。我們「阿老」長、「阿老」短地求了半天，先是想換三根，後為兩根，退而一根也行，但對方就是不幹，只得悻悻而去，走到老百姓聽不見的那麼遠，就開始講最早學會的那句海南話。又渴又累地走了好久才回到三連。

其實，說來並不丟人，類似這種囊中羞澀的現象，當時在海南兵團男知青中相當普遍，可謂屢見不鮮。能有幾個錢剩的幾乎都是省吃儉用的女知青，或是特別小氣、鳳毛麟角的個別男知青。細想起來，造成這一可憐現象，一方面是男知青「大手大腳」一些，另一方面則是當時海南兵團發的工資實在太少。

前不久，有知青在網上發了一個從檔案中翻查出來的黑龍江兵團知青招收勞力審批表，眼尖的海南兵團農友驚訝地感歎道：「我看到黑龍江兵團知青的工資收入是三十二元，比我們在海南的工資要高出十元，而我們當時才是二十二元，實在是相差太遠……」

為此，自由兄弟查閱了一九六一年五月十九日海南農墾局重訂的工資等級標準，其中共分九級。一級二四點八元，二級二七點三元，三級三十元，四級三十二元，五級三四點五元，六級三十七元，七級三九點四元，八級四十二元，九級四四點九元。一九六三年十月二十五日，廣東省農墾廳根據當時農業生產情況和實行新工資標準後，出現的新老工人之間待遇方面的矛盾，將一九五九年全國統一的農牧場工人的工資標準下延了兩級。海南墾區一級為二十六元，二級二十九元；湛江墾區一級為二十四元，二級二六點五元。

工資等級的下延，降低了農墾工人的收入，給生活造成困難。當時，職工顧全大局，正確對待。直至一九七三年以後，廣東墾區才執行省勞動局制定的統一工資標準。而一九七三年省勞動局制定的統一工資標準海南墾區一級為三十二元；二級為三十七元；三級為四十一點六元……湛江墾區一級為二十九元，二級三十四元；三級為三十四元。

海南兵團成立後，基本沿襲了一九六三年十月二十五日廣東省農墾廳將海南墾區和湛江墾區工人的工資標準下延了兩級的政策。我們知青第一年是二十二元，第二年按一級農工二十六元加百分之十的地區差，是二八點六元，相對全國農墾系統的一級由三十二元變成二十六元，少了六元。海南兵團的這個土政策，害得我們知青好苦，工作環境艱苦，勞動強度大，收入還少，實在讓人想不通這一切為了什麼，難道我們海南兵團知青的命更賤?!

據查，除了海南兵團撤銷時國家一次性撥了五千萬元彌補缺口，在兵團成立的幾年時間，國家沒有給海南兵團撥過投資款，而我們卻開了那麼多的荒山，種了那麼多的膠樹，建了那麼多的農場和新隊，簡直就是從我們的骨頭中榨出來的銀子啊！

雖說我們克己奉公為國家做出了貢獻，但這一工資政策卻使許多知青在後來回城工作時，吃了許多「啞巴虧」。這種「一步趕不上，就步步趕不上」的後果，自由兄弟大概是七八年還是七九年遇上工資套改時才深有體會的。按當時國家規定，廣西大部分地區是三類，湛江是四類，海南是五類。廣西國營農場七三年一級農工是二十八元，而湛江是二十九元再加上百分之十的地區差。

可我那時檔案工資只是二十六元，結果回到鐵路沒法套改，只有按七三年前還是學徒計算，滿一年後才定一級，少了五元。套改時又因此少了半級六元，因為當時規定多少年工資要達到多少才能套上那個檔次。看到比我晚參加「革命」的工友還多過我，一問，才知道是這麼回事。好在後來領導看我工作不錯，在自衛戰中表現還可以，多加了個半級才扯了上來。自由兄弟之所以舊事重提，並不僅是為個人而耿耿於懷這點錢。而是想讓後人和外人都知道海南兵團知青當年所做出的犧牲和奉獻，以及海南工資政策的不公平！

初到海南兵團的知青，還有一個特點，就是喜歡寫信和盼望來信。我記得開工資的第一個月，同去的很多知青到縣城除了牙膏、肥皂之類的，幾乎人人還買了同樣的東西，就是郵票、信紙。我也買了幾枚和一本信紙。回到連隊後，我只花了幾分鐘，給身在農村的生父寫了三行字，全文如下：

父母大人，我已初中畢業，報名來到了海南生產建設兵團，被分配在第四師第八團九連，這裏是中國人民解放軍廣州軍區領導，一切都很好，請勿念！回信請寄：海南島白沙縣牙叉農場四師八團九連即可。

我不想講更多的複雜過程，也不願意講述伯父的狀況，免得讓親生父母擔心。除此之外，自由兄弟不知還該給誰寫信是好。

就是自由兄弟這封唯一而又簡短的信，讓只有小學文化的生父高興得一塌糊塗。不久，我就接到他的歪歪扭扭來信，先是講述全家都替我能參軍入伍感到十分高興，其次是要我在部隊裏爭取進步，最後是困惑不解地問我：「既然是部隊，幹嘛又是農場的地址？」為了慎重起見，他在收信地址寫了兩行，一行是海南島白沙縣牙叉農場四師八團九連，一行是廣州軍區海南生產建設兵團第四師第八團九連。可以說是我一生中收到的最為獨特的信封，直到我第二次稍微詳細地說明了農場的性質，他才只寫第一行地址，但再也沒有第一封來信的高興，而是充滿擔憂我幹不了砍樹挖穴的體力勞動……

與自由兄弟不同的是，其他好多知青一有空閒就在寫信，尤其是女知青，幾乎像我們抽煙一樣成了嗜好，沒事就躲在茅草房裏寫信。因為我的同學小石是團部警通班的，專門負責送信、帶信。有一次我看見一個女知青託他帶了八封信，羨慕得我雙眼發直。每逢有人到團部開會或是到縣城辦事，也常常有知青委託帶信。

信發出去以後，許多知青就天天盼望著來信。每當小石騎著一輛破舊的單車來到連隊，知青們便會不由自主地圍了上去，看看有沒有自己的來信。有來信的，高興得笑逐顏開，又蹦又跳地走回宿舍，然後急不可耐地看了起來；而沒有來信的，則好像失落了什麼，失望地默不作聲悄悄走開。

關於這一生活現象和心理動態，**侯建平**在**〈我曾是一個知青〉**中有著詳細的描述：

……我們在海南時，打發夜晚和假日的方法之一就是寫家信。我記得，上世紀九十年代末，我母親還在她蒐集的雜物裏找到一包我在海南給她寫的舊信。她問我怎麼樣處理它們。我望著那包發黃的舊信紙，打了個愣，竟然說，燒了吧。那時，我真是還沒有心情去整理自己的過去，想著既然母親不願再收藏它們，不如處理了事。

讀小學和初中時，我很少認真地與母親交流過自己的想法，她實在很忙，沒有心境去瞭解我的內心世界。我在下鄉時，她先是被關押在機關的「牛欄」裏，後來又去了五七幹校，成了「靠邊站」的閒人。也就是在這個時期，我們母女倆才有了比較多的時間在薄薄的信紙上交談。

我最初與她通信時，她還沒有「解放」，我們所有的來往信件都要經過看守她的革命群眾的審閱。為了不讓別人抓辮子，我在寫信時很認真地在信紙的上端抄上一段「最高指示」，然後再寫「媽媽，你好！」一類的問候話語。在信中，我不敢提及任何敏感話題，唯有以我們在海南生活細節為主題，能寫多少算多少。原來，我是最不喜歡寫記述性文字，但看到失去人身自由的母親對一群年輕人在海南的生活有那麼濃厚的興趣，我也就儘量多告訴她一些有趣的事情。

寫著寫著，我發現母親竟然成了我的熱心讀者，有時她還告訴別人我在信中談到的趣事。她將我的去信很整齊地疊放在一起，存了起來。這是母親的好習慣，她將自己在「文革」受審期間寫的交代材料的底稿也都全部保存了下來。四十年後，我還把她的材料整理成為一份絕無僅有的自傳性文字。我在給講她故事的過程裏，也在無意中練了文筆，學會了對生活細節觀察和描寫。

我們的信件不停地來來往往，每一個星期我都收到母親的信件，甚至，我在一個星期內收到過母親寫來的兩封信。雖然，我的想法很早就開始與母親的正統觀念分道揚鑣，但母親花費很多心思為我寫的信件卻給了我很大的精神安慰，讓我感到親人的關心和愛護，成為我在艱苦勞動和生活能夠堅持下去的支柱。

Zyz在〈**太平小記**〉中回憶：

當時在海南農場，通訊條件很差，同學、朋友、家人之間平時只能以寫信的方式交流學習心得，相互傾訴友情；有時也交換大作以探討人生之路或吟詩作對相互唱和……

本人現在還保留了不少當年知青們的來信，閒來無事翻翻那些已經發黃的紙頁，看看那已漸漸褪色熟悉的筆跡，心裏仍有一番無名的激動！常常想起每寄出一封信，就會計算日期，迫切等待著回信的心情；想起老父親出獄後給我來的第一封信，令我徹夜難眠。於是有了下面幾句：

飛鴻傳書，
從頭讀。
相知字，
滿盈幅。
相思意，
何時足？
幾度東風摧世事，
悠悠往事隨潮去；
故人佳會待何時？

青春兔農友也感歎道：

一九七一年五月我們被發配太平農場，細數起來已過去了三十六年。那時的太平農場應該是海南條件最差的農場了（現在也還是海南農墾倒數的幾個落後農場之一）。正常的書信來往已經比外面的要慢上一兩天，碰上颱風就會被洪水斷道，唯一一條聯繫外界的公路通不了車，家裏的來信十天半月才收到實屬正常。家裏有什麼事情發生，我們只能乾著急！直到回來後很長一段時間，我做的噩夢都是在太平農場。所以，Zyz友的那種盼望家書的心情，當時豈止他一人，相信那是每個知青的通病！

在現在許多年輕人看來，寫信已經是一件白費力的事。可我們那時沒有手機、電腦，也沒有公用電話，只有這樣一種與外界親朋好友聯繫的管道。連隊唯一的一部電話是內線電話，非經團部總機接轉，是絕對打不到任何地方的。而且這一部電話還是鎖在領導的住房裏，一般的私事，知青們是絕對不敢打的。於是，只有通過信件來與親朋聯繫。

據說，有的知青一個月就要花上一二元錢的郵票和信封信紙，這在當時可是一筆不小的開支。相比之下，自由兄弟在這方面可就節省了許多，有時一個月也難接到來信。記憶中最高興的是大概到海南農場有五個多月的一天，那時小石將連隊所有人的信件都分發完畢，我問他要不要在連隊吃飯，他說時間還早，得趕去十連。臨走，突然從口袋摸出一封信來說：「這裏有你的一個好消息，你慢慢看吧！」

我接了過來，看著信封上那歪歪扭扭的筆跡，頓時高興極了。是伯父來的信！我迫不及待地撕開信封，幾行親切的字句馬上躍入眼中：

> 我兒，回來上班一個月了，單位對我的歷史按人民內部（應是人民內部矛盾）處理，主要是說我是成分苦，工支（資）也補發了，但還劉（留）有毛（尾）巴。聽說你到軍隊（墾）農場了，我好高興，又黨（覺）得對不起你，沒送你去。我是問了張和平他媽才知你的地上（址）。你要好好聽上及（級）的話，而（需）要什麼就來信。父字。

我反反覆覆地看著只有掃盲文化的伯父，寫來這封錯別字接二連三的來信，不知怎麼，我很想大哭一場，又大笑一場。那天，走到哪裏，我都將這封信帶在身上，想想又拿出來看上幾遍，生怕它丟了，伯父又會被人抓走。是晚，我點著油燈，寫了好長好長時間的複信，密密麻麻地寫了三頁信箋。信中，我詳細告訴了我來海南兵團的經過和如今工作生活的狀況，自然也流露了對他被「關押」後的思念和擔心。沒過多久，我收到了伯父寄來的一套衣服和一大罐豬油，還有他親自製作的一串香味誘人的臘肉。這之後，每隔一段時間，我就會收到伯父寄來的包裹……

在海南兵團知青的生活中，還有一個不能漏掉的細節，就是照相。關於這點，自由兄弟的體會就更少。因為在長達幾年的兵團生涯，我只照過一次相。而這唯一的留影，還是農村的父母一再來信催促，說是十多年不見，不知我如今長成了什麼範本，才不得已走到縣城照相館去照的，並且還是假景。後來我將這張站在一棵椰子樹下，背後是浪花翻捲大海的相片，寄了一張回去，自己留了一張。

幸虧當時照相館曬了兩張，因為，許多年後，寄回家裏的那張早已不知去向，而自己留下的這張，卻一直保存了下來，算是如今唯一我在海南兵團待過幾年的證據。正是如此，每當我看到許多知青在網上貼出的風華正茂的青春靚照，心裏都會有幾分嫉妒和感慨。特別是看了他們述說如何「炮製」的這些靚照的背後故事，更是羨慕不已，佩服不已。不信，**亞東**講述的「無電曬像法」就是其中一例：

……聽農友們講的「人力電影」等落後故事，讓我想起了南坤的照相館。那個影相佬（照相師）雖是客觀上起了好作用，留下了農友們難得的歷史影像。但這都是給了錢的，沒什麼好承情的，反倒是想起那些給他洗壞的照片現在還心痛！

有一次，我把三圈一百二十膠卷給了他，他為了省錢，就用已經飽合了的老藥水給洗，結果底片的藥膜全成了四川農田的款，龜裂成一塊塊的，我當時就想哭了。為了補過，後來自己沒錢，向剛好到鎮上趕集的陳博文要了十二塊錢，又再買了膠卷。希望博文忘了這事吧，我也是退休後才想起三十六年前的這筆欠款的，還本帶利現在肯定還不起啦，都是影像佬衰囉。

他曬像更絕，我進去看過一回：小暗室裏也不怎麼暗，點一盞油燈，外罩一張紅紙。他靠牆坐著，右手邊的牆上有個洞，朝外釘塊翻板，馬馬虎虎地還透著亮。等把像底和像紙用兩塊玻璃夾好後，見他捏著玻璃，竟把手從牆洞裏伸了出去，過了一會把手收回，把像紙丟進了顯影水裏。我恍然大悟，原來就是這樣曝光的呀，在這個沒電的小地方，虧他想出這麼個辦法（南坤鎮是晚上才供電，一百一十伏的）。

所以他手上要是有南坤曬出來的像，就別指望黑白分明了，都是灰濛濛的。還不如虞皓在連隊曬的：人家是先用一塊黑紙罩著像底和像紙，露出一條邊，然後打亮電筒在上面照著，過幾秒鐘就往下退一點，一直到黑紙全都退完。把這張試驗像紙顯影後，確定出電筒曝光的最合佳時間。而南坤那個「二五眼」全憑經驗，曬出來的東西好好壞壞的就顧不上了。反正那時的人要求也不高，有個人形就成了。

再聽一個知青**Fzz718**給你講一個**〈照相的故事〉**：

……我唯一的一張表情最自然、笑得最開心的照片，是在南坤照相館裏照的。大概是一九七一年左右吧，某週末我與連隊裏一位要好的潮陽女孩子到南坤趁墟，路經這家土裏巴嘰的照相館時，突然覺得老友記一場的，為何不來一張合影呢？

照相館裏黑乎乎的蕭條得很。那年月的人沒什麼大事，諸如結婚啊、家人失散多年後的團聚啊等等，一般不輕易進照相館。況且那天還沒電！店老闆（那時候稱同志）讓我們「等等」，想必是待會兒就來電了。可我們坐了老大一會兒了，電還是沒有來，我們想走了卻又不甘心，畢竟來一趟南坤太不容易了，那就再等等吧。

不知道又等了多久，店老闆突然說是可以了。

昏暗中，他把一臉茫然的我們安坐到了照相機前的凳子上，還沒等我們反應過來，便變戲法般將靠進我們頭頂前面的一方屋頂給打開了。頓時「唰」的一下，一大束燦爛的陽光就像舞臺上方的射燈那樣，通過「天窗」的一個很到位的角度直瀉而下，將我們倆照得通亮！我不禁被這突如其來的光明給嚇了一跳！但隨即便被他的這個土發明給樂翻了。「咁都得?!」照相館在室內用這種天然的取光方法照相，我可是聞所未聞、見所未見過啊！他老人家可真的給我開眼了。

「喀嚓！」店老闆對著天然射燈照耀下的我們及時按下了快門，於是我們倆驚訝著傻樂的那一瞬間便被定格下來了。

照片曬出來了，畫面雖因有點曝光過度而顯得發白，但若從捕捉人物表情這一點來說，這張照片則不失為一張成功的作品。照片上的我，仰起頭，眼睛向上看著（估計是在看著那束天然射燈吧），滿臉都是笑，就連眼睛都笑得發亮了。

多少年過去了，當我已成為了一名攝影愛好者，手裏玩著八百萬相素的單反數碼機時，我還會常常想起南坤照相館那位聰明的老闆，想起他的小發明，想起他的環保型的天然射燈。我想，我們的不少農友，大概也曾在他的館子裏，照過這種天然環保型的照片吧。原來南坤晚上才供電，照相佬讓我們等等是在等太陽啊！哈哈！

看來這位老兄是在看天吃飯喲！不容易，太不容易啦。這樣都敢開照相館？真是算他聰明，也難怪他給亞東沖膠卷為什麼要用過期藥水了吧？否則他吃什麼？不過，這位老兄做夢都不會想到，他的那些「呀呀烏」的陽光作品，如今不僅上了《定格往事情懷》知青影集，還上了廣東電視臺，並且將給省檔案館永久收藏……

而有些知青更為聰明，知青**福頭**回憶道：

……記得當時同農場校友有一部海鷗的相機，可以照十二張或十六張的，借來玩了幾次。至於每張照片的具體情況就很模糊了。有的照片是當時自己買來定顯影液和光紙來曬的，即學到了一些照曬相技術，還省了一些錢……

如今回頭欣賞兄弟姐妹們這些自拍自曬的「靚照」，儘管或多或少質量上都有一些欠缺，但是卻充滿實實在在的生活氣息，看到這些保存下來的照片，就會讓人情不自禁地回到當年艱難困苦的知青歲月，也會讓人為知青小伙們的聰明才智讚歎不已！

此外，一些有特長或有手藝的知青還買來「推剪」或「衣車」，利用業餘時間「學起了雷鋒」。自由兄弟記得，當年在九連的兩年多時間，連隊的知青幾乎都沒有花過理髮的錢。每到傍晚或是星期天的日子，那個名叫梁建銘的廣州知青門前，總會有幾個頭髮長了的知青在坐等他幫忙理髮。而他也總是樂此不疲，有求必應。到後來，那手藝竟然讓理髮館的師傅們都自愧不如。有的知青探家頭髮長了，也要留著回來給他收拾。

而另一個名叫余英的女知青為了方便給連隊人員縫補，特意從家裏帶來一部「華南牌」，先是幫著給大家縫補衣褲、被子、蚊帳，後來竟學會了裁剪，讓連隊人員省了許多做新衣服的錢。一連數年的「助人為樂」使她榮獲了兵團「學雷鋒優秀青年」的稱號。直到分離後的幾十年的農友相聚，知青們依然難忘她的熱情關懷。

更讓人感歎的是，有的知青在學校時培養的愛好，在「上山下鄉」時也派上了「用場」。知青**鄭少偉**講述的**〈「辣雞」的故事〉**就證明了這一點。他說：

「辣雞」不是辣的雞，是粵語「電烙鐵」的俗稱，但我在海南當知青的日子裏，「辣雞」卻不一定是「電烙鐵」。

「文革」前，本人是個無線電愛好者，礦石收音機、電子管、半導體收音機深深吸引了我，擺弄這些東西需要焊接，當然要用「辣雞」。我有一支父親給我的大「辣雞」，可焊半導體時就顯得礙手礙腳了，那時「辣雞」也算是貴重的工具，買一支需不少錢，我於是自己做：用鐵皮捲成吸管大小的圓筒，墊上從雲母電容拆下來的雲母片，再小心翼翼地繞上發熱絲，再墊雲母片……一層又一層，芯部完成後，再放進一截「遮骨」（傘柄）內，接上引線，「辣雞」就大功告成了，這「辣雞」比商店賣的還小巧和漂亮，幹起活來得心應手。

一九六八年，「上山下鄉」的大潮裹挾著我到了海南，所帶之物，除了衣服、水桶外，還有心愛的「辣雞」、自製的萬能錶、半導體收音機等，冀盼著勞動之餘能繼續我的愛好，當然也幻想著「大有作為」。我們是晚上抵達南林農場立新隊的，茅房外掛著汽燈，老工人手裏拿著煤油燈歡迎我們，雖然他們非常熱情，但我的心涼了一半——沒電，真是巧婦難為無米之炊了。

知青生活是艱苦的，開荒、挖穴、砍岜，都是重體力勞動，但我們這群年輕人似乎有用不完的勁，晚上收工回來，都在安排著自己的業餘生活，有看書的、討論世界大事的、學赤腳醫生的……我就在煤油燈下擺弄半導體收音機，山區信號弱，聲音小，想升級，又沒電焊接，只好作罷。

隊裏有個老工人家裏有一部凱歌牌臺式半導體收音機，聲音大，在屋外也能聽到廣播，令人羡慕（今時就會遭到投訴），當時可算是鎮隊之寶了。一天，收音機壞了，老工人找到我。我仔細檢查，發現有一個焊點鬆了，如果有電，很快就可以修好，怎麼辦？拿自己的「辣雞」放到火爐裏燒，趁熱焊接，可能也行，但燒壞就太可惜了。忽然看到眼前這盞大煤油燈，火挺旺的，能不能利用它的熱能呢？說幹就幹，用八號鐵絲彎了個手柄，前端綁個「辣雞」頭，插到燈筒裏燒，幾次失敗調整後，居然也成功了，修好收音機，土「辣雞」也誕生了。

有了土「辣雞」，我就可以施展「拳腳」了，先是修好了隊裏的幾個舌簧喇叭（現代搞音響的人可能不知道舌簧喇叭為何物），讓蚊子般的聲音變成麻雀聲大小，再叫朋友從廣州寄來大功率電晶體、高音喇叭等零件，安裝了半導體擴音機，全隊都可以清晰地聽到電臺和場部的廣播了，真是皆大歡喜。

有段時間不知什麼原因，沒有電石供應了，膠燈改作電池燈，每個膠工都腰掛一個電池盒。這電池盒也是土造，老是接觸不良，我就用土「辣雞」把綁接改為焊接，好用多了。一時間，膠工紛紛找我修理，忙得不亦樂乎。土「辣雞」的「業務範圍」不斷擴大，那時吃飯的「兜」，臉盤都是搪瓷製品，不小心碰破了一個口子，很快就會生鏽漏水，工資微薄，捨不得丟掉呀，我就用土「辣雞」「焊銅、焊錫補爛鑊」，真是「縫縫補補又三年」。

經過一段時間的鍛鍊，部分知青的工種有了變化：大部分人仍然「攎」鋤頭，部分人「攎」膠刀，少數人「攎」粉筆（教師）、「攎」銀針（赤腳醫生）、「攎」方向盤（司機）、「攎」槍（武裝連）等，幸運的則什麼都不用「攎」（兵宣）。或許是土「辣雞」的功勞，我後來調到場（團）部搞廣播去了，成了另類——「攎」「辣雞」的。

場（團）部條件當然比連隊好多了，但也不是全天有電，於是白天土「辣雞」上班，晚上電「辣雞」登場，修好了場（團）部的大小擴音機、答錄機等，至於修好的舌簧喇叭、高音喇叭、收音機就不計其數了。這期間，我們還製作了音響、遙控模型、電魚機等，為後期苦悶的知青生活增添了一點樂趣。

「上山下鄉」的大潮回落時，我也回城了，土「辣雞」完成歷史使命，扔到一邊去了。現在想起來，很是後悔，因為這東西或許可以作為「文物」放進「知青博物館」啊……

第四節　艱難的探家之旅

在當時海南兵團知青中，還有一個最為普遍的現象就是探家難，難探家。自由兄弟到海南兵團五年間，費盡心機，才獲得批准探了一次家。因為當時兵團上上下下都忙於開荒會戰，每個月連星期天的休息時間都很少，所以對知青的探家要求審批相當嚴格，甚至是有些不近情理的苛刻。有的領導甚至將其作為一項獎勵或懲罰知青的手段，還有一些下作的領導將此作為侮辱或索賄知青的籌碼。因此，許多知青提及此事，都會怨聲載道，憤憤不平。

如今說來，真有些荒唐，為了這次探家，我還不得不處心積慮地事先在信中要農村的父親「重病」了一場。那時，我已經到海南近三年了，算來也有十多年沒有見過親生的父母了。而養父，也就是我的二伯，自從我初中畢業前，他在「清理階級隊伍」時就被押去單位辦「鬥批改」學習班後，也是三年多未見，大家都相互想得厲害。為此，我很想回去看看，可當時知青探親就像後來單位分配福利房一樣很難，不僅指標很少，還要講究先來後到的排隊。光連隊同意不行，還得團部批准。每個月只有二三個人能夠成為「幸運兒」。偏偏我們連隊六八年來的知青特別多，有五十多個，頭兩年根本輪不上我。

就這樣，好不容易排隊等到第三年，看到六九年同來的好多知青都高興地探了家，我便先後幾次向連隊領導申請探家。可每次都以種種藉口得不到批准。眼看著比我晚了許多時間，七〇年才到農場的阿輝都探了家，我心裏顯得有些煩躁不安起來。有時甚至萌發出找連隊討個公道的想法，可一想到自己是「可以教育好的子女」又洩氣了下來。

一次喝酒，我百思不得其解地將苦惱與阿輝說了。在他的指點下，我才恍然大悟，「不說假話辦不了探家手續」。於是，只好昧著良心，不顧孝道地在信中交代一番。不久，拿著生父身患急病的電報，一副憂心忡忡的神情再次向連隊領導提出了探親的要求。這一招果然湊效，十二天的探親假期，加上六天的來回路程時間，團部給我開了十八天期限的通行證。

不管怎樣，目的達到了，心裏自然十分高興。當時是車船聯票，我中午從白沙縣城啟程，傍晚時分到達海口，找到兵團招待所登記住下，吃完飯時已是七八點鐘。在附近的一條街上，我看見有個商店裏有好多漂亮的海珊瑚花，許多知青都在人聲鼎沸地購買。不知怎麼，我怦然心動，想著也該給伯父捎上一點禮物。於是，也花了十元錢買了兩叢珊瑚花。然後，又聽售貨員向我介紹說椰子糖是海南特產，又稱了三包，一包一斤。這是我分別帶回去給養父和生父的禮物。多一包的椰子糖是送給黎叔的。第二天，乘渡輪過海安，再坐汽車到湛江，我迫不及待地就走到火車站找運轉車長搭乘尾部的「守車」回到了養父家中。

一場淒風苦雨使伯父明顯蒼老了許多，原來滿頭的黑髮竟變成了縷縷銀絲。曾經紅潤的臉龐也變得鐵青，上面還顯現出許多皺紋和斑點。因我事先沒有寫信告訴，當我摸黑敲開房門，突然出現在他的面前之時，他簡直高興極了，竟有些語無倫次的，只是一個勁地責備：「看你這個壞小子，調皮鬼，回來也不打個招呼，也好讓我有個準備，早點買些菜回來等著。來，我這就給你下碗麵條，再多放幾個雞蛋……」

吃完麵條，我從提包中捧出沉甸甸、亮晶晶的珊瑚花和椰子糖擺在書桌上時，伯父更是有些喜不自禁地閃著淚花，一個勁地唸叨著：「回來就好，回來就好！幹嘛還花錢買這麼貴重的禮物……」現在想來當年自由兄弟真是有些傻得出奇，第一次千里迢迢從海南回來，送給對我恩重如山的伯父的禮物，竟然只是兩叢價錢低廉的珊瑚花和一包椰子糖。而伯父卻視為珍寶，不管是在河唇小站的日子，還是後來退休回鄉的歲月，其中輾轉幾次搬家，但這兩叢珊瑚，始終擺在他的桌面。時不時他還用水洗去一下上面的灰塵。有好幾次，我都嫌太土氣要他將這珊瑚花丟掉，說是另外給他再買個好看的擺設物品。可他總固執地表示不同意。

一九八九年的五月暴雨季節，伯父在故鄉突發腦溢血走了，我冒著傾盆大雨送他到另外一個世界去的時候，忽然想著該送一樣我的東西陪伴他在那寂寞的世界生活。左思右想，不知放什麼好？正茫然間，又看到了這叢珊瑚。於是，我就將它鄭重地放進了靈柩之中。就在那一刻，我悲痛欲絕、肝腸寸斷，我恍然大悟地領會了伯父對我的一片摯愛和厚望……

而那包椰子糖，說來真有些內疚，在我返回連隊的時候，伯父又和許多臘肉、豬油放回了我的行李袋裏。說是咬不得那種硬糖，我也很不懂事地又帶了回來。許多年後，只要想起在海南兵團的日子，我就會想起那永遠燦爛的珊瑚花和甜蜜溫馨的椰子糖。這種父輩牽掛、關愛和想念子女之情是我也成了父親之後才深有感觸的……

幾天後，伯父幫我買了車票，催我踏上了返回故鄉湖南的夜行列車。當時的火車慢得真是煩人，不僅每個小站都停，而且常常等點交會。車到文地，上來兩個水靈靈的姑娘。因為只有這一趟慢車，車廂的人很多。我挪了挪身子，讓兩個姑娘擠進了茶几空間。兩個姑娘笑笑，其中一個突然發問：「大哥，你也是農場知青？」「你怎麼看得出來？」「解放鞋，你腳下穿的是部隊生產的解放鞋。」「是的，我是海南兵團的。你們是哪裏的？」我問。「我們是廣西生產師的。」

閒聊中，我才知道這兩個姑娘也是七〇年去的桂林知青。如今在與廣東交界的六靖農場種橡膠，這次也是回桂林探親。一大清早從連隊走了十幾里的山路趕到六靖。又從六靖搭乘幾個小時的班車到文地，在車站等了幾個鐘頭，沒想到上了火車來還是得站著，實在艱辛至極。好不容易等到車到玉林，我的身旁空出了一個座位。兩個姑娘就擠著坐了下來。此時已是深夜十點多鐘，也許是過於疲勞的緣故，緊挨著我的那個胖一點的姑娘，竟很快靠在我的肩膀上睡了起來，而且還流出了絲絲口水。

我真是覺得很不自在。叫醒她嘛，又於心不忍；不叫嘛，那口水浸濕了襯衣又粘糊糊的難受。尤其是第一次零距離感受姑娘的溫柔和氣息，甚至還可以感受到她尖挺挺乳房軟綿綿地輕微摩擦，讓人覺得渾身燥熱不安，又有一種很舒服、很愉悅的感覺。車到貴縣，對面又下了一個旅客，另外一個姑娘坐了過去，睡著的那個姑娘也醒了一下，她不好意思地笑了笑，下意識地閃開了身子。誰知車開不久，她又忘乎所以地靠著我的肩膀睡了起來。開始我還正襟危坐地硬撐著，可是到後來，呵欠連天，也迷迷糊糊趴在茶几上睡了起來……

次日上午九點多鐘，車到桂林，兩個廣西生產師的姑娘下了車，我又獨自寂寞地捱了十多個鐘頭，才到達湖南衡陽，整整坐了近三十個小時的火車，連兩條腿都浮腫得邁不開步，現在想起車上那又悶又熱又難聞的滋味都害怕。好在當時年輕，又充滿回家的快樂和新奇，這些艱辛很快便煙消雲散，置諸腦後了。如今，因為工作需要，我每月都要往返桂林幾次，坐在舒適的快車臥鋪中，欣賞那秀麗的風景之時，我偶爾竟會生出幾分遺憾和惦念來，也不知道那兩個廣西生產師的姑娘後來回到桂林哪個單位？倘若當初我記下了她們的地址和姓名，興許還可以前去拜訪重敘一下夜行列車的舊事呢！……

同自由兄弟和那兩個廣西生產師的姑娘一樣，說起當年探家途中的經歷，因為車慢、船慢、旅店差，個個都有一種苦不堪言的感受。尤其是獨身探家的女知青，更是有些提心吊膽地怕人。對此，知青Fzz718在**〈探家的故事〉**中有著十分詳細的描述：

……我於六九年底第一次回廣州探親，是連隊知青探家的第一人。雖說有明文規定我們可以享受每年一次的探親假，但為了不影響生產，這探家的名額是有嚴格的百分比控制的，我們連隊人少，所以名額就只有一人。

那年月探家也沒什麼可帶的，收拾兩套換洗的衣服往書包裏一塞，毛巾穿過口盅把往書包帶子上一綁，下午放工後揹上就可以出發了。先是走十五公里山路到團部，在招待所住上一宿，第二天一早搭上運生膠到海口的卡車就可以了。

團部的招待所很簡陋，一個房間靠牆擺放著幾張碌架床，床上只有席子、枕頭和蚊帳，被子則夏天一張被套，冬天一張棉被。沒有客人離開就換洗這一說。那時候估計全中國的招待所都沒有這個制度，這種不衛生的狀況總使我感到不舒服。

然而，這裏卻有閃爍著現代文明光亮的電燈！這是用柴油發電機發出來的電，每晚發電至十點。所以一到晚上，團部的任何一個角落總能聽到電機發出的轟鳴聲，但當年的我們聽著這實為噪音的轟鳴非但不反感，反倒感到很是愉悅。因為長期居住在深山老林連隊裏，天天點著小油燈的我們，好不容易來到一趟團部才能享受半晚愛迪生老前輩的發明成果。

第二天一早，經別人指點，我找到了運生膠到海口的解放牌汽車，還沒詳細說明來意，司機就頭一歪地意我快上車了。車廂中間早已裝滿了用白色薄膜包好的一大塊一大塊的淺黃色的半成品生膠，車上除了我還有另外一個不認識的也是搭順風車的人。從我們團部往屯昌去的路比較崎嶇，顛得很，路上的車也不多，而過了屯昌路就好走多了。早就聽說海南島有三條國防公路：東西線和中線，我們現在走的就是中線。一眼望不到頭的公路路況實在不錯，能看到的車基本上都是其他兄弟團的運膠車，就這麼一輛接著一輛地飛馳在國防公路上很是壯觀，很是「威水」。公路兩旁的地勢都比較平坦，可以看見老百姓的村莊、農田或兵團的營房、膠林，還有胡椒園、劍麻園什麼的……

到了海口已經是下午了，趕緊向路人打聽買船票的地方。運氣不錯，居然給我買到了次日上午十時開往廣州的「紅衛七號」的船票，四等艙。正要轉身找旅社去投宿，卻猛然聽見有人在喊我的名字，定眼一看是二班的杜紅五，她也是咱農學院的子弟，不知從哪冒了出來！我喜出望外地一蹦老高，然後一把摟住了她，不是親人勝似親人啊！終於找到個伴了！

她說她買的也是明天「紅衛七號」的船票，五等艙。記得那時候我們旅費的最高標準是三等艙，我奇怪地問她為啥要買五等艙，她說賣票的同志告訴她五等艙要快些！我覺得這說法太奇怪，便提出疑議：「同是一艘輪船，怎麼會快一些到達廣州？」她說她也弄不太明白。但當時我要忙著去找旅店，她要趕著去辦點什麼事，大家只得相約明天船上見，便各奔東西，也沒有再就這個問題做進一步的探討了。

旅社的房間比團招待所的大得多，說不上裏面擺了多少張床，但估計少說也有幾十張（後來才知道這種住法叫做「大通鋪」）。令我驚訝的是這裏竟不分男女！好在這床與床之間還是小有距離，否則可真是沒法住。

入夜了，那幾十張床漸漸都有主了，房間裏男女老少、五湖四海、南腔北調，煙味、汗味等各種怪味令空氣越來越渾濁不堪。大家都將行李放到自己的床上，有的用來墊頭，有的用來擱腳。也有的行李太多了人躺不下去，便盤腿坐到床上的行李堆裏，準備眼光光地等到天亮。旅店裏的燈徹夜通明，不斷地有人進進出出，房門也不時地發出乒乓乓的響聲，還有大人的講話聲、咳嗽聲、隨地吐痰聲、小孩的哭聲……

整夜裏我都沒有闔眼，警惕而煩躁地注視著周圍的一切，也絕不與陌生人說話。每隔一段時間，我便到外面去看鐘，鐘懸在服務臺後面的牆上，秒針磨洋工般半天才極不情願地挪動一下。感覺起碼都已經過了兩「粒」鐘了，可出去一看也才走了不到「四個字」。真是漫漫長夜，長夜漫漫啊……

街上漸漸傳來行人的腳步聲、講話聲和不知道什麼東西的撞擊聲，只聽見旅社的大門吱呀一聲地打開了。天就要亮了！我再也不想在這裏待多哪怕是一分鐘了，便趕緊跳了起來，揹上書包，逃也似地衝出旅社大門，一頭扎進這黎明前的黑暗之中。

黎明時分的海口，不知咋的路燈都關了，我在黑暗中適應了半天才依稀看清這路該怎麼走，卻又分不清東西南北。好不容易見到一路人，結果那人卻聽不懂普通話，再逮一人，還是這樣。終於有一位看來是聽懂我的提問了，可他又用海南話作答，還挺耐心的，這回輪到我一頭霧水……

終於登上「紅衛七號」了。這就意味著明天中午就可以到家！

我與奮無比，咚咚咚地先是下到四等艙認好自己的床位，然後便在船上轉了幾個圈之後來到五等艙找我的同學。艙裏的乘客一人一張席子的都坐在地上，上面雜亂地堆滿行李，其混亂情形與昨晚旅社裏的大通鋪不相上下，令我瞅了一眼便心煩意亂。我使勁地在人堆裏尋找了幾遍，都不見同學的蹤影，難道她真的先行一步了？

船起航了，一個人早早地回到艙裏去怪沒意思的，我只得站到甲板上靠在欄杆邊看風景。天陰陰的，海口一片灰濛濛，正漸漸地向後面退去。海水有點黃濁，風一陣大似一陣地吹著，一波又一波地帶著泡沫的海水拍打著船舷，很像以前在廣州看到的珠江漲潮時的情景。

船上的廣播響了，告訴大家可以到餐廳吃午飯。當我經過通向餐廳的長長的走廊時，無意中看到天氣預報的小黑板上用白粉筆寫著今天海面上有五級浪。「五級浪」？我邊走邊想，不曉得五級浪到底是一個什麼概念，只覺得挺有趣、挺幸運的，之前還沒聽誰說見識過什麼浪呢，咋就給我遇上了。

午飯的味道好極了。說實在，自打離開連隊踏上探家的路途開始，我就沒吃過一頓正經飯，餓了就隨便買個不知道哪年哪月出廠的麵包充饑，所以這頓飯吃起來覺得格外香。飯很快就吃飽了，還是不想回到倉裏去，百無聊賴地便爬上輪船的最頂面。上面空無一人，大風呼呼地颳著，明顯感覺到船晃蕩的幅度很大，人都無法站穩。我只得找了一隻用來拴纜繩的大鐵樁坐下。一抬頭，卻發現以前所見過的那個平靜如鏡的大海不知道什麼時候變了臉！海面上盡是小山般的濁浪，一個接著一個，一排接著一排，我們的船在茫茫的大海上被這些浪擠壓著，追逐著，掀動著，顯得是那麼地渺小，那麼地無助，萬一……我越想就越感到恐怖。

突然，我覺得身上哪兒有點不對勁。是胃！這是一種從來沒有過的感覺。我沒吃錯什麼啊，咋就這麼難受呢？這難受的感覺來得既突然還非常猛烈，還沒容得我想明白便一張口將中午納進胃裏的東西全吐出來了！哎喲，這不是把人家的地兒給弄髒了嗎？我趕緊到處張望想找個掃把、拖把給清理一下，可這腦袋還沒轉回來呢，難受勁又上來了，不但想吐，還又冷又暈！感覺這船也晃得更厲害了，往海面上一看，浪更大了，像是想將船掀翻了似的，我想：我這該不是暈船吧?!不行不行，得馬上撤！我喝醉酒般踉踉蹌蹌、東歪西倒地往梯口撲去，心裏還為沒將搞髒的甲板清理乾淨就走人而感到自己很沒道德呢，但實在是顧不上了。

當我跌跌撞撞、磕磕碰碰地下到船艙時，裏面的情景把我嚇了一大跳：只見人們像得了集體急性腸胃炎般，歪七倒八地都趴在床沿上，嘔吐聲此起彼伏，地上一片狼藉。兩個男服務員拿著痰盂，拖著拖把，救火般在艙裏跑來跑去，高聲地請大家快別往地上吐了，可這有限的痰盂實在是供不應求！最恐怖的是上鋪的乘客了，難受勁一上來便「哇哇哇」從高空往下吐來，整一個「黃水天上來」！

我找到自己的床鋪便一頭栽了下去，想著躺躺就會好了，誰曉得躺下去的感覺更糟：一隻無形的大手在將我整個人縱向地、不懈地、耐心地晃蕩著，把胃裏的東西一下又一下地直往喉嚨推去……哎呀！又不行了，我趕緊將上半身探出床外去找痰盂，一個服務員老遠看見了，舉著一個空痰盂邊喊著「等一等」邊向我衝來，可這事能等得了嗎？……

大浪就這樣折騰著，直到我們把苦膽水都吐光為止。漸漸地，外面的風浪也收斂些了，船艙裏終於安靜了，忙活了一個下午的人們都蓋著被子靜靜地躺在鋪位上一聲不吭，只有柴油機的轟鳴聲。

廣播裏又傳來請大家到餐廳吃晚飯的悅耳的女廣播員的聲音，大多數人都充耳不聞般，連動都沒動一下。倒是幾個下午睡了一大覺的海軍起來了，沒事人一樣，招呼著去吃晚飯，回來時給我的半板之隔的一直還躺著的鄰居帶回了飯菜。從他們的對話中得知，我的這位鄰居是他們的戰友，腿受傷了，他們是護送他到廣州的總醫院去看傷的。這個時候的船艙裏就數他們幾位最精神了，一個個坐在鋪位上興高采烈、手舞足蹈地大講他們當初訓練時的趣事。講他們是怎麼從暈船練到不暈船，講今天下午弄得我們全體翻江倒海的這點小浪是那麼小的一碟菜……反正，就是「掄圓了吹」吧！

夜漸漸深了，船艙裏也慢慢安靜下來了。我躺在床上感到越來越冷，看看左右各位都裹著棉被正睡得香，我咋就沒被子呢！我悄聲地問從我床邊經過的服務員。服務員說上午租被子的時候你為什麼不要啊，想省那五毛錢吧。租被子？上午？上午租過被子？我怎麼不知道。我想啊，一張床一張被子，我的那張上午沒租，那就現在租吧。誰知道，服務員一句「沒有了」便頭也不回地走了。看來，今晚必定是要受凍無疑了。我除了把自己縮成蝦公狀之外，還能有什麼辦法呢？

一件軍用棉大衣和一句「先蓋著吧」的聲音從隔壁鋪位上同時傳了過來，哦，是我的那位解放軍傷員鄰居。記得我曾經無意中看到過他的這件大衣原先是蓋在他的被子上的……充滿了感激之情的我趕緊將大衣接過來，心中無比溫暖，還是解放軍好啊！當我一覺醒來，天似乎要亮了，我翻出牙刷、毛巾走上甲板，只見船已經駛進了珠江，怪不得平穩多了。

我感到又餓又渴，嘴巴苦苦的，還有點暈乎乎的，估計是給餓的，想想昨晚沒吃飯，中午吃的又吐光了，不餓才怪呢，趕緊刷牙洗臉然後去吃早飯吧。誰知道將水龍頭擰到盡頭也沒一滴水！那就算了，到餐廳去排個早隊買早餐吧。誰知道排了半天隊卻又被告知由於船上沒淡水所以無法做早飯……

眼看著家越來越近了，馬上就可以見到爸爸媽媽了！我還從來沒有離開家這麼長的時間呢。此時我的心情是無比的「靚」啊，別說再少吃一頓，再少吃兩頓我也能堅持！我回到船艙裏，挺不好意思地將蓋了一晚的軍大衣還給了我的鄰居之後，便又上到甲板上靠在欄杆邊，滿懷深情地看著珠江兩岸的風景。一片連著一片的金黃色的稻田，掛滿了香蕉的蕉林，魚塘裏的鴨子，田埂上的水牛，好一幅豐收的景象，大陸與海島就是不一樣啊！我想著。曾幾何時我也是大陸人，可現在卻成了海南島人了。就這麼想著想著，廣州到了，我趕緊回艙裏去拿行李。

船終於停下來了。當我揹著行李步出船艙時，卻聽見走在我後面的那幾個海軍中的一個小聲地說：「是個知青啊，能省五毛就省五毛吧！」語氣中充滿同情和為別人做了一件好事的欣慰。

……

二十天的假期一眨眼就過去了，返回連隊的日子即將到來，才知道原來回程的船票也不好買，船站裏黑壓壓的盡是排隊買票的知青。那會兒往返於海南與大陸間的交通工具雖然除了一天一趟的「紅衛輪」之外，還有「水陸聯運」和飛機。「水陸聯運」是先坐一宿的船到江門，然後坐一天的汽車到湛江住一夜，再坐半天的汽車到海安，最後是乘船橫渡瓊州海峽才到達海南。但兩日兩夜的又上又下費盡周折，叫我們這些肩挑手提著大包小包行李的知青如何吃得消，所以這條線路極少有人問津。而坐飛機呢，除了價錢昂貴之外，觀念裏也總覺得飛機是給中央首長和外賓坐的，所以估計大多數人也與我一樣從來也沒敢動此念頭。於是千軍萬馬便只有一條路可走：坐船。

為買票之事我排過隊也託過人，總之每每還沒動身就被這事攪得心煩意亂，提前進入狀態。由於一年才探一次家，再加上上次來時行裝實在太簡陋，所以要帶回去的東西還真不少。一個小皮箱和一條帆布被袋給塞得鼓脹鼓脹的，要人跪在上面使勁地往下狠壓才勉強合上攏，而隨身揹的大書包也是滿滿當當的，幾乎扣都扣不上了。

自己的東西本來就夠重的了，連長還讓我給連隊捎一對籃球架上的籃球框回去，於是這擔行李足足就有一百幾十斤，以至於在海口對出的海面下駁船時若不是一個大隻佬解放軍眼疾手快地一把扯住我，我必定無疑就連人帶行李地掉海裏光榮去了。

我至今還清清楚楚得記得那條所謂的駁船，實際上就像是解放軍解放海南島時用的那種大木船，左右晃蕩、上下起伏的穩定性極差，船幫子又比「紅衛輪」的甲板足足低了一大截，連接兩船的唯一「通道」是一條不到半米寬的，一頭搭著輪船，另一頭接著木船的，本身剛度就不太夠，而這時又隨著木船的沉浮而頻頻大幅度變動著夾角的相當陡的木板。我挑著這麼重的行李，在平地上都走不穩，更何況是走在這晃動的獨木橋上！

又踏上海南島的土地了，迎著撲面而來的一股熟悉的熱空氣，那列往返於海口與秀英港間的窄軌小火車一搖一擺地將我們向海口拉去。我雖然坐在火車上，但全身緊繃著的肌肉卻仍不敢放鬆，滿臉的汗也沒想到要擦一把，我在時刻準備著當一到達海口便要以最快的速度挑起行李衝向汽車站，去購買明天回屯昌的汽車票！

從海口到屯昌每天只有一班車，那種老式的客車走得慢且不說，關鍵是裝的人也少，好像也就二十來座吧，若買不到票你就只有耐心地在海口再等一天吧。汽車站每天好像都是在下午定時開賣這班車的票，賣完就「嗵」的把木窗關上了。記憶中的我幾乎每次都好像是剛把從小木窗裏遞出來的票抓到手，木窗就關上了，你說多玄啊，我怎麼能不緊張啊！所以真的是要志在必得啊。

然後又是住進大車店般的旅店，耐心地等待天明，然後也是天才濛濛亮便挑上行李到車站去，一切如舊，沒有任何新意，這裏就不再重複了。記得當時從海口到屯昌縣城要在路上走三個小時左右。到達縣城後我便即時購買了第二天下午從這裏開往南坤，也就是我們團部的班車票。這也是一天一班，但票好買得很，不用緊張，然後便又找旅社住下再等一天。

小縣城裏的小旅社蕭條得很，小房間很多都空著，非常安靜，而最大的特點則是這裏很文明，房間都分男女。然而，第二天的我依然是早早就到車站去坐著，目送著一班又一班的不知開往何處的班車，焦急地等待著下午的到來……

直到一天即將過去，太陽即將下山的時候，我才終於回到闊別了二十五天的團部。看到熟悉的建築和有點眼熟的團部不知是哪個部門的職工，我的身心這才終於放鬆了下來。躺在團部招待所的床上，我感到了一種久違了的安全感。很快地我便邊打算著明天天一亮就立即趕回連隊去邊進入了夢鄉。

想來在海南的六年裏，我總共探過三次家，過程基本都大同小異。只是由於第一次的暈船把我弄怕了，所以以後回去都走「水陸聯運」線，只有回來才坐「紅衛輪」。還有就是後來我再也沒去光顧海口的大通鋪旅店，而是住咱兵團招待所了。

記憶中的兵團招待所也很搞笑，大大的一間昏黑的房子裏，稀拉拉地吊著三幾個昏黃的從早亮到晚的燈泡，一張張碌架床無依無靠地戳在那，以至於爬上去時總怕一不小心把它給拉倒了下來；床與床之間都保持著距離，床上終日都罩著一頂那種厚厚的棉質蚊帳，完全看不清裏面有人沒人，使人感到詭秘得很。而且也是不分男女，大夥都悄沒聲的，時常是突然發現隔壁床上的蚊帳裏飄出煙來，才知道自己的鄰居原來是個男的。實際上還是「大通鋪」，只不過形式上「高級」了一點而已，並且由於是自己系統的，所以也令人感到要比外面的什麼旅店要安全不少。

幾十年過去了，不知咋的，這有關探家途中的一幕幕我仍無法忘懷，以至於今天終於把它給寫了下來。我想，我的海南兵團戰友們也一定有著與我基本相同的經歷吧。我渴望著什麼時候重返海南一次，這幾十年前有關海南的，有關探家旅途的記憶實在應該刷新了……

與自由兄弟探家經歷有些類似的**紅田場**友在**〈艱難的探家之旅〉**中述說：

來海南四年多了，只探過一次家。按規定，每個未成家的外地職工每年都有一次十二天的探親假期，不過，大多數都被領導以工作忙為由而拖延了。

離上次回廣州探家已經有兩年多沒有回去過，怪想家的，這一年多來，跟領導申請了多次，磨來磨去，領導一會兒說：「你看現在是秋收大忙的時節，忙完了再說吧。」一會兒說：「又要開始雅康的開荒大會戰啦，都是農機具最繁忙的時候，哪能走得開啊？」我們農場，原來是個水稻農場，後來又廣開荒地種橡膠，今天一個大會戰，明天一個大春耕，後天還要來個修水利，沒完沒了，哪有盡頭啊？如此下去，牛年馬月才能探一次家呢！

想家不假，更主要的還是肚子餓得發慌，嘴饞啊！回趟廣州也許能補充補充吧？早就忘了白斬雞是什麼味道了，雲吞麵還依稀記得，那是遠古時代的食物吧？印象深刻的還是那牛腩汁煲蘿蔔，天冷的時候，就有阿伯擺一個大火鍋於學校門口，底下是一個溫火的煤爐，切成塊的蘿蔔在牛腩湯裏撲通撲通地翻滾，湯裏有牛腩、牛雜，還有五香粉、胡椒和八角等配料，香味隨著熱氣飄了過來。放學了，一出校門，那香噴噴的蘿蔔牛腩味就撲到你的鼻子裏，雙腳無須經過大腦的指使就會自動地挪到大火鍋的旁邊，你就再也不想離開啦。這時候你只要是掏出一分錢來，那阿伯就會讓你用一根竹籤兒「自助」，挑一塊最大的蘿蔔，扎進去，挑起來，再放到早已被稀釋了的辣椒醬裏沾一下，然後你就可以伸出舌頭，美美地品味一下還熱氣騰騰的牛腩汁蘿蔔的味道了。如果你再奢侈點，掏出兩分錢來，阿伯就用那大剪刀「喀嚓」一下剪下來一段一寸長的牛肚來，你用門牙，輕輕地「咯嘰」咬一小口，含在咀裏細細地品嚐，那感覺，簡直就像成了仙那樣了。

幾年的工夫，嘴饞得不成樣子了。每天敲著飯盤到食堂打飯，那菜無非是除了南瓜就是冬瓜，大家自我解嘲地說：「咳，又是『冬瓜、魷魚、肥豬肉』呵！」還不錯，聽起來還以為是個葷菜，其實是「冬瓜猶如肥豬肉」的諧音。還別說，這都算好的，正常的，如果遇上颱風或雨季，菜也沒有了，冬瓜、南瓜也吃完了，那時侯，有幾兩米飯，你就和著蘿蔔乾、醬油或者直接泡鹽水吃吧。

人在想盡了所有正當的理由都沒轍的時候就只好想一些歪門邪道來，尤其是在一大幫男孩堆裏，什麼餿主意想不出來呢？很快，一個用破了卻依然管用的老「計謀」就制定完畢了。

那天上午，郵遞員老賴騎著他的「永久」牌雙樑自行車來了，手裏揚著一張電報單。「小黃，家裏來電報了！」那時候還沒有「伊妹兒」，長途電話既昂貴又不好掛，電報是最快捷的通訊方式。

接過電報，謝過老賴就直奔連長辦公室去。一邊走一邊就把電報封口撕開，電報的內容本來就是本人「親自擬定」的，也就無須細看啦。「連長，我媽病了……」聲音裏還帶一點兒哽咽，連自己都覺得作狀得有點兒過分了。

連長打開電報一看，口中唸道：「母病危速回。」真是「惜字如金」啊，那年頭大家都窮，發個明碼電報按字數論價，每個字五分錢，這封電報用了兩角五分，要知道，寄封平信才八分錢，可以寫無數個字啊！

在海南島十年，鄙人的父母就不得不先後「病危」了好幾回了，現在回想起來，還心存內疚，真是個不孝之子啊！謝天謝地，雖然經過多次「病危」，兩老也都「轉危為安」了！

連長心裏也明白咋回事，可是山長水遠，交通閉塞，通訊落後，在當時，這是一件無法對證的事情。連長也是為人父母，雖說平時在連裏呼風喚雨，發號施令，大會發言，小會批鬥，不過這時候也許是動了惻隱之心吧，於是長歎了一口氣：「唉，想回家吧？我批准就是了。」隨即從抽屜裏找出我大半年前就已經提交的探親申請報告上簽了名。一點小花招，頭一關總算過了。拿到了連長的簽名，飛也似地衝往團部。

第二關是通行證，這可是我們進出海南這個邊防要塞的唯一權威的證明啊！沒有它，你就休想買到車船票和住旅館，寸步難行啊！

通行證要到司令部保密室開，那裏由三個姓周的人把持著，第一位是我們的大煙斗周參謀長，第二位是客家人，勞資科周科長，也叫周參謀，第三位是保密室周保密員，掌管著四師四團司令部的大印。

周參謀長是大官，除了團長和政委就到他了，整天刁著個大煙斗，故得名。開通行證這樣的小事不需要勞駕他，只要周科長批准就行。雖有「病危」電報為憑，周科長依然左盤右問，我只好費盡了口舌，用一個謊言來掩蓋前一個謊言，老周像個醫生，問：「你媽得什麼病了？」我說：「胃病啊。」又問：「胃病如何就『危』了呢？」又答：「胃潰瘍出血啊，血出多了不就『危』了嗎？」老周又問：「出多少血啦？」答曰：「幾千CC了。」心裏在想：不就探個家嗎，問那麼多幹嘛？還要我現場編話！好歹老周不問了，也就批准了。接下來到保密室找周保密員開具通行證。好在周保密員也是我們廣州知青，雖不熟也是「老鄉見老鄉，兩眼淚汪汪」吧，通行證這才順利地開出。

下一個手續是領糧票，那年頭，就算有了通行證如果沒有「省票、國票」的話，有錢你也買不到吃的，早晚也得餓死。糧票被掌握在兩位姓范的手中，這就怪了，「范」與「飯」同音，莫非都知道沒有糧票就沒有「飯」吃的道理？所以才叫那姓范的管飯啊。

首先要請後勤處范副處長批准。

說起來，我跟范副處長還有幾分交情呢！那一年，團裏為了改善幹部戰士的生活，決定建設幾個後勤工程項目，包括要建一個養雞場，以便讓大夥偶爾也能吃到雞，還要建一個磚廠和一個水缸廠，團裏決定由後勤處范副處長帶隊，領著幾個隨行人員一同到外地的先進單位參觀，學習兄弟單位的先進經驗。隨行的有兩位來自畜牧隊，負責養雞，一位來自磚廠，負責打磚，我也被選上了，我的任務是把雞場機械、製磚機和製缸機的技術「偷師」過來自己製造。

那是我到兵團後的頭一回出差，一行五人跟隨范副處長出訪紅湖農場。話說一行人到了湛江已是午夜時分，四處尋找竟沒有找到能住宿的旅店，好不容易找到一家小旅店，店內的床鋪也滿了，好說歹說，服務員說過道上還可以放幾張行軍床，也叫帆布床，就是可以摺疊的木架子床。都午夜了，連日的舟車勞頓，人已經累得不行了，隨便有張床躺下就行了，還計較什麼？於是服務員在過道上一字排開五張行軍床，我是男的，最年輕，所以自覺地找了最外頭的第一張床躺下，兩位姑娘在最裏面，范處長在中間，我也顧不了那麼多，和衣躺下就睡，人一閉上眼就睡著了……

朦朧中只聽到「喀嚓」一聲巨響，抬頭望去，范處長睡的那張床不見了！只聽到「唉呀唉呀」的叫喊聲，不好，范處長哪裏去了呢？我趕緊跳下床來，天啊！只見范處長睡的那張行軍床的兩根床樑斷了，肥胖的身軀被帆布包裹在裏面，床腳指向天花板。我衝了過去卻不知從何下手以解救范處長於危難之中！眾人都醒來了，七手八腳把范處長從帆布包裹解脫出來，范處長還扶著腰「唉喲唉喲」地叫喊著，我用雙手使勁捂住不聽話的嘴巴，彎著腰，極力把笑聲吞進肚子裏，那個難受啊，真是忍無可忍！過了幾十年，每當想起這一幕時我都還會樂不可支。

作為本次差旅中身體最強壯的一個，我主動把原來睡的那張床留給最高行政長官，也算「擦了一次鞋」，沒想到這段交情後來也幫了自己的忙。自己再向服務員要了一張草席躺在地上度過了餘下的幾個小時，不過前兩個小時實在是睡不著，一直在用手揉著笑得發疼的肚皮。

等找到了范副處長，已經是晌午時分，范副處長見我進來就熱情地打招呼：「小黃，稀飯了沒有？」副處長是文昌人，一口濃重的海南口音普通話，我明白，那是問我吃飯了沒有，我說首長沒「稀」我哪「稀」啊，然後把申請糧票的事一說，他就答應了下來，很快就蓋了章。再找出納員范妹妹，全團的錢和糧票都在她的抽屜裏，還好，我們倆都是宣傳隊的，再說有范副處長的批條，范妹妹當然不會「托手掙」，順便還託我到她東川路家裏捎帶點東西，我自然滿口答應了。

團部機關不大，也就兩排瓦頂平房，東奔西走，除了辦手續還要到各處問候熟人，也許是精神高度緊張，也許是餓的吧，等把所有的手續都辦好了以後，才發現渾身上下衣服都濕透了，人累得像散了架子似的，虛脫得連走路都有點兒晃。一想到很快就可以回到廣州探家了，心裏不禁樂吱吱的。

然而，拿到了通行證和糧票，這還僅僅是「萬里長征」的第一步，想要回廣州探家不脫掉一層皮？癡心妄想吧！

聽說我要探家了，連隊裏像開了鍋似地熱鬧，這個要我帶點什麼，那個要買雙「老鞋」，還有其他連隊的同學，也紛紛來委託我辦這個那個的，還有託我帶點兒土特產回家，諸如鹹魚、魷魚或蝦幹什麼的。當然，能帶回廣州的東西不多，艱巨的任務在後頭，要帶回來的東西就多了去了！也是，難得有個人回趟廣州，多少東西要帶過來啊！我也知道這些都是應該的，別人探家的時候我不也這樣託人家嗎？我把他們的需求都記了下來，要拜訪的家庭有二三十個，平均每天要拜訪兩三家。

後天啟程，頭一天就要到縣城石碌客運站買好了到海口的汽車票。出發那天天才濛濛亮，幾位知青同伴向老師傅借了自行車，載著我和我的行李送我到離團部五公里遠的大坡村口，那是從石碌到海口的一個中途上落站。

那天起得太早，食堂還沒有開，大家都是餓著肚子來送我，連一點稀飯都沒吃，我過意不去，主動要求騎車帶我的一個同伴，沒想到又出事了。我有遺傳性的低血糖症，早上空著肚子，騎自行車還帶一個人，上了縣公路不久要上一個長陡坡，也是歸家心切，趕班車怕耽誤了時間，忘了不能空腹使力，在沙土路上拚命前衝，一時渾身又冒起虛汗，大滴大滴的汗水從額上冒了出來，勉強下了車，坐在公路旁邊的路溝邊上，兩眼一黑，竟失去了意識！幾位同伴一時不知如何是好，牛頭還懂點醫術，用手指在我的人中穴位處使勁按壓，我半晌才醒了過來。這時候班車就要過去了，大夥拚命往前趕路，總算趕在班車到來前到達大坡村口。

坐上了班車，告別了同伴，汽車在泥土公路上揚起滾滾的黃沙，開始了我的探家旅程。從石碌到海口走西線公路，那時侯，除了海口市，所有的公路都還是紅土黃沙路，就是那種在紅土上鋪上一層大顆粒的黃沙的路面，常常看到養路班的工人開著牛車，後面掛著一對弓形的沙刮鐵片，慢吞吞地走在公路中間，把被汽車輪子碾到路邊的沙子歸攏到路中間，每當有汽車通過，工人就會拉起一邊的沙刮，讓汽車過去，然後再放下來。

我蜷縮在班車的最後一排靠窗的位置上，剛才「眼黑」的一幕還心有餘悸，汽車行走在「排骨」路上，隨著車身的顛簸，渾身像篩子那樣左搖右晃，那時侯的班車，是用解放牌大貨車的底盤改裝的，完全沒有什麼減震的作用，石碌到海口要走二百多公里，在那樣的路上走汽車的平均時速才四十多公里，要顛簸一天才能到達海口。坐這種悶罐車不開窗會憋死，開了窗就要吃黃土，沒多久，車上人人都已是灰頭灰腦，面帶土色了。

就這樣咚咣咚咣走到半路，到中午時分車子停在臨高鎮，司機說：「下車吃飯吧。」我在一個小店裏排隊買了一盤酸甜排骨，一碗米飯，花了一塊五毛錢。米飯是灰黃灰黃的老米，那甜酸排骨分明是用染料染出來的，紅得就跟畫畫的顏料一般，很多年以後人們才知道有「蘇丹紅」這種東西，其實，三十多年前我們就領教過了。我夾了一塊排骨到嘴裏，那個酸啊，就是盲人也要開眼咯！排骨倒真是只剩下「排骨」了，除了附在上面的一層麵粉外，連一根肉絲都沒有，我懷疑那排骨是不是被無數個食客啃了個遍，再「回收」和上麵粉過油鍋，再打芡，再上桌，如此循環再生？人在餓急了的時候也就顧不得這麼多了，就當油炸酸麵粉裏石頭吧，反正胡亂把那碗老米飯填到肚子裏走人吧。

班車在土路上繼續行走著，正是熱帶雨季的時候，剛剛還陽光普照，熱辣辣的太陽把汽車頂棚烤得發燙，讓人如置身於大烤爐，這時候卻突然下起了傾盆大雨。原來悶熱的時候就渾身大汗，衣服是濕了乾，乾了濕，車廂裏早已汗臭熏鼻。因為下雨，只好關了窗戶，這下更糟糕了，車廂內的空氣更加渾濁不堪。

有人沒坐過長途車，一來長時間顛簸，二來空氣渾濁，實在憋不住了，接二連三地就有人嘔吐起來。有的人吐在車外，有的人直接就吐在座位下，我也算「久經考驗」，強忍著沒有加入到嘔吐大軍的行列中，卻也是難受不堪，暈頭暈腦了。

雨還在不停地下，破舊的車廂頂棚和車窗縫隙開始漏水了，既沒有雨傘也沒有雨衣，有人拿塊膠布搭在頭上，我什麼也沒有，不多久就被水滴得渾身濕透了。不光是身上穿的衣服，因為我是中途上車，隨身的行李也只好擱在座位下面和抱在膝蓋上，雨水很快把所有的行李都全打濕了，狼狽啊！全車的人怨聲載道，只有司機在繼續默默地開著車，「車漏兼逢連日雨」，怨得了誰呢？

好不容易班車到了海口，已是傍晚。下得車來，又是一個兩難的選擇：先去找住的地方還是先買船票呢？晚了可能找不到住的地方，可是，如果買不到船票，那不是更糟糕嗎？還是先買票吧！扛著大包小包行李，冒著狂風暴雨直奔客運站售票大廳。到那兒才知道，「八號」颱風來了，所有輪船、輪渡都停了航！這回真是插翅難逃啊！那就找地方住吧，又是一輪衝鋒，晚了，颱風已經滯留了很多旅客，兵團招待所三、四所早已人滿為患，海口的大小旅店也都住滿了滯留旅客，這地方人生地不熟，無親無故，哪裏有我棲身之地啊？我像落湯雞似地遊蕩在海口的老騎樓下，這回真成了流浪漢了，孤獨，無助，徬徨，欲哭無淚！

「到二所吧！」這是我唯一能想出來的地方。二所通常不接待過往的普通農墾職工，聽說農場的汽車司機到海口拉貨，那裏是他們常住的地方。如果碰巧遇上個農場來的司機，也許他們能幫個忙吧？晚上九點多，我來到二所，一個房間一個房間地找，沒有，一個相熟的都沒有！徹底沒有希望了，我沮喪到了極點。

正在我慢慢挪著疲塌的腳步走在過道上準備離開二所的時候，從過道的那一頭的沖涼房裏走出來一個拎著水桶肩上搭著毛巾的人，顯然是剛洗完澡。我一看，那不是劉玉嗎？對，他就是生產處的採購員劉玉！我喜出望外，本想衝過去，可是又猶豫了一下，他會理我？他會幫我嗎？

我認識劉玉，那還是在一九七〇年，正值「一打三反」運動，團裏組織了工作隊，我也莫名其妙地被調到工作隊裏，和專政對象們一起住進了加工廠辦學習班，名為學習班，實際上就是通常說的「牛欄」吧，當時，劉玉是專政對象，我是工作隊員，在審查他的那個小組，我只負責紀錄。那時候，我才十七歲，劉玉已四十多歲了，相差了一代。

其實，我自己也不是什麼「好鳥」，父親那時候也是個被專政的對象，還關在「牛欄」裏，罪名是「反動的學術權威，裏通外國的特務分子」。把我這個「黑七類」後代調來當工作隊員真讓人丈二金剛摸不著頭腦，一定是領導還沒有查過我的檔案搞錯了吧。

劉玉是個轉業軍人，根正苗紅，來自內蒙古，到兵團後在生產處當採購員，據說在他家裏搜出了兩百多斤全國通用糧票。這在當時是個很大的數目了，國票是含油的，就是十斤國票可買米十斤外加一兩花生油。可是查什麼呢？劉玉交代說那是他當採購員多年攢下來的，按說也合理；可是，別的採購員說那他要不吃飯才可能攢下來這麼多，這種推論也合理。可是審查來，審查去，查不出來什麼結果，說他貪污也毫無證據，他自己也無法提供證據證明自己的無罪，最後不了了之。

我當時只是個工作隊紀錄員，不負責審訊，但職責所在，也無法對劉玉表現出任何好意，當然也絕沒有仗勢欺人，生活上我們倆還互相照顧呢。因為領導上安排我「盯」著劉玉，他去哪跟到哪，包括上山砍木、割茅草，甚至上廁所和洗澡，防止他「逃跑」。老劉有工作和生活的經驗，很多事情都是老劉教我做的。譬如上山鋸木頭，老劉教我怎樣先從重心偏的一邊拉幾鋸，再從另一邊鋸，兩人各把住帶鋸的一端，一來一往，配合默契，這樣樹木倒下時不會壓到人。沖涼的時候，我看老劉年紀大了，井水很涼，便陪他一起到伙房提一桶熱水。外人看來，我倆倒像個形影不離的忘年之交了。

「學習班」解散後，劉玉官復原職，回生產處幹老本行，我也回到連隊當我的小兵，彼此再無來往。今日在此相遇，我擔心的是，畢竟當時是對立的兩面，劉玉受到了不公正的對待，受審查的，按說應該痛恨工作隊的人，如今他能不計前嫌嗎？

顧不了這麼多了，硬著頭皮，迎向前去打個招呼。「劉——，老劉！」我嚥了口唾沫，忐忑不安地喊道。

劉玉抬頭看到是我，眼睛眨了一下，我擔心的事情沒有發生，劉玉非常熱情地走了過來。「小黃，你怎麼會在這兒？」

「我回廣州探家，遇上颱風，走不了了。」

「哦，住下來了嗎？」「還沒找到地方呢。」我實話實說。

「別擔心，我去問問。」

他回到房間，放下水桶，掛起毛巾，領著我到了前臺，我只默默地跟在後面。床位是鐵定沒有的了，劉玉倚熟賣熟，還是請服務員幫我在過道上安了一張臨時的摺疊床，這讓我又想起了上回那一幕。老劉把這一切安排妥當後很關心地問我還需要什麼，我把沒買到船票的事也說了，老劉答應再幫忙想辦法。面對老劉，我是千謝萬謝，老劉淡淡地說：「出門在外，能幫則幫吧。」這世界，好人還是多啊！

折騰了一天，疲勞到了極點，總算安頓下來了。我躺在帆布床上，閉著眼睛，一時還睡不著，一想到颱風不知何時過去，待在海口回家回不了，回農場吧，心有不甘，還是等上一兩天吧。

第二天起來一看，颱風還沒有過去，心裏沉甸甸地，鬱悶死了。不管怎麼說，碰碰運氣吧。我來到客運站售票廳一看，那裏早已人頭洶湧，都是走不了的人。我擠進去看公告欄，除了停航公告，沒有其他通知。雖然沒有任何售票的消息，大家都不願意離開，期盼著那個小小的窗口打開售票。我也沒有地方可去，萬般的無奈，跟大家一起，蹲在一邊等消息，心裏在祈禱颱風趕緊過去吧！

心誠則靈。這馬路邊也不是白蹲的，從上午到傍晚，足足蹲了一整天，有消息說颱風過去了，明天售票！然後就有人自發地排起隊來，天啊，還有一個晚上呢！看來今天晚上也不必回招待所睡覺了，我隨著人流也排了一個位置。大家都坐在地板上抱頭打瞌睡，有的人乾脆就躺在地板上和衣而睡。售票廳裏人聲嘈雜，空氣渾濁，如何睡得著？這十多個小時難熬啊。

好不容易熬到天亮，果然開始售票了，小小的售票廳擠得水泄不通，外面還人山人海，一個個脖子伸得長長的，一個挨著一個，「翹首以待」，那情景，現在每年到廣州火車站就可以看得到啦！比起現在的這些外鄉民工，我們可稱得上前輩了！

排到中午，終於輪到我了，只剩五等艙的船票，問我還要不要。五等？八等我都要！售票員一笑，最低五等，沒有八等。買到船票，終於可以歇一歇了，回到招待所，休息了一下。本想請劉玉吃頓晚飯吧，服務員說，場裏有事，一大早就回去了。

第二天上船，從海口到秀英港還有一段距離，要坐一程小火車。到了碼頭一看，還是「紅衛四號」，當初我們到海南就是乘的這條船，還記得當時一幫人都睡在甲板上，這回住的是底艙。

「紅衛四號」追著颱風的尾巴走。船開出不久風浪越來越大，船體起伏得很厲害，巨浪拍打著船頭，海水漫過甲板，所有的人都不能出來，否則很可能被捲到海裏。密封門都關閉了，我們躺在艙底，天昏地暗，隨著船身的搖晃，五臟六腑也在「四海翻騰雲水怒，五洲震盪風雷擊」，所有的乘客都躺在自己的鋪位上，連服務員都躲在水手艙裏不敢出來了。

我躺在鋪位上開始與風浪搏鬥，把枕頭墊高，讓頭部儘量抬起，一直強忍著，船在翻滾，有一種頭朝下，腳朝上的感覺，肚子裏的東西一會兒倒向胸口，一會兒倒向小腹部，翻來滾去，像有個孫悟空在翻跟斗，難受極了。隔壁鋪位上的其他乘客接二連三地開始嘔吐，已經幾乎沒有人可以倖免於難了。艙底的通風極差，油漆味、汗臭味與遍地的嘔吐物散發出的酸臭味混雜在一起，加上船身的搖晃起伏，就是再強壯的體能和神經也受不了啊！

終於，撐不住了，「哇」，朝著過道上的地板，我把肚子裏的所有殘餘物都徹底地吐了出來，一瀉千里！說來也怪，剛開始強忍著不吐，那個難受都無法形容，現在吐了出來，反倒感覺一陣輕鬆，像是丟掉了一個大包袱。我趕緊爬起來找來拖把，把過道上的髒東西清理乾淨，然後趕快躺下來，人一放鬆，更覺得四肢乏力，我一動也不動，只有腦子沒有停住。吐了以後腹中已是空無一物，所以一門心思想的還是吃。我想啊，回到廣州，一定要燉一隻雞，補一補這幾天的入不敷出！

躺在鋪位上昏昏沉沉，分不清是餓暈了還是睡著了，當我醒過來的時候已是晚上八點多，風浪明顯小了很多，船已經沒那麼搖擺了，我爬了起來，走到甲板上呼吸一下新鮮的空氣。船上的餐廳早關門了，我到小賣部買了幾塊餅乾充饑了事。

第二天中午，船到了廣州的洲頭咀碼頭，我拎著大包小包離開了「紅衛四號」，踏上了這座既熟悉又陌生的城市。

十六歲以前，我生於斯，長於斯，這是我的城市。十六歲以後，我離開了這座城市，我的戶口已不在這裏，這座城市已經不屬於我，我也不再屬於這座城市了。這次回來，不過是個匆匆的過客而已，十天，不對，海口多待了兩天，八天之後，我就要從這裏原路返回。

一想到還要回到那窮鄉僻壤，而且是「扎根」的，了了無期，心情就徒然沉重起來……

其實，海南兵團知青最怕的倒不是探家途中的艱難曲折，而是擔心那些掌管審批探家權者的刁難。知青Y說：

看了紅田場友這篇探家記事，讓我想起了七四年的一次探家。自到了農場後我已是連續第五個春節沒在家和父母一起過了。這一年的年初，家裏來信說遠在外省工作的哥哥要在婚前帶我那未來嫂子回家見見父母及在廣州過年，讓我也申請探家。因為錯過了這次機會，在那年代，想再和外省的嫂子見一面不知要等到猴年馬月。有了這麼個不須編造的硬理由，沒理由不批吧？

報告由指導員遞上團部，卻沒批下來。我問：「為什麼不批？」指導員說：「團部要求基層幹部春節值班，不能探親。」這是什麼道理，除我之外，其他正副職都是有家有室的，天天都在連隊，天天都在看著「家」呢。我窩著一肚子氣又沒處撒，心想，你不讓我探家我也不會值班！於是春節三天的假期，我跑到場部附近好友的連隊玩了二天過了一夜，事後也沒把我怎麼著。

節後一二天，又通知我探親假批下來了，這叫什麼事？「混蛋！在故意克我呢！」我心裏罵著，立馬就去買票啟程了。好歹趕到家，哥嫂倆第二天就要走了，與未來嫂子總算見上一面。與她的第二次見面，已是改革開放後的一九八二年春節了。

知青**lixiaoying**在〈**探家**〉中述說：

來海南島五年了，還未輪到我探家。雖說同學之間的情誼幫助我們減輕了對家的思念，但心中對奶奶和父母兄妹的思念仍像斬不斷的流水，綿綿不絕每天咬著我的心弦。

請假探親，對於我們這些十六七歲就離開廣州來到崇山峻嶺的人來說，竟然是那麼難以開口。在節假日不加班不正常的那些日子裏，想休息一個整天都是奢侈的白日夢。想連續休息十多天，那幸福的感覺就像今天考上了大學或評上了職稱或找到一份好工……懷著幸福總是與我無緣的自卑感，我壓抑著自己請假探親的欲望。

家裏來信，說奶奶病重快不行了。家裏人從不會撒謊，絕不會想我們回家就編出這樣的家書。奶奶是個吃了不少苦的人，想起奶奶我的心就痛。當年她把三個兒女全部送去參加抗日游擊隊，那時我的小姑姑才十歲。當然那不是奶奶的主意，而是小姑姑要跟著我爸爸去抗日，奶奶只能村口相送。

解放後，運動多，爸爸歷次運動都有麻煩。在我小學三年級的時候，父母下放海南島，是奶奶與我們五兄妹相依為命。糧食不夠，她吃野菜也要讓我們吃飽。「文革」期間，爸爸被關押，奶奶像瘋了似地在街上遊遊蕩蕩。她不明白為什麼老不顧家一心撲在工作上的爸爸會反黨、反革命。我和姐姐到海南島時，父母還在牛棚內出不來，奶奶把家裏唯一好吃的東西——一瓶白沙糖塞進我的藤箱，那成了我捨不得吃的寶貝。現在奶奶快不行了，天塌下來我也得請假探親！

下午收工後，我和姐姐勇敢地向場部進發。我所在的大豐農場八連要蹚過一道水壩，還要走過一段很長的膠林，白天都有些可怕，天很快就黑了，為了請假，這些算不得什麼。

當時農場已被部隊接管，領導我們的是現役軍人。雖說我最喜歡的爸爸的照片就是穿著軍裝的，可我對穿著軍裝的團部領導實在沒有好感。他們高高在上，俯視著我們這些「可以教育好的子女」。我從來沒見過他們下連隊勞動，但是他們到連隊視察的時候，連隊必須把菜苗也拔下來讓他們嚐鮮。

倒不是探家途中的艱難曲折，而是擔心那現在回想起來，我想他們當時一定也十分委屈被派駐海南島，飄洋過海深入黎村苗寨，做那些完全陌生的工作，與毫不相干的農場工人、知識青年打交道。有誰想到在部隊會遇上這樣的工作。為了出成績，農場原本的規定必須破除，什麼「隔天割膠，下雨天不割膠」這些規定全部見鬼去吧，兵團戰士就是能出奇蹟，下雨天也可以割兩次。原始森林要全部變成膠林，防風帶要改造，豬場就建在無法種植物的窪地。

據說請假必須由參謀長批准，經打聽，我們站在了參謀長家門前。壯著膽，我們小心翼翼地敲門。「找誰啊？」「找參謀長。」「參謀長不在家。」「他什麼時候回來啊？」「十時左右吧。」「那我們在門口等他。」十點到了，參謀長還沒回家。天真冷啊，還下起了大雨。天是越來越黑了，怎麼辦呢？今晚睡在哪呢？明早四時還要準時割膠啊。

突然，參謀長家門開了，有個人出來吐了口口水，我往裏看，看到參謀長在裏面正與幾個人在打牌。門又關上了，我感到一陣委屈，但不能請不到假就這樣灰溜溜地回去啊。我不甘心，勇敢地又敲了敲門。裏面問：「有什麼事啊？」我把要探家的理由說了一遍。過了好久，終於有個人出來說：「不批。現在正是大忙的時候，誰都說要探家，活誰幹啊。」不由我們分辨，門又關上了。

我氣壞了，真想破口大罵。但還是忍了，誰叫你在他領導下呢？難道想永遠都不探家嗎？看來是不可能得到開恩的了，誰叫知青的地位與勞改犯差不多呢。當晚，我們往回趕了一個小時的黑路，沒有耽誤割膠時間。

幾天後，團部接到上級通知，要讓我們姐妹倆探家。原來，父母找了關係做了一些工作，探家的事才得以順利解決。這次不用我們請假，場部主動通知我們趕緊回家。為此，有同事問我奶奶是不是老革命，才能得到這樣的重視。

我和姐姐花幾個月工資買了飛機票趕回家。進得家門，得知奶奶已經在前天過世，臨前死還喊著我們的名字。抱著奶奶的骨灰，我哭了。「奶奶，我終於來看你了，你永遠會在我的夢中出現。」

知青**gzlfb**憤然道：

〈探家〉讀來沉痛，文字卻無一點矯飾。小瑛的職業是寫字，但這篇文字已突破記者水平，是回歸沉靜的平實，是平實中的力量。我也曾被這一類參謀長逼得在司令部門口大哭，那傢伙卻在裏面和一夥女人談笑風生。當時連動刀子的心都有。

知青**tianyadong**深有體會地說：

我在武裝連當班長時，可能因為要求探家的太多了，連裏出了個絕招，將上級給的探家名額分配給各班，各班討論後上報，一個討論會開成了訴苦會，要求探家者家境一個比一個慘，怎麼排，一些人還是給支到了下一年，散了會就有人罵罵咧咧地摔板凳，倒楣的是我們這些班長，成了出氣筒。

如今想來，知青這種違心的謊言實在是出於無奈。**天涯孤客**回憶說：

我的第一次探家也是「出術」才爭取到的，兩年多了還不批我探家。一次，暴雨大水沖走公家木料，我在打撈時被捲入水下，沖了兩百多米，碰上一條橫倒在水中的大樹，然後才爬得起來。眼鏡丟了，於是將計就計，說是要回廣州配眼鏡，不然就幹不了活，這才迫使隊長批了假。

aige在**《他要回家》**一文中講述了一個知青為了探家，不惜以死抗爭的故事：

對於現在的人來說，回家是輕而易舉、極其平常的事。老年人回家有天倫的樂趣，青年人回家可薰陶家庭的溫暖，孩兒回家是無比迫切的願望，享受父母的呵護是人生中最難忘的幸福。然而，在我們青春的一段記憶中，回家卻是瀰漫了多少的煩惱、苦澀、無奈，甚至掙扎在死亡線上。

六八年十一月，作為「老三屆」的某校首批，我下到了海南國營農場，長在紅旗下的傳統教育，我童真還未過渡到反叛期就直接進入國營編制的思維頭腦。那時，我對國營是滿腦子的信賴與矜持。「每年一次探親假」我由深信不疑到徹底失望。頭年申請；上頭告訴我：「是轉正後每年一次探親假（徒工一年轉正）。」「一年一次」被忽悠成「二年一次」。

其實，兩年能有一次，對於我們這些要看長官臉色的兵也算是僥倖的事。兵團組建，棄農轉兵，回家的折騰幾乎傷透每個年輕人的心。諸如「大會戰」、「割膠期」，甚至「批林批孔」等等的政治運動都會導致探親假的流產。「回家」竟成了「早日結束洋膠進口日子」的累贅。在「爹親娘親不如……」的主旋律下，洶洗思家戀親的靈魂也是接受「再教育」的必修課。當時最時髦的話是：「靈魂深處鬧革命，狠鬥私心一閃念。」

團裏，回家的極端心癮時有爆發，一條麻繩懸掛了一生，一包炸藥告別了親人。毀滅性的抗爭也能「回家」？回家的便是靈魂罷了！依稀記得一個「回家」的倖存者，一聲「我要回家！」之後，他一百多天顆粒不進，瘦得皮包骨，骨架挑著頭顱，形態不見血肉，確實是個有血有肉的硬漢。開始他不為罐頭、大肉、米飯所動，此後的強行灌食他以拳腳反抗，最後只能奄奄一息怒吐乾枯的唾液來抵制醫護們的葡萄糖注射。

儘管「革命紅旗兩邊掛」的頭兒在大會上宣佈他是「對黨、對社會主義不滿」，但同胞們理解他僅是對「不能回家不滿」。許多同胞都慕名來到他的床前表示敬意，接受道謝的目光。那情那景不遜色於《紅岩》絕食鬥爭的描述。「上山下鄉」的年代，任何個人的抗爭都會被視為對黨、對國家的挑釁，無人懂得權益為何物，對待一切事物的標準都是革命與反革命。

為了不走漏事態及其擴散影響，對一個臥床不起，在死亡威脅邊緣掙扎的弱青年，竟然要警通班戰士挎著衝鋒槍每天嚴守二十四小時，拒絕草根來訪。或許這是虛張聲勢對「要回家」思潮鎮壓的示威與尊嚴。拒絕進食的他，固執的堅持終於等來了「不能餓死知青」的上級指示。上頭對團首長「政治思想工作做不好！」的訓詞使得他有了生存的轉機。

後來，「吃了飯，能回家」的勉強承諾化解了一場對生命的糟蹋。

整整一代人的青春危機，在他身上只是一個縮影。他回到城裏，城裏正肆無忌憚地進行「知青回流」大清查，胳膊怎能擰過大腿，他逃脫不了被遣送回來的命運。這回他沒把自己再擺上死亡線，連隊裏從此多了個「傻漢」。有人說他精神失常了，有人說他學著「華子良」。基層領導無奈於他，人們耐著他。無論他有多少惡作劇，做出多少神經質的事情，但從來不傷害草根階層的知青同胞。

「上山下鄉」運動已病入膏肓，知青回城的政策逐漸落實，他獲得首個「病退」名額，離開了當年在死亡線上掙扎過的地方。爾後，在城裏出現的他再不是人們揣測的「華子良」。

熟悉此事的知青**小子**對此證實道：

路過衛生隊時，我去看過這位絕食的知青，那時的他奄奄一息，連吐口水的力氣都沒有。從他的眼神中我看到他對我們的鄙視，我也感到自愧不如。

你無論如何也不會相信，七四年我從二十二連逃跑過一次，因為太想媽媽了，如果要等領導批，我真不知要等到何年何月。

知青**成真**感慨說：

我那最後瘋了跳河死了的室友，就是天天寫探親報告，寫了撕，撕了寫，你不批我回家，我就天天寫。直到瘋了，住進六院，一出院回到連隊她就半夜三更跳了河。我下鄉五年只探過一次家，我大哥死了要奔喪也不批我走。這哥們敢於以死來爭取做人的權利，可真叫人佩服！……

知青**ny**友頗有同感道：

「我要回家！」這本是一個人（非罪犯）最最普通的權利而又容易解決的小事。但當年竟是我們一件多麼渴望而難得的大事啊！我們團有個廣州女知青葉××，下到連隊約一年，家中老父病重託人來電報，求女兒回家看看。當時那女知青打了探家申請就被退回，說是上邊規定要轉正後一年才有資格探家。

過了十多天，廣州再來一封父親病危電報，女知青請求連隊批准請無薪水的事假回去看望，也遭連隊領導拒絕，並懷疑是女知青假報父親病情。女知青心急如焚，情緒更加失落。最後父親單位打來第三封電報——父親已病逝。恍若晴天霹靂！使那女知青頓時精神崩潰。

因那女知青的父母親早已離異，如今唯一的親人又離別人世，今後便更無探親的可能了。女知青整天以淚洗面，令人同情。那時也缺少人與人之間的關愛問候慰藉，結果，她身穿一身黑衣服，在連隊小路旁的橡膠樹上吊了結自己的一生。

我們看見了她的慘狀後，一位高中男知青和連隊衛生員合力將她從樹上解下來，儘管輪番搶救，但可惜太遲了。最後，她被埋在場部旁的小山丘，永遠、永遠實現不了這個回家的願望！

今年知青「上山下鄉」四十年回農場之際，我問及此事，人們說，她的墓還在山坡上，沒有人再去看她了（可能也沒任何親人有能力料理這事了）。我聽了，心中有一種難以形容的悲愴。唉，人們怎麼會變得這樣的冷漠、脆弱與無奈?!

現在，我還保存有她和大家的當年合影的相片，如果大家看了會更難受，為了尊重死者我不刊登了，希望她在天國安好，與父親重聚，了卻回家的心願……

看看如今臨近春節，民工浩浩蕩蕩回家過年的陣勢，你就不難明白，家對於每個人來說，都是放在首位上的，而親情更是金錢永遠都買不到的東西……再想想當年，其實民工都比我們要幸運得多啊！

（未完，請看《熱島知青潮（下）》）

釀文學42　PC0186

熱島知青潮（中）
——海南生產建設兵團的血淚見證

編　　者　自由兄弟
主　　編　蔡登山
責任編輯　林千惠
圖文排版　邱瀞誼
封面設計　王嵩賀

出版策劃　釀出版
製作發行　秀威資訊科技股份有限公司
114 台北市內湖區瑞光路76巷65號1樓
電話：+886-2-2796-3638　傳真：+886-2-2796-1377
服務信箱：service@showwe.com.tw
http://www.showwe.com.tw
郵政劃撥　19563868　戶名：秀威資訊科技股份有限公司
展售門市　國家書店【松江門市】
104 台北市中山區松江路209號1樓
電話：+886-2-2518-0207　傳真：+886-2-2518-0778
網路訂購　秀威網路書店：http://www.bodbooks.com.tw
國家網路書店：http://www.govbooks.com.tw
法律顧問　毛國樑　律師
總 經 銷　聯合發行股份有限公司
231新北市新店區寶橋路235巷6弄6號4F
電話：+886-2-2917-8022　傳真：+886-2-2915-6275

出版日期　2011年12月　BOD一版
定　　價　380元

國家圖書館出版品預行編目

熱島知青潮：海南生產建設兵團的血淚見證 / 自由兄弟
編著. -- 一版. -- 臺北市：釀出版, 2011.12
冊； 公分. --（史地傳記類；PC0185 - PC0187）
BOD版
ISBN 978-986-6095-59-7（上冊：平裝）.--
ISBN 978-986-6095-60-3（中冊：平裝）.--
ISBN 978-986-6095-61-0（下冊：平裝）

1. 知識分子 2. 中國

546.1135 100022086

讀者回函卡

感謝您購買本書，為提升服務品質，請填妥以下資料，將讀者回函卡直接寄回或傳真本公司，收到您的寶貴意見後，我們會收藏記錄及檢討，謝謝！

如您需要了解本公司最新出版書目、購書優惠或企劃活動，歡迎您上網查詢或下載相關資料：http:// www.showwe.com.tw

您購買的書名：＿＿＿＿＿＿＿＿＿＿＿＿＿＿＿＿＿＿＿＿

出生日期：＿＿＿＿年＿＿＿＿月＿＿＿＿日

學歷：□高中（含）以下　□大專　□研究所（含）以上

職業：□製造業　□金融業　□資訊業　□軍警　□傳播業　□自由業

□服務業　□公務員　□教職　□學生　□家管　□其它＿＿＿

購書地點：□網路書店　□實體書店　□書展　□郵購　□贈閱　□其他

您從何得知本書的消息？

□網路書店　□實體書店　□網路搜尋　□電子報　□書訊　□雜誌

□傳播媒體　□親友推薦　□網站推薦　□部落格　□其他＿＿＿＿＿

您對本書的評價：（請填代號　1.非常滿意　2.滿意　3.尚可　4.再改進）

封面設計＿＿　版面編排＿＿　內容＿＿　文／譯筆＿＿　價格＿＿

讀完書後您覺得：

□很有收穫　□有收穫　□收穫不多　□沒收穫

對我們的建議：＿＿＿＿＿＿＿＿＿＿＿＿＿＿＿＿＿＿＿＿

＿＿＿＿＿＿＿＿＿＿＿＿＿＿＿＿＿＿＿＿＿＿＿＿＿＿

＿＿＿＿＿＿＿＿＿＿＿＿＿＿＿＿＿＿＿＿＿＿＿＿＿＿

＿＿＿＿＿＿＿＿＿＿＿＿＿＿＿＿＿＿＿＿＿＿＿＿＿＿

請貼
郵票

11466
台北市內湖區瑞光路 76 巷 65 號 1 樓

秀威資訊科技股份有限公司　　收

BOD 數位出版事業部

....

（請沿線對折寄回，謝謝！）

姓　　名：＿＿＿＿＿＿＿＿　年齡：＿＿＿＿　性別：□女　□男

郵遞區號：□□□□□

地　　址：＿＿＿＿＿＿＿＿＿＿＿＿＿＿＿＿＿＿

聯絡電話：(日) ＿＿＿＿＿＿＿＿＿＿ (夜) ＿＿＿＿＿＿＿＿＿＿

E-mail：＿＿＿＿＿＿＿＿＿＿＿＿＿＿＿＿＿＿